書不盡言
言不盡意
有覺聖智
完成人格

辛卯冬 二〇一二年
九四題書 南懷瑾

圆觉经略说

南怀瑾 著述

复旦大学出版社

出版说明

　　《圆觉经》是唐代华严宗奉习的一部重要经典。它全称《大方广圆觉修多罗了义经》，一卷，由唐代佛陀多罗译出。经中以佛应文殊师利等十二位菩萨之请，一一说法的方式，论述了"依圆照清净觉相，永断无明"的理论，以及"修止""修观""修禅"的修行方法。唐代华严宗五祖宗密说，他"禅遇南宗，教逢《圆觉》"，就是因读《圆觉经》而悟教理的。之后，他撰写了《圆觉经大疏》《圆觉经大疏钞》《圆觉经道场修证仪》等著作，以弘扬《圆觉经》，《圆觉经》因此而驰名佛教界。本书为著名学者南怀瑾先生有关《圆觉经》的讲记，最初在佛教杂志上连载，以后汇集成书。作者以深厚的学术功底，对《圆觉经》的原文进行了逐句、逐段地讲解，变艰涩为流畅，化深奥为通俗，具有很强的可读性。

　　本书繁体字版由台湾老古文化事业公司出版，于一九九二年在台湾问世。复旦大学出版社经南怀瑾先生和原出版单位授权，于二〇〇一年在中国大陆首次推出该书的简体字版。南怀瑾先生在世时，本书一直由复旦大学出版社独家出版发行。南怀瑾先生多次对复旦大学出版社的书稿进行审订、修改，并确定了最终的版本。现复旦大学出版社将此南怀瑾

先生手定的经典版本再次隆重推出，作为对南怀瑾先生的
纪念。

复旦大学出版社

二〇一九年十二月

前　言

　　本书是南怀瑾教授于一九八三年，在台北十方丛林书院讲述《圆觉经》的记录，由古国治同学负责整理校对。在未完稿前，曾陆续在《十方》杂志连载，获得广大读者们的热烈回响，纷纷要求尽早出书。如今，这本书终于完成，我们希望对于海内外的学佛人士有些助益。

　　佛称我们的世界为娑婆世界，意谓缺憾不美满，是充满着痛苦的。所以，许许多多的人想从佛教或佛学中，求得心灵上的慰藉，或寻找解脱痛苦的方法。看到这样的现象，我们一则以喜，一则以忧。喜的是人们终于接触到了难得难闻的佛法，好不容易在茫茫苦海中找到了慈航；忧的是人们对于佛法不知如何下手。有的认为佛经艰深难懂而不敢阅读，有的唯恐走火入魔而不敢修行，即使修行亦抓不住要点，有的则到处听经、听演讲、求秘诀、求灌顶，对于真正的佛法却未能得利，这真如释迦牟尼佛所说：至可怜悯者众生。

　　《圆觉经》是了义经，这是可以彻底解决人生痛苦烦恼的经典，这是指引如何修行成佛的经典，而且经文文字优美，读来真是一大享受。这部经透过南怀瑾教授深入浅出的讲解，对初学者而言，浅显易懂，没有文字上的障碍，可作为学佛之入

1

门；对于有心习禅或参研佛法者而言，书中有多处如何明心见性的明白指示；至于修行上的诸多问题，如修止、修观、修禅那，亦作了原则性重点的提示。所以，无论是顿悟或渐修，在见地、修证及行愿上，均详细举例说明。然而，站在南怀瑾教授的立场而言，对于此部大经，还只是略说而已。

最后，我们衷心期待读者透过这本书能够获得正知正见，解脱烦恼无罣碍；能够经过闻思修慧，依教奉行入觉海；即便不能，至少能够管窥佛法之大概。如此则不负释迦牟尼佛当年说法之初衷，不负十二位圆觉大菩萨之悲愿矣！

台湾老古文化事业公司　编辑室

目　录

1

无明妄想如何断

当设几种教化，方便度诸众生

缘　起

三十年前的一段往事

今天是我第一次讲《圆觉经》，在讲《圆觉经》之前，首先跟诸位提一下，有关这本经在台湾第一次印行的故事。

事隔三十多年了，一九四八年，我首次从南京来到台湾，当时带了很多佛像、佛经，打算碰到适合的朋友就送，让佛经留在台湾。结果，到台湾一句话都听不懂，在基隆的旅馆住了三个月之后，又把佛经带回去了。

一九四九年二月底，又到了台湾，也同样在皮箱里，放了些佛经。直到一九四九年底，从各路来台的人很多，尤其是从四川重庆、西康来的老朋友，都来到我那在基隆的"招待站"。那时候，我家每餐吃饭席开六桌，我内人及煮饭的，都累得受不了；晚上睡觉时，在日本式的榻榻米房子里，到处睡的都是人。

那个时候我到街上逛，看见书店里摆着的，都是一些日文书，找不到几本中文书，好的《四书》买不到，佛经则更谈不上。

我的一位老同学朱镜宙先生，也来到了台湾，也住在我家。有一天他告诉我，有一件大事要做。我说什么事？他说不得了，台湾连一本佛经都没有。我说岂止没有佛经，连普通书都缺乏。他说我们要做一件功德，办个印经处。我说好呀！你去搞！你去搞！因为他是章太炎的女婿，做过财政厅长、银行董事长，地位高，名气大，做了很多事。

过了一个多月，有一天他愁眉苦脸回来，告诉我说，台湾印经处搞不起来。我问为什么？他说钱不够。我心里想，你老哥身边的黄金拿几条出来，不就成了吗？但是，此话不能讲，虽然是老同学，人到了某个阶段，不能随便开玩笑。我顺手把抽屉一拉，将里面所有的钞票抓出来，对他说都给你够不够？他赶紧数，大概是两千多吧！我忘了，那时黄金一两是二百二十元。数完，他高兴得把手举起来说，够了！够了！阿弥陀佛！菩萨保佑！台湾印经处这下开成了！

我说，好了，你赶紧到台北去办吧！我再问：你第一部印什么经？他说唉呀！这又难了，佛经不晓得到哪里找？我说你等着、等着！送官送到县，送佛送上天，我的皮箱里还有几本佛经。一翻，《圆觉经》，好不好？好，就印《圆觉经》。

以上是三十年前的一段往事。所以，今天我手里拿着《圆觉经》无限感慨，天下事之因缘多奇妙，想不到三十年后在此讲《圆觉经》。

大经之真伪

我平常不太喜欢讲《圆觉经》，为什么呢？这真是一部大经，太大了。若分科判教的话，则归入最大的华严宗，华严宗是中国唐代以后新兴的佛教宗派。其根本经典《华严经》的内容包罗万象，是佛教的大宝库，所谓"不读华严，不知佛家之富贵"。《华严经》的重点是讲"一真法界"，处处皆是佛，一切众生人人皆是佛，"一花一世界，一叶一如来"。的确是"直指人心，见性成佛"的法门，真是太大、太直截了。所以，我平常很少讲《华严经》及《圆觉经》。

再说，所有的佛经，乃至所有的宗教，看人生都是悲观的，认为人生是痛苦的，要求解脱；都认为这个世界是缺陷的、悲惨的。唯有《华严经》所讲的，认为这个世界无所谓缺陷，即使是缺陷，也是美的；这个世界是至真、至善、至美；是一真法界，万法自如，处处成佛，时时成道。这也就是所谓的华严境界。

《圆觉经》讲的是一乘圆教，没有所谓大乘、小乘之分，只有"见性成佛"，而且是无所偏的圆教。

但是，清末民初很多学者，认为这本《圆觉经》是伪经，因为当时的学术注重考据，疑古之风盛行。中国的学术思想，在近三百年来，偏重于考据实证之学，这是因为清朝的知识分子，看到明代讲理学谈心性，最后把国家都亡掉了，所谓"平时静坐谈心性，临危一死报君王"，修养好有什么用？所以，清代以后之学风，转为重实践及考据。到了清末，受到西洋文化的影响，疑古之风盛行。当时梁启超等说《圆觉经》、《楞严经》、《大乘起信论》是伪经。他认为这是后代的得道高僧所伪造，不过，假亦假得好。妙的是佛经里文字最美的便是这二经一论。

《圆觉经》是否就如梁氏等所说，是后代大禅师所伪造？不见得。我可以说这的确是真正的佛法。《圆觉经》与《楞严经》，应该说是佛教的无上密部，只因为《圆觉经》、《楞严经》的文字实在太美了，而一般佛经的文字没有那么美，所以有些学者认为是伪经。

下面我们来看翻译这本经的佛陀多罗的传记。

佛陀多罗传

《宋高僧传》卷第二记载：佛陀多罗，华言觉救，北天竺罽宾人也（注：唐称迦湿弥罗，今新疆西南部克什米尔地区，盛产绵羊）。赍多罗荚，誓化支那，止洛阳白马寺，译出《大方广圆觉了义经》。此经近译，不委何年。且隆道为怀，务甄诈妄，但真诠不谬，岂假具知年月耶？救之形迹，莫究其终。大和中，圭峰密公著疏，判解经本一卷，后分二卷成部，续又为钞，演畅幽邃。今东京、太原、三蜀盛行讲演焉。

《佛祖统纪》卷三十九：唐高宗永徽六年（公元六五五年）罽宾国佛陀多罗，于白马寺译《大方广圆觉修多罗了义经》一卷。

佛陀多罗，中文的意思是觉悟救世，他是北印度罽宾人。罽宾是国名，唐朝称为迦湿弥罗，在新疆的西南边，现代称为克什米尔，当地盛产绵羊。佛陀多罗带来梵文佛经（古代印度人，把佛经写于多罗树叶上，称为多罗荚），发愿将佛经弘扬到中国来，他到了洛阳白马寺，在那里翻译出《大方广圆觉了义经》。至于来了多久才通晓中文，以及哪些人帮忙翻译，都无从考据，所以后人怀疑是伪经。

近代指称这部经是唐朝翻译过来，但是，不晓得何年翻译出来的，由此可见，此经自古就有人开始怀疑了。但"隆道为怀，务甄诈妄"，为了弘扬佛法，我们务必仔细甄别此经是否有错误之处。但是研究的结果，不须怀疑，此经所阐释真如的道理，一点也不偏差，"真诠不谬"。既然是真正的佛法，那又何必一定要确知何年何月所翻译的呢？站在护法的立场，只要此经大义无误，不须过于在考据上钻牛角尖。佛陀多罗这位高僧，最后何时离开中国，到哪里去了，都没有资料可查考。

唐代大和年间，禅宗的圭峰宗密禅师，将《圆觉经》加以整理注疏，著成判解经本一卷，或分为二卷成为一部书。圭峰禅师后来又继续著述，阐扬《圆觉经》深奥的道理。宋代时，东京汴梁、山西太原、四川三蜀一带，都盛行讲演《圆觉经》。

另外根据《佛祖统纪》卷三十九的记载，唐高宗永徽六年，即公元六五五年，罽宾国的佛陀多罗，在白马寺释译了《圆觉经》一卷。

佛经翻译在中国

在此，顺便向各位大略提一下，佛经在中国翻译的慎重情形。

诸位都知道在中国历史上，翻译佛经很有名的一位外国和尚，就是鸠摩罗什法师。在十六国时代，秦王苻坚为了请鸠摩罗什到中国来，派出了二十万大兵，消灭了两个国家。在世界人类文化史上，只有中国才会有这种事，为了请一位学者，一位出家法师，居然派出二十万大军去接护，中国文化就有如此气派。

派去接鸠摩罗什的大将姓吕，接到了新疆，准备进入国境时，听到秦王苻坚已经失败，他遂在甘肃自立为王，称为西凉。鸠摩罗什在西凉待了好几年，等到西凉亡了，才进入中国长安。

鸠摩罗什到达长安以前，与中国军队相处了许多年，所以，他的中文已有了根基。再加上皇帝对他的供养与器重，他的中文当然好。而且，当翻译佛经时，参加的人很多，不是他一个人。方法是由他讲一句，其他人讨论再讨论，字字斟酌，往往为了一个字，讨论了几个月，才确定一句佛经。

再说唐代玄奘法师的译经院里，拥有三千人之多，包括在家、出家，集合了全国有智慧、有学识的人才，而且还包括了基督教的传教士。玄奘法师甚至将祆教的经典也翻译了，有一部《摩尼竺天经》，不是佛经，那是祆教的经典。玄奘法师还不只如此，他把中国的《老子》翻译成梵文，送到印度去，可惜现在找不到了，因为印度人不知文化之贵重。不过，现代的中国人，也已不像以前那么重视文化了，这也是中国文化的悲哀！

憨山大师注解《圆觉经》

各位手上拿的《圆觉经直解》，是明末四大高僧莲池、藕益、紫柏、憨山之中的憨山大师所著。憨山是他的号，法名德清，道德文章好得很，《梦游集》是他一生之著作。另有《憨山大师年谱》，希望大家详加研读，尤其是出家的同学们更应细读，看人家如何读书，如何出家，如何修行，如何成道。

憨山的母亲很了不起，对儿子读书督课甚严。他年纪小被母亲逼得紧，便问母亲为什么要读书，母亲说：考功名做官呀！他问：做什么官？怎么做？母答：从小做起，最高可到宰相。又问：做了宰相，然后如何呢？母亲答说：最后就是罢官（退休免职的意思）。他说：那有什么意思？一生辛苦，到后头罢了，做他何用？有没有可以不罢的？母亲亦觉得此儿思想特殊，就告诉他说：那你当和尚好了，行遍天下，自由自在，努力修行的话，还可以成佛做祖。他一听，好！做这个好！所以，十二岁的时候，他妈妈就把他送到庙里。

他的祖师亦了不起，看这个小孩骨气不凡，为他请了许多名师，教他读四书五经，诸子百家，历史、诗、词、古文等等。他的祖师一直培养他，并没有马上要他出家，而且要入世或出世，随他自己的意思。到了十九岁，他才要求祖师为他披剃。各位看看古人的胸襟气派，不像现在，一进庙里就把你的头剃得光光的。

他的一生，对国家的政治、社会、宗教等各方面，贡献都非常之大。他后来当了国师，连明朝的皇太后都皈依他，万历皇帝没有儿子，皇太后急死了，皇帝没有儿子很严重，请憨山主持法会代帝求子，恰巧生了太子。皇太后对他倍加尊重，同时也因此而牵涉到宫廷政治，曾经被贬到广东地区。在那里，他复兴了曹溪六祖的道场，岭南的佛法也因他而弘扬开来。

这本《圆觉经直解》，是憨山大师所注解，在此奉劝诸位多阅读他的注解，不仅可以通达教理，同时也可充实学问，因为学佛做功夫的道理都在其中。

以上是对《圆觉经》的译者佛陀多罗，及注者憨山大师，所作概略的介绍。至于此经题目《大方广圆觉修多罗了义经》，暂时不讲，等全经讲完之后，再回过来解释。现在我们看经文：

"如是我闻：一时。"

如是就是这样。我闻，我听到。一时，某个时候。这是佛弟子当年结集佛经时，记性第一的阿难，将释迦牟尼佛所说过的话，凭着记忆原原本本地重讲一遍。为了征信于在场五百位已得神通的大阿罗汉们，每一部佛经，开头都是"如是我闻"，表示是我阿难听到佛这么说的，并不是阿难自己随便说的。"一时"的道理以前我已说过很多，此处不赘。

"婆伽婆……"

婆伽婆，梵音，亦名婆伽梵，是佛之果号。翻译佛经时，从来不翻，而只是译音，因为中文没有相等的字义。英文则叫作 Bhagavan。

婆伽婆这个名称包含六个意义：

一、自在：证了道，成了佛，一切自在。假如一身都是病，痛苦不堪，烦恼多多，这样就不自在了。

二、炽盛：功德炽盛，智慧炽盛。《般若经》上说菩萨之功德如孔雀食毒。孔雀鸟吃了蜈蚣、毒蛇等百毒后，不但不死，羽毛反而更艳丽更漂亮。大菩萨对于世间法、出世间法、魔法、外道等一切法门悉皆深入，而且愈深入，般若智慧愈广大。所以，《大般若经》上亦说诸佛菩萨之智慧如大火炬，无论好的如黄金、白银、金刚钻，坏的如臭袜子、烂东西等等，丢进大火里，全被烧得精光，化为火焰光明。

三、端严：端正而庄严，无量相好。举手投足，任何动作都中规中矩，令人钦敬。

四、名称：名称普闻，天上天下，无所不知，因为佛是人天之师。

五、吉祥：大吉利，大吉祥。成佛是真正的大吉利大吉祥，不是世间普通的吉祥。

六、尊贵：佛称世尊，此"世"不只是指人世间，还包括物质世界、众生世界，乃至佛菩萨世界，所谓"天上天下，唯我独尊"。

婆伽婆有此六种意识，只称大自在或世尊，均不恰当。因此，一真法界的《圆觉经》，翻译时为避免以偏概全，"婆伽婆"只好译音不译义。

"入于神通大光明藏三昧正受，一切如来光严住持。"

佛在哪里说这部大《圆觉经》呢？譬如《楞伽经》是在锡兰岛上楞伽山所讲，《楞严经》是在中印度一个国家的首都所讲；又如《华严经》则不是在人间讲，而是在色界天上讲。那么，《圆觉经》在哪里讲？不在天上，也不在人间，是在自性中讲。

"神通大光明藏"是自性境界、大光明定境界。真正证了道，自然进入此大光明定中，同时也得大神通成就。此神通不是变幻魔术，而是大智慧大般若。此神通更不是天眼通、天耳通、神足通、他心通、宿命通，因为这五通是小神通，鬼神都有。另有第六通——漏尽通，鬼神所无，唯有大阿罗汉才有。佛当然六通具足，然而此六通尚非佛境界，佛之大神通比此六通更为广大。

大光明藏是人人具足的自心本性，亦是第八阿赖耶识转成大圆镜智的大光明境界。此光是常寂光，无相之光，永远清净。

三昧正受，三昧是梵音，三昧就是正受。正受是真正得大定，正定的境界。禅静入定有八万四千不同的境界，神通大光明藏三昧正受，亦是八万四千境界中的一种。但是，唯有大彻大悟成佛之后，才有此三昧正定。也就是说，一切凡夫将第八阿赖耶识转成大圆镜智之后，才进入正受三昧的境界。

　　一切如来光严住持，并非一两个佛有如此境界，任何一个佛成就以后，十方三世一切诸佛，都有此境界。任何一个凡夫众生，自己本身本来就具备这个境界，只是没有悟道，没有证道。只要证了道，一定进入此神通大光明藏三昧正受。所谓佛佛道同，心佛众生三无差别。光严是光明庄严，住持是永恒不变保持，住持正法，亦谓护持正法。除非悟了道，才有资格称住持，称护法。后来禅宗丛林中，也尊称寺庙之大方丈为"住持"。

　　"是诸众生清净觉地。"

　　以上所说是佛之境界，但是，假如众生一念清净，也一样可以进入此神通大光明庄严境界之中。此境界人人具足，本来就有。不只是人，就连猫、狗、牛、老鼠乃至小小细菌等一切众生，本身都有此境界。

　　一般众生为什么不能达到此清净光明境界呢？因为住在无明黑暗中，不能自悟自性，不能清净，自性光明被障碍了。被什么所障碍呢？因为一切众生昼夜始终沉没在"散乱"与"昏沉"两个境界中。我们一天到晚胡思乱想，都在散乱中，所谓散乱包括善念、恶念、无记（不善不恶），普通谓之妄想。不散乱的时候便落入昏沉，晚上睡觉是大昏沉，打瞌睡是细昏沉。人生就在此两个境界中，不是散乱，就是昏沉；不是昏沉，就是散乱。散乱与昏沉合起来谓之妄念。有此妄念，所以不能清净，自性光明就被障碍了。

为什么要坐禅、念佛、念咒、观想？就是要做到既不散乱又不昏沉。不散乱又不昏沉就是戒，心中没有善念，没有恶念，也没有无记，一片天真，这是真正的持戒，也就是定；因为没有散乱没有昏沉，也就是慧，因为就在清净般若智慧觉地之中。那么，又如何能达到此清净觉地呢？

　　"身心寂灭，平等本际，圆满十方，不二随顺，于不二境现诸净土。"

　　若能把握住这段经文，《圆觉经》不需要讲，已经讲完了，再讲就是多余，再讲就是第二义。以下我们姑且作多余的讨论。

　　严格说来，学佛坐禅之真正目的，乃在于求得身心寂灭，而不是为了头痛、肾脏病等各样病痛，或是去除烦恼，逃避现实等等。一般人学佛打坐都是"垂老投僧，临死抱佛"的心理，不然就是像做生意贪求好处。

　　那么，身心如何寂灭呢？现代人不要说寂灭，得止就很难了，平时我们的心不在散乱就在昏沉中，念佛愈念愈烦，打坐愈坐愈乱，如何寂静得了？注意！不只是"心"要寂灭，灭掉一切烦恼，灭掉一切妄想，"身"也要寂灭。心寂灭还可以想象，"身"如何寂灭得了？这个肉体之躯处处给我们障碍，你念佛可以三天三夜一心不乱，可是你三天不吃东西，便饿得受不了，而且打起坐来，不是这里痛，就是那里痛，不能安详，此身如何寂灭？

　　要达到清净觉地，必须要做到"身""心"寂灭，才可以进入自心本性的清净觉地，才可以了解到，我们的自心本来在神通大光明藏中，也就找到自己的自心本性了。不只是心要寂灭，身也要寂灭。纵然你修到心能寂灭，但是身未必能够如此。所以，我近年要各位遵照释迦牟尼佛的指示，赶紧修不净观——白骨观。必须走这条路，"身"才能得寂灭。否则，无论什么气脉、明点，单身法、双身法都没有用。因为末世的众生业力重，哪有可能修成这些法门？非修不净观、白骨观不可，千万注意。

平等本际，修持达到身心寂灭以后，更进一步就是平等本际。西方希腊哲学亦提倡政治人权之平等，释迦牟尼佛则更彻底提出一切众生平等，不管你有地位没地位，有钱没钱，受教育没受教育，四肢五官健全不健全，都一律平等。连狗呀！猫呀！牛呀！猪呀！也都和人一样平等。甚至连诸佛菩萨也一律平等，如文殊师利菩萨及观世音菩萨早就成佛了，仍现菩萨相度众生。文殊师利菩萨是七佛之师，早远劫前即已成佛，他的徒弟当教主，他化身为菩萨，辅助徒弟教化众生。无论是过去佛、现在佛、未来佛，只要达到身心寂灭，清净觉地，一念圆觉以后，都一律平等。没有说过去佛比我早在几千亿劫前成佛，我现在成佛，功夫不及他吧！没有这回事，只要你悟了道，与释迦牟尼佛、阿弥陀佛一律平等，这是形而上道体的平等。什么是本际？此际不是国际，不是人际，这是一切众生自性根本，一切佛法根本，"本"是指形而上的道体，任何三世诸佛与一切六道众生在形而上的道体上，是完全平等没有差别的。

修持做到了身心寂灭以后，才能达到平等本际。到了平等本际，自然是圆满十方。在诸佛菩萨自性平等本际里，没有一处不清净，没有一处不圆满。圆满就是没有缺陷，没有渗漏，不生不灭，不增不减，不垢不净。充满十方，无所不在。东西南北上下谓之十方，充满整个空间，超乎空间，不是局限于某一方隅，不是固定于某一处所。

"不二随顺"，不二就是唯一，一真法界，也即是圆觉境界，干净处有佛，不净处有佛；天堂有佛，地狱有佛；善人心中有佛，恶人心中有佛，一切众生性相平等，此谓不二法门。出世是圆觉，入世亦是圆觉；成佛是圆觉，众生亦是圆觉，无处不圆觉。

"于不二境现诸净土"，到此不二境界，自然就是净土。既不散乱，亦不昏沉，一念清净，真正净土现前。

《圆觉经》的十二位菩萨

"与大菩萨摩诃萨十万人俱，其名曰文殊师利菩萨、普贤菩萨、普眼菩萨、金刚藏菩萨、弥勒菩萨、清净慧菩萨、威德自在菩萨、辨音菩萨、净诸业障菩萨、普觉菩萨、圆觉菩萨、贤善首菩萨等而为上首，与诸眷属皆入三昧，同住如来平等法会。"

这部经是大经，佛说此经时，与十万个大菩萨在一起，此十万大菩萨不一一列举，在此仅举出十二位菩萨名号，《圆觉经》是释迦牟尼佛答复此十二位菩萨所提问题的经典，所以大陆上的圆觉寺，一进门便供着这十二位大菩萨。这些大菩萨与其眷属小菩萨们都同样进入三昧，进入神通大光明藏三昧中，同住如来平等法会。大小菩萨都一律平等，都无我相。无我才能平等，大家无我，同一法界。

现在各位看看这十二位菩萨的排列有没有道理？读经要用第三只眼——慧眼，用脑筋想想看，此为思惟修。《圆觉经》这十二位菩萨的排列，已经告诉我们佛法大乘道的修法。第一位大智文殊师利菩萨代表智慧成就，悟了道智慧成就以后，就要起"行"。光想自己修，不入世，不修菩萨行，那是不对的，所以古人骂禅宗容易流入小乘偏空之果，非菩萨道也，这骂得也不无道理。但是，达摩祖师的禅不同，有理入及行入，理入智慧成就以后，须入世修菩萨行。所以文殊师利菩萨之后，接着便是大行大愿普贤菩萨。

但是入世可不容易，必须手眼通天，千手千眼，手是手段方法，眼是智慧方便，所谓"归元性无二，方便有多门"。所以大乘菩萨无论魔道、妖道、鬼道、外道、小乘道无所不通，法门无量誓愿学，因此才能有很多的方便，才足以摄受折服各种不同的众生。这就是普眼菩萨的道理。

有了普眼菩萨的境界以后，修持才能达到金刚藏菩萨颠扑不破的境界。金刚藏的意思一是不为外界所迷惑动摇，再则是粉碎外界的邪魔歪道。

再以后是未来继承佛位的弥勒菩萨，弥勒菩萨现在在欲界天的中心——兜率天为天主。兜率天与我们一样声色犬马，五欲俱全，吃喝玩乐样样都来，并不清净。但是，其中有座内院，摒除一切声色犬马，弥勒菩萨在此说法，《瑜伽师地论》便是弥勒菩萨在此内院说的。印度的无著菩萨夜晚入定上兜率天，听弥勒菩萨说法，早晨出定，作记录，如此写成一百卷之《瑜伽师地论》。弥勒菩萨下一生就要像释迦牟尼佛一样，剃光头，以出世法表相，现出家相成佛。

要如何成佛呢？必须先得到清净智慧，有了清净智慧，才能威德自在。如文殊菩萨于释迦牟尼佛上座即将说法时，引磬一敲说："说法竟"。释迦牟尼佛一句话未说，又进去了。文殊菩萨此时说了两句话："我为法王，为法自在。"这就是大威德大自在，然后就是辨音菩萨，辩才无碍，法音清净。辩才无碍，必须深入经藏，智慧如海，这是由多生累世说法之功德而来。并且还要净诸业障，我们的业障可并不那么容易消除，《楞严经》说："理则顿悟，乘悟并销，事非顿除，因次第尽。"业障不是一下子去得掉的，要慢慢一步一步地消。业障除净以后，才能普觉圆觉等妙二觉，等同于佛。成了佛之后如何？是否就不来了呢？不，还是"诸恶莫作，众善奉行"。像贤善首菩萨所代表的意义。

《圆觉经》的十二位菩萨各有不同的表相，代表着十二种法门。看懂了这十二位菩萨的排列，才有资格来研究《圆觉经》。

好，下面好戏要开锣了！

第一章　文殊师利菩萨

什么是成佛的本起因地

如何发起清净心

发了清净心有什么好处

如何不堕入邪见

什么是无明

什么是空

无明妄想如何断

"于是文殊师利菩萨在大众中，即从座起，顶礼佛足，右绕三匝，长跪叉手而告佛言：……"

　　第一位出场代表问法的是文殊菩萨，文殊菩萨乃七佛之师，又名诸佛之师。在佛教造像上，文殊菩萨骑着狮子，狮子代表百兽之王，狮子吼，百兽脑裂，威猛无比。在密教的塑像上，文殊菩萨则是一手拿宝剑，一手拿经典，此剑乃智慧之剑，拨开慧剑，斩断情丝，代表着智慧成就。如何成就智慧？《金刚经》告诉我们，必定要福德够了，智慧才得以开发，也是自求多福，自我解脱的道理。学佛是靠自己，不是靠别人帮忙，也不是靠佛菩萨保佑。世界上最大的福报就是智慧，纵然当上皇帝，或是财福多得足以买下整个地球，仍然买不到智慧；智慧不是权力金钱所能换取得来的。成佛是福德够了，智慧到了，不是功夫问题。以上是对文殊菩萨简单的介绍，也点出学佛首重智慧。

"顶礼佛足，右绕三匝，长跪叉手。"这些是印度的礼节，如同中国古礼的打躬作揖，三跪九叩。顶礼要五体投地，两手两足着地，额头要碰到长辈的脚。右绕三匝，合掌向右绕三圈，口中还要赞叹一番。叉手不是两手叉腰，是合掌的意思。

"大悲世尊，愿为此会诸来法众，说于如来本起清净，因地法行，及说菩萨于大乘中发清净心，远离诸病，能使未来末世众生求大乘者，不堕邪见。"

"大悲世尊"就是说大慈大悲天上天下最值得我们尊敬的佛啊！世尊是对佛的尊称，"世"不只指我们人世间，包括天上天下，"尊"即人天师表。"愿为此会诸来法众"，希望您为这里在座那么多从各处来求佛法的大众们解说。说什么呢？"说于如来本起清净，因地法行"。如来就是佛，自觉觉他，觉行圆满，谓之佛，大彻大悟成佛之后，就称如来。《金刚经》上说无所从来亦无所去，是名如来。所谓"如来"指什么呢？什么东西无所从来亦无所去？我们拿《金刚经》来注解《圆觉经》，或以《圆觉经》来注解《金刚经》，就很清楚了。无所从来亦无所去，指的就是如来本起清净因地法行。本起是成佛的根本，如做生意要以钞票做本钱，写字总得拿支笔，成佛靠什么呢？——清净，清净是成佛的第一步，成佛的基因、因地。法行是法门，如何能做到清净？达到清净的法门是什么？清净的反面就是不清净，也就是烦恼、散乱、妄想。我们要求得身心清净很难，人心都不清净，是不是？

以上是文殊菩萨所问的主题，接下来还有副题。"及说菩萨于大乘中发清净心"，菩萨等于中国文化中圣贤里的贤人，如孔子、老子、释迦牟尼佛等有大成就者就是圣人；那些正在进德修业，尚未达到圆满境地，而小有成就者是贤人，如子思、曾子。菩萨是梵文"菩提萨埵"翻译的简化，中文有时翻译为大士或开士，然而大士或开士尚不足以概括菩萨的意义。菩萨有觉悟有情之义，觉悟是自己已经悟道，但是功德没有圆满，世界上最多情的人便是佛菩萨，大慈大悲度尽一切众生，众生那么多，怎么度得完？你的痛苦我来挑，你的烦恼我来解决，你的困难我来帮忙，你说多情不多情？这就是菩萨行为，中国文学里有两句诗：

不俗即仙骨，多情乃佛心。

文殊菩萨所问的第一个主题，是如何成佛？文殊菩萨也在此点出了问题的答案，要想成佛，就是要得到本起清净因地法行，身心随时都在清净中，如此修行就可以成佛。假使心中有所求，有修道之念，想图个清净，那就不清净了，必须摆脱这一念，才是毕竟清净。不过，这个境界太高了，不容易达到，因此，文殊菩萨退而求其次，而问大乘菩萨们如何发起清净心？

我们经常听到佛教的朋友们说发心，一般所说的发心，不外乎出点钱出点力，这是发小的心。经典上说发菩提心，什么是发菩提心？大彻大悟而成佛，这是真发心。发菩提心又叫发大悲心，真开悟成道的人没有不大慈大悲。真开悟了，才可以无我，才可以牺牲自我度一切众生。大悲心是菩提心的行用，菩提心是大悲心的体，那么，菩提心的相呢？就是《圆觉经》此处所讲的清净心。诸大菩萨虽然在大慈大悲中，自性却清清净净。菩提者觉悟也，悟了道，得了清净心，才进入大慈大悲菩萨道。

发了清净心有什么好处？可以远离诸病。什么病？头痛、牙痛、胃痛、心脏病、肝脏病、肾脏病，这些是肉体地水火风四大不调所引起有形的病，还有属于心理无形的病，诸如一切烦恼，一切希求，一切妄念，贪、瞋、痴、慢、疑等等都是病。

佛眼看世间，一切众生皆在病中。病从何来？病从业生。每个人的因果报应不同，身体健康情况都不同，有些人天生身体健康，到了七八十岁，还步履轻便，精神奕奕；有的人一年三百六十五天，不在病中即愁中；另有些业力重的人，没病还自认为有病，到处求神问卜找药吃。业从哪里来？业由心造。换句话说，要如何才能身心无病呢？很简单，发清净心，就可以远离诸病。

讲到"发清净心，远离诸病"，中国禅宗有个故事。禅宗的教育法很特殊，如德山棒、临济喝、云门饼、赵州茶，再加上慈明骂。宋代慈明禅师喜欢呵佛骂祖，骂人是他的教育法，他的骂是出了名的，他的佛法可也了不起。当时的驸马爷是他的同参道友，也参禅开悟了的，临死前，写封信给慈明，告诉他要走了。慈明乘船赶去，驸马等他一到，两人谈了几句就走了。慈明禅师在回程的船上，突然中风，嘴巴歪斜。

他的徒弟急得不得了，说："师父啊！您是悟了道的一代大师，现在嘴巴歪了，回去怎么见人？"

这位师父平日爱骂人，呵佛骂祖惯了，现在果报来了，嘴巴都骂歪了，这怎么办？

慈明禅师说："别急！不用担心！"然后双手托住下巴，用力一扭，说："你看！这不就好了！"果然嘴就不歪了。大家想一想慈明何以有此本事？

还有一位天王道悟禅师，整天打坐，县长来访，亦不加理会，把县长惹恼了，叫人把这个和尚丢到河里，河里浮出一朵莲花，他就坐在莲花上面，这下子把这些人吓住了，因此感化了这位县长，成为他的皈依徒弟。天王道悟后来生病躺在床上，疼痛难过得哎哟——哎哟——地叫。

旁边服侍的徒弟说："师父！您叫轻一点好不好？你是悟了道的大和尚，叫那么大声，让人听见，多丢脸！师父啊！您当年的威风哪里去了？"

悟了道的师父生病还哎哟哎哟地叫，这像什么话？他的道悟到哪里去了？天王道悟一听不再叫了，说："哦！不对呀？我痛得叫哎哟哎哟哩，有个不痛的，你们知道不知道？"这几个徒弟都说不知道。

师父说："我传给你们要不要？"

"当然要，求之不得。"

"好！喔哟！这个是不痛的！"然后，两腿一盘，走了。

各位参参看！哎哟哎哟叫的是痛的，喔哟喔哟叫的是不痛的，这到底是怎么一回事？

文殊菩萨问了菩萨如何发清净心，远离诸病的问题后，还问了另一个副题，如何能使未来末世众生求大乘者不堕邪见。我们现在还没有到末世，到了末世末法时代，连佛像、经典都没有，只剩一句——"南无阿弥陀佛"。我们现在是像法时代，还有佛像、经典流传，还算是好的时代。到了末法时代，那就很惨了，人类互相残杀，连草木都可杀人。文殊菩萨的慈悲心顾虑很周到，请求释迦牟尼佛，设法使未来末法时代有善根求大乘菩萨道的众生，不堕入邪见中。此所谓邪见，是指不正，歪了，偏了，凡是偏离了佛法的正知正见，都属邪见；也可以说，凡是学佛修道离开了此清净心，都是邪见。

"作是语已，五体投地，如是三请，终而复始。"

这是印度礼仪对师道佛法的尊重。文殊菩萨说完了这些话之后，五体投地，行大礼，如同中国传统礼节的顿首稽颡。顿首，把头叩在地上；稽颡，额头碰到地。

讲到顿首稽颡，在此顺便提一提中国的丧礼。像我现在年纪大了，看报纸所关心的不是红字的喜事，而是黑字的讣文，看看哪位朋友又走了。看这些讣文，经常笑话百出，死在医院里，也称寿终正寝。正寝是指家里的主卧室，我们以前都是把家里最好最大最主要的房子给父母住。子女无论官做得多大，地位多高，也不敢睡正寝。寿终正寝是说死在家里的主卧室里。

人死之后，等尸体完全冷却，再移到大厅，经过小殓大殓，让大家看清楚是清清白白死的，不是被谋害死的，然后下葬。不像现在人死不到五分钟，立刻送到殡仪馆，往池子一丢，泡在冰水里。然后跑到别人家里，坐在大厅，嚎啕大哭，这些都不合中国古礼。报丧是不准进人家家门的，只能站在门外，对方出来，不论大人小孩，孝子都要跪下。所以讣文里"顿首稽颡"是向大家跪下磕头的意思。现代的中国人已经没有中国文化了。

如是三请，终而复始。同样的话重复讲三次，表示慎重。如同国家的法律条文，在立法院里要三读才能通过。这是印度古礼，表示对老师对真理的尊重。

"尔时世尊告文殊师利菩萨言：善哉！善哉！善男子，汝等乃能为诸菩萨咨询如来因地法行，及为末世一切众生求大乘者，得正住持，不堕邪见。汝今谛听，当为汝说。"

此时释迦牟尼佛告诉文殊菩萨说：好的！好的！善男子（尊称也），你们能够为诸菩萨，询问如何成佛的基本修行法门，以及为末世一切求大乘道的众生，得到正确的认识，使得正法保持在世间，使众生不堕入邪见之中。你现在仔细地听，我为你说。

"时文殊师利菩萨奉教欢喜，及诸大众默然而听。"

文殊师利菩萨听到了释迦牟尼佛答应说法之后，心里很欢喜，退回到自己的座位，其他大众也静静地洗耳恭听。

"善男子，无上法王有大陀罗尼门名为圆觉，流出一切清净、真如、菩提、涅槃及波罗蜜，教授菩萨，一切如来本起因地，皆依圆照清净觉相，永断无明，方成佛道。"

"善男子"，等于说诸位同学、各位女士、各位先生。由此可见，释迦牟尼佛很客气很谦虚，慈爱而谦和，有如《论语》中孔子的学生形容孔子，"望之俨然，即之也温"。看起来好像很威严，跟他一接近，就觉得他和蔼慈祥。

"无上法王"，成了佛才有资格称无上法王。佛是至高无上的万法之王，超乎一切群众之上，超乎一切国土之上，他是人类精神的皈依。释迦牟尼佛亦称为空王，如同中国称孔子为素王，素是纯净的意思。西藏密宗有位大宝法王，是密宗花教的八思巴，年十五岁即六通具足，当忽必烈征服西藏时，拜他为师，奉为大元帝国国师，并封为大宝法王。后来代代相传，袭称此号，但是也只敢称为大宝法王，不敢称无上法王，只有佛才有资格称无上法王。

陀罗尼是梵语，总持，总纲的意思，它是八万四千法门的根本总法。密宗称一切咒语为陀罗尼，陀罗尼还含有能持能遮的意思，能持是使善法不退，能遮是使恶法不生。

成了佛的无上法王，有个大总持的法门叫作"圆觉"，圆代表圆满，没有缺陷，没有渗漏，圆也包括了一切时间，包括了一切空间，无时不在，无所不在，任何时间任何地点都可以成佛，随时随地可以圆满觉性，随时随地可以悟道。

此圆觉流出一切清净、真如、菩提、涅槃及波罗蜜。清净在中国文化讲来，就是斋戒沐浴，洗头洗澡，把身体从头到脚洗得干干净净，然后心里不敢胡思乱想，不敢随意动念，这叫持斋。持斋乃指斋心，内心清清净净。持斋不是吃素，一般把吃素叫作持斋，这是不对的。不吃葱、蒜、韭、芥末、兴渠等五荤叫吃素，后来人搞错了，便将错就错。

流出一切真如，什么是真如？真如乃道体也，真心之体，禅宗所谓明心见性，就是要见到此真如道体。净土宗的三经一论——《阿弥陀经》《无量寿经》《观无量寿经》《大乘起信论》，其中马鸣菩萨著的《大乘起信论》所讲的，便是真如门与妄想门。烦恼妄想是一切众生造业的根本，烦恼妄想清净了，证得真如，即便成佛。真如翻译得极妙极佳，真如，如真，好像真的。

菩提是觉悟的意思，前面已经解释过了，不再重复。《金刚经》的重点，在强调如何证得阿耨多罗三藐三菩提，就是如何悟道成佛。西藏密宗宗喀巴大师写了一本《菩提道次第广论》，叙述成佛的次第方法。

释迦牟尼佛临走前，讲了一部《涅槃经》，涅槃就是如来自性的别名。涅槃也是寂灭的意思，寂灭不是什么都没有了，而是本来清净，本来寂静。涅槃不是死亡，而是永远存在。所以，释迦牟尼佛临走前说"常""乐""我""净"，把以往所说的"无常""苦""空""无我"全都推翻了，不要以为他真的走了，没有，佛无所从来，亦无所去。

波罗蜜就是到彼岸，学菩萨道，要修六波罗蜜，布施波罗蜜、持戒波罗蜜、忍辱波罗蜜、精进波罗蜜、禅定波罗蜜、般若波罗蜜，修此六种波罗蜜，到达彼岸。彼岸指哪个岸？成佛之岸，脱离苦海之岸。

圆觉涵盖了此一切清净、真如、菩提、涅槃、波罗蜜，乃一切大法之总法，一切大法之总源。读《圆觉经》，不得不令人肃然起敬。

所有佛都是依此圆觉法门教授历代菩萨，此圆觉法门是佛法之根本大法。

一切如来本起因地，皆依圆照清净觉相，永断无明，方成佛道。凡是想要成佛，都必须根据此圆觉修法，才能成佛。

本起因地——成佛的工具从哪里找？在我们自己这里找。在我们普通凡夫里有个东西，就是会思想，会起烦恼的东西，人的一切活动都靠他，要把他找出来，他是成佛的本起因地。

这又如何找呢？很简单，就在人的一念之间。什么是我们的第一念？当我们觉得这个问题很稀奇的时候，已经是第二念了。各位能不能记得，早晨起来第一个念头想的是什么？想不起来，好，没关系，那么，你有没有把握知道，明天早上醒来第一个念头会想什么？本起因地要在这个地方去找。

你说我还是找不到，怎么办呢？皆依圆照清净觉相，这就是传法了，把修行的方法也告诉你了。随时圆满观照，照什么呢？回照自己的起心动念，自己的思想念头怎么来怎么去，要清清楚楚。记住，要圆照，不是偏照。打坐的时候观照很清楚，下了座就乱了、迷糊了，那不叫圆照。要在忙中乱中，随时随地观照自己的念头。

观照念头并不是要你不想，唉哟！我怎么又去想？好像"想"与你是冤家似的。有念头来，不用怕，要知道人的思想念头是留不住的，不信，你留留看！留得住吗？人的思想妄念留不住，但是，要送也送不走。你不去想它，它偏要想，很可恶！对不对？人的思想就那么怪，注意，这就是无明。例如念佛，阿弥陀佛，阿弥陀佛、阿弥陀佛……咦？外面下雨了！门不晓得有没有关？糟糕！妄想又来了，不应该！不应该！我们一天到晚就在后悔妄想里转，如此妄想无明如何清净得了？

那么，有些人打坐，静静地坐在那里不动，是否就圆照清净了呢？一点也不，忙得很，心里想的可多呢！我坐了那么久，气怎么还没有动？是不是上了当？我怎么还没有开悟？如来大法难道是这样吗？那不叫圆照，换一个字，叫怨照，各位想想看，是不是这样？

当你察觉妄想来的时候，就是清净，因为妄想早已跑掉了，当下清净，本来清净，不用再去想把妄想空掉，妄想不空而自空。如此一念清净下去，圆照下去，慢慢修下去，便可以永断无明，便可以成佛。

"云何无明？"

什么是无明？无明是佛学的名词。在小乘佛法里，无明是十二因缘的起首，无明缘行，行缘识，识缘名色，名色缘六入，六入缘触，触缘受、受缘爱，爱缘取，取缘有，有缘生，生缘老死。我们的思想情绪都是无明，生从哪里来？死向何处去？父母未生前，我究竟是谁？死后是否真有轮回？有没有我？这些一概不知，皆在无明中。大无明就是一切的大疑问，学佛不从这里入手，一切都是空事，没有用，"不识本心，学法无益"，此是因地法门。

其次，我们心念的来去，以及思想情绪控制不住，自己做不了主，反而做了思想情绪的奴隶，这些妄想烦恼从哪里来？是唯心？是唯物？是生理？是心理？自己永远搞不清楚，这就是无明。假如这个因地法门认识不清，只求佛保佑，求佛加庇，说老实话，这正是无明烦恼。

佛说永断无明，方成佛道。文殊菩萨担心我们不但无明断不掉，连无明是什么东西都莫名其妙，所以，特别代我们提出问题：云何无明？

下面是佛对无明所作的回答。

"善男子，一切众生从无始来，种种颠倒，犹如迷人四方易处，妄认四大为自身相，六尘缘影为自心相，譬彼病目见空中华及第二月。"

什么是无明？实在很难作答。我们知道凡是善于说法者，都善用比喻。人的思想与感情经常无法用语言来表达，人世间的语言文字有限，所以，人与人交谈，要面对面，看表情、手势、动作才能了解得清楚。

其实，语言加上这些表情动作，还无法真正完全明了，否则，人与人之间，不会有那么多误会。要想以世间的文字语言，来表示形而上的道，非常困难。因此，大教主都善于用比喻，佛经里比喻最多，故事也最多，基督教的新旧约圣经里比喻也特别多，犹太人的法典里比喻也一样多。比喻是语意表达最好的方式，但是，我们人反而受比喻的影响，抓住比喻当真话，例如问说：月亮在哪里？便用手指一指，月亮在那里，结果，把手指当作月亮了！这是很可怜的事。现在，释迦牟尼佛也只好用比喻来解释。

"善男子，一切众生从无始来，种种颠倒。"无明就是颠倒，颠倒乃佛经所提出，而意义特别深远。佛说"一切众生从无始来，种种颠倒"，其实这句话已经把一切佛法都讲完了。我经常说个笑话，人本来就颠倒了。你看！上帝造人就造颠倒了。两只眼睛都长在前面，后面什么都看不见，所以走路会被车子撞倒，假如眼睛一只长在前面，一只长在后面，就不会有那么多车祸了。眉毛长在手指头上的话，早晨起来当牙刷用，多方便。鼻子倒过来，吃完饭，把筷子往鼻子一插；下雨打伞也方便，往鼻子上一插，不用手撑着。嘴巴假如长在头顶上，吃饭往头上一倒，免得浪费时间。口袋里的钞票脏得要命，又不能当饭吃，却要数了又数，然后还要放在保险柜里。人不吃它就会死的米、麦，却摆在那里没有人理，你说众生颠倒不颠倒？黄金、钻石能做什么用？却珍惜得不得了，贵得要命，结果，还惹来杀身之祸，颠倒不颠倒？说什么打是情，骂是爱，颠倒！

人世间没有一样不颠倒，众生颠倒，知见不正，样样颠倒。不颠倒，就成佛了。佛是什么？中国禅宗祖师说佛是无事的凡夫，没有事的平凡人，哪个人能够做得到？都是无事生非，都在颠倒之中。

中国禅宗的傅大士，南北朝时代人，弥勒菩萨的化身，与达摩祖师见过面。他写了一首颠倒的偈子：

空手把锄头，步行骑水牛，

人从桥上过，桥流水不流。

这首偈子千古以来，有几人参通？如果能参通，你就悟道了。有些学道的人说这是密宗啊！空手把锄头，打坐阳气一动，两手赶紧结个手印。步行骑水牛，哦！任督二脉通了。人从桥上过，桥流水不流，口水是甜的，赶紧咽下去。这样讲真是乱七八糟，颠倒中的颠倒。我当年的禅宗老师说：这首偈子永远参不透的。我说先生（我们以前称老师为先生），您露一点消息给我们好不好？"好呀！"他说："半夜起来贼咬狗，捡个狗来打石头，从来不说颠倒话，阳沟踏在脚里头。"哈！更颠倒！

如何才不颠倒呢？明代大诗僧苍雪大师有首诗：

南台静坐一炉香，终日凝然万虑亡，

不是息心除妄想，只缘无事可思量。

这才不颠倒！这才有资格参禅。

所有众生一动思想，一有情绪就是颠倒。世法与佛法是同样的道理，我常常鼓励出家的同学要懂世法，世法懂了，佛法就通了。《红楼梦》里有两句话："世事洞明皆学问，人情练达即文章。"贾宝玉一辈子最讨厌这两句话，这两句是贾宝玉的父亲亲自所写，借此教育他，后来，贾宝玉懂了这两句话，也就出家当和尚去了。其实，什么是世间法？什么是出世法？《红楼梦》全都给你点出来了，只是一般人看不懂罢了。我们从颠倒的观念来看世间，很多人做人处事，无一不颠倒，时时颠倒，处处颠倒。本来很简单的一件事，好好的一件事，搞到后来，吵起架来，大家弄得不愉快，就是因为世事不能洞明，人情不够练达，把事情搞颠倒了。

再说，人们不只是世间法颠倒，严格说来，念佛打坐想成佛，是不是也颠倒？这是个大问题，因为佛不在念中求，佛不在坐中求，更不在拜中求。那么，佛究竟从何处求？假如这个问题没有搞清楚，目标都迷迷糊糊，你说你学佛，岂不颠倒焉哉？

下面佛再解释什么是颠倒，犹如迷人四方易处。释迦牟尼佛在此作了一个比喻，如同我们走路，走到一个地方，突然迷失了方向，一时迷糊，东西南北分不出。地球是圆的，本来没有方位，东西南北是人定出来的，根据太阳及地球磁场定出来的。那么，谁令你迷失方向呢？无主宰，不是鬼，不是神，也不是上帝，而是你自己迷掉了。

如何四方易处呢？如何迷掉的呢？学佛必须要把这个原因找出来，学佛第一步必须先认识清楚什么是不颠倒的，什么是正的。不过，佛没有讲，他说妄认四大为自身相，他说我们搞错了，弄颠倒了，把肉体当成我，肉体是四大合成，地水火风四大和合而成。坚固的物质谓之地大，如石头、土地、高山，在人体说来就是骨头肌肉。水大，地球上的雨水、冰雪，人体上的血液、脓痰、尿、汗都属水大。火大，外界的太阳能，人体内的体温都属于火大。风大，大自然的气流，人体里的呼吸谓之风大。我们的身体是由这些四大合成的机器，但是，这些不是我，只是我之所属，只是拥有几十年的使用权，走的时候要交还给大地。我们住的大地对我们太好了，给我们吃，给我们住，给我们用，我们还给它什么呢？吐口水，拉大便，倒垃圾，空气污染，水污染，脏的都给它，最后死的时候，臭的还归还给它。它也不生气，照单全收。所以，道家教我们做人要效法天地，只有布施出来，不想回收。佛说一切众生把这个肉体认作是我，颠倒了，所以，很多人学道打坐尽在身上搞，气脉通到这里啰！身体摇起来啰！又通到那里啰！最后全通到殡仪馆去！身体四大是假的嘛！你把它当真的我，是不是颠倒？

再来呢？妄认六尘缘影为自心相。什么是六尘缘影？色，外面的光，眼睛看得见的东西。声，耳朵听得见的声音。香，鼻子闻得到的气味。味，舌头尝得到的味道。触，身体感受得到的感觉。法，意识想得到的思维。四大所合成的肉体则有六根，眼、耳、鼻、舌、身、意六种机能。外界的六尘，六种物理现象，与肉体的六根相互作用，产生了影像，谓之六尘缘影。例如，照片、电影、电视都是缘影，都是假象，可是，这些缘影很厉害唷！都会引动我们的喜怒哀乐。看到它们痛苦，我们也痛苦；看到它们高兴，我们也高兴。你看！我们人多么颠倒！明明知道是假的，还是要受它影响。

想想我们的思想，都在六尘缘影中颠倒。例如最近流行的电影《甘地传》，看完回到家，还在感叹甘地真伟大。这部电影就是那么感动人，感动得当场掉眼泪，为什么呢？就是因为被六尘缘影所欺骗。人生的一切事物都是六尘缘影，昨天所发生的事情能留得住吗？能再把它摆在眼前吗？不能，这些都过去了，都是六尘缘影。可是，我们经常想起昨天的事，都会气愤得不得了，难过得不得了，一切众生都在六尘缘影里玩，把六尘缘影当作自己的心。

好，现在释迦牟尼佛把这一切都否定了，教导我们四大合成的身体不是真的我，六尘缘影也不是真的我。再深入探究，如果这身心不是我，那么，什么才是真正的我？这是很严重的问题。

下面佛又用了一个比喻，他说"譬彼病目见空中华及第二月"。我们现有的身心不是我，但是，并没有离开我，它是我们真正生命的反映，如空中花，空中哪有花？把眼睛揉一揉，在空中出现一点一点的，或者头发昏，看到眼前一点一点的小星星。又如你们打坐看到亮光，看到佛菩萨，对不起，譬彼病目……不能认真，当真你就错了。及第二月，各位有没有看到过第二个月亮？月亮只有一个，对不对？可是，月亮多得很，古人有句诗："千江有水千江月。"只要有水的地方，就出现一个月亮。水中的月亮是不是真的月亮？不是，是天上月亮的反映。

到这里，各位看，佛经写得多美。《圆觉经》《楞严经》《维摩经》这三部经典的文字，真是美到极点。透过这美丽的文字，我们要了解到这个身心不是真我。

学佛的第一步就是破除无明，不要弄颠倒了，不要把这个假的身心当成真我，把它看得牢牢的。想想看！我们一生时间中百分之九十五都在为这个躯体而忙。它需要睡觉，躺在床上，人生已去了一大半。它会饿，吃三餐饭，可有得忙了，买菜、洗菜，要煮、要炒，吃完了，还要洗，吃下去也挺麻烦，又要排泄出来。早晨起来，还要洗脸；冷了要加衣服，热了要脱衣服。为了生活奔波，要工作，要受气，忙了一辈子，结果，它还是不属于我的，最后属于殡仪馆的焚化炉。你看！我们被它骗得多苦！众生颠倒！除此之外，又是名，又是利，那更有得忙了，忙了一辈子，结果如何呢？人真是可怜啊！

要透过这些假相来寻找真正的生命，不要被这些六尘缘影骗住了。其实，大家念佛打坐也是在玩自己的六尘缘影，尤其是学道学密宗的最喜欢讲梦，跑到我这里来，老师啊！我昨天做了一个梦……如何如何，唉呀！我听了一个头三个大，明明是梦，明明是假的，偏偏讲了又讲，最后还说这个梦是真的，你说众生颠倒不颠倒？

"善男子，空实无华，病者妄执，由妄执故，非唯惑此虚空自性，亦复迷彼实华生处，由此妄有，轮转生死，故名无明。"

释迦牟尼佛告诉文殊菩萨说：虚空中实际上并没有花，虚空就是空的，没有东西，因为眼睛有病，所以看起来有花。如精神分裂症的人看到鬼看到神，在他的脑海里、眼睛里的确有鬼。

说到精神病，谁有病？谁没病？很难判定。绝对没有病正常的只有两个人，一个是已经圆寂的释迦牟尼佛，一个是还未出生的弥勒佛。每个人都有病，因为都在颠倒妄执之中。以前我到精神病院看那些病人，待久了，我就发觉不对劲，全体都是病人，你说他们不正常，他们才觉得你不正常呢！后来我对两位精神病科的医师说：你们小心哼！搞久了，你们也会变精神病，结果，不出所料，几年以后真的也都变成精神病。因为众生颠倒，谁对？谁错？搞不清楚。

病者妄执，妄执就是把假的抓住当真的。眼睛病了，看到虚空里花朵的存在，就是妄执。因为这样搞久了搞习惯了，不但迷惑了虚空的样子，连真的花的样子也忘记了，都把假的当成真的了。

由此妄有，轮转生死，故名无明。我们生了又死，死后再来投生，如此生生死死，轮转不停，就是因为妄执的缘故，就是因为把假的当真的缘故。此"妄执"就是其他经典所讲的"业"。

我以前经常和几位神父说笑话，我说你们的《圣经》内容涵义很好，可惜，翻译得很糟，那种白话文是明朝时代翻译的，没有文学价值，所以弘扬不开。佛教之所以在中国能生根发展，佛经翻译文字优美，具有高度的文学价值，折服了中国的知识分子，这点是很大的原因。你说人生来就有罪，令人听起来就反感，老子我生来就没有罪，我妈妈也没有罪，我爸爸也没有罪，我的老祖宗也没有罪，为什么上帝说我有罪？不通嘛！但是，上帝说的没有错，只是你们不懂，你们没有办法依文化背景适当翻译。人生来不是有罪，而是有缺憾，不完美，不圆满，也就是说人生来就有业，有善业、恶业，以及不善不恶的无记业，这个业不是罪，而是一股力量，牵着你跑。

我们在大颠倒之中，什么是对的？什么是错的？搞不清楚，一切都在妄执，都受业力影响，都被错误的思想左右。为什么有烦恼？为什么有痛苦？因为自己妄执。所以中国的禅宗说到所有的佛法，只有一句话："放下。"但是，人就是那么可怜！偏偏放不下。听了禅宗的放下，天天坐在那里，放下！放下！如此又多了一个妄执——"放下"。

唐代白居易学禅，写了一首诗，这首诗等于把《圆觉经》的开头讲完了。

> 须知诸相皆非相，若住无余却有余。
> 言下忘言一时了，梦中说梦两重虚。
> 空花哪得兼求果，阳焰如何更觅鱼。
> 摄动是禅禅是动，不禅不动即如如。

《金刚经》所讲人相、我相、众生相、寿者相，一切皆空，一切诸相皆非相。有余、无余是佛学的名称，得了道的境界是无余涅槃，也叫作无为。有余涅槃是小乘境界的道果，无余涅槃是在大乘境界的道果。言下顿悟，一切解脱，谓之"言下忘言一时了"。人生本来是梦，我们的所作所为，都是梦中之梦，都是妄执，都是假的。佛告诉我们自性本来空，既然是空，还要求个果位？还想得个道？所以，"空花哪得兼求果"。阳焰就是光影，夏天在高速公路上，就可以看到前面路上飘浮着水，这就是阳焰，这是假的光影幻境，怎么会是水呢？"摄动是禅禅是动"，把两条腿盘起来，把心里的念头拼命压下去，以为这就是学佛，以为这就是静，其实，这才动得厉害。假如你不求清净也不求空，"只缘无事可思量"，自然而然，这就对了，

"不禅不动即如如"。

懂了白居易这首诗，才能了解《圆觉经》这一节，佛所告诉文殊菩萨的话，一切众生皆因妄执而生，人都把假的当成真的。

"善男子，此无明者，非实有体。如梦中人，梦时非无，及至于醒，了无所得。如众空华灭于虚空，不可说言有定灭处。何以故？无生处故。一切众生于无生中，妄见生灭，是故说名轮转生死。"

接下来，佛再进一步解释什么是无明，无明并没有一个真东西。例如我们闭起眼睛静坐，眼睛好像不在看，其实，有没有看？早就在看。看什么？看到前面黑洞洞，空空的，看这空空的正是无明。再如我们静静坐在那里，好像什么都不想，心中一念，若有若无，似想非想，此正是无明。但是，你再一寻找，这个东西在哪里？它没有体，假的，所以说，此无明者，非实有体。

"如梦中人，梦时非无。"佛在此又作一个比方，例如人在做梦的时候，梦中的境界都是真的，并非没有。我常告诉人家，当一个人在做梦的时候，不要去叫醒他，叫醒他是罪过，很残忍。你看有些人做梦时，笑得多甜！他在梦里多享受！多舒服！这种经验大家都有过吧！

可是，人很可怜，古人有两句诗：

多情自古空遗恨，好梦由来最易醒。

这就是人生。好梦最容易醒，醒来想再接下去，接不下去，所以，不要去叫醒梦中人，让他多做做好梦。我有时在想，佛说唤醒梦中人，到底是慈悲？还是狠心？我觉得一切众生让他做做梦，蛮舒服的！何必去叫醒他呢？

"及至于醒，了无所得。"等到梦醒的时候，才晓得刚才在做梦，什么都是假的，什么都没有。注意！现在我们正在做梦哦！等到大彻大悟，就会发觉我们白天睁着眼睛做梦，与夜晚闭着眼睛做梦，没有两样。晚上做梦是幻，白天做事一样是幻。可是，我们凡夫众生梦中认为是有，醒来还不愿承认它是假的，还想继续梦下去；明知现在是在梦中，还是愿意沉迷下去。

"如众空华灭于虚空，不可说言有定灭处。"例如我们眼睛生病，看到虚空中有花朵；眼病医好了，花没有了，这些亮光哪里去了？从哪里消失的呢？不，不可以这么说。它本来就是没有的，它本来就是虚幻的，它是空生空灭，它不在虚空中生，而是在你这里生。何以故？为什么呢？无生处故。空中的花本来是假的，因为我们以病态的眼睛去看虚空，虚空才出现花影，虚空还是虚空，虚空中并没有多出花朵来，当然也就没有生处，也没有灭处。

"一切众生于无生中，妄见生灭，是故说名轮转生死。"其实，我们真正的生命是无生的，是生而不生。什么是生灭呢？例如我现在讲话，各位在聆听抄写，动一下，显出一个现象来，经过一段时间空间，又消灭了，一生一灭，一来一往，我们眼睛所看到的，耳朵所听到的，乃至心里所想的，这一切的一切都是生灭法。假如我们被这些生灭的现象所转，就是凡夫。假如能够发觉在这生生灭灭之中，有个不生不灭的，生而不生，灭而不灭，动而不动，无形无相，就可以如佛经所说："证无生法忍，登菩萨地。"就可以不须断除生灭，就不在生死之中。

由此可见，宇宙万有的现象都是相对的，有生就有灭，有来就有去，有善就有恶，有是就有非，有动就有静，这是生灭法，现象界两边相对，是靠不住的。能生能灭的，而不生不灭的才是佛道。所以，打坐念佛求静，静也是生灭法。静久了，也坐不住，要下来走走，定久了要出定，静极思动，动极思静。为什么凡夫想打坐求静？动久了，烦了，所以想图个清净。但是，真让你静下来，却又静不了。我有几个朋友很羡慕出家同学的清净，想退休，我都劝他们不要，为什么？因为很多人一旦退休，没事做，静不下来，结果，退到"阴"国去了。所以，学佛的第一步要先能享受寂寞，没有这种修养，不要谈学佛。

想当年我在峨眉山顶闭关的时候，山峰顶上，不要说人影没有，连鬼影子都没有。万山冰雪，孤零零一个我，所谓：

千山鸟飞绝，万径人踪灭。

孤舟簑笠翁，独钓寒江雪。

就是如此境界。有时夜晚看经，一盏油灯，一灯如豆，孤灯独影，那才清净！那才享受！这才真是享尽清福，是人生一大享受。你们学佛修道，回去看到老婆孩子，抱一抱，然后就走开去打坐，偶尔清净一下，老婆孩子还是在旁边，假如真把你丢到人烟绝迹的地方去，保证你吓都吓死。

以上是讲到妄见生灭，轮转生死，顺便提起。我们继续看下去。

"善男子，如来因地修圆觉者，知是空华，即无轮转，亦无身心受彼生死，非作故无，本性无故。"

佛告诉文殊菩萨成佛的第一步怎么走，我们都有资格成佛，谁都一样，包括蟑螂、蚂蚁一切众生。第一步因地怎么修呢？"知是空华，即无轮转"，要晓得所有的一切都是虚空中的花朵，今天我们讲的，听的，一切所作所为都是假的。人生如戏，要晓得我们现在是在唱戏，演父亲的就要像个父亲，演儿女的就要像儿女，演丈夫的就要像个丈夫，演妻子的就要像妻子，要演得大家都叫好。但是，不要忘了你是在唱戏，唱完戏，卸了妆，都到殡仪馆报到去了，这一切都是假的。但是，一般人唱戏都唱昏了头，上了台就下不来，上台容易下台难。

同时要认识清楚，"亦无身心受彼生死"。生生死死是现象的变化，我们那不生不死的真我，并不在此生死上，你要能找到这真生命，才可以了生死。注意，我们那不生不死的道，"非作故无"，不是造出来的，也不是修出来的。你说我敲了好多木鱼，打了好多坐，念了好多咒语，大概可以成佛了吧？哈！那是你妄想！观自在菩萨在《心经》中不是也告诉我们："不生不灭，不垢不净，不增不减。"你修他没有多，你不修他也没有少，它不是造作出来的。空本来就是空，不是你修出

40

来的。

你们平常打坐觉得空空的，唉！好舒服！好清净！我见到了空性！不要自欺欺人，那是你自己身心造出来的一种感受。甚至，有的人跑到我这里来说："老师，糟了！掉了！"我说："什么掉了？""那个空空洞洞的掉了！"你们说好不好笑？空不是你修出来的，不是你不修就不空，他不用你修，本来就空。我常常讲，不要去空妄想，怎么那么多事？是妄想来空你啊！妄想本来是空，你想留他也留不住，用不着你去空他，所谓：

> 秋风落叶乱为堆，扫尽还来千百回。
> 一笑罢休闲处坐，任他着地自成灰。

懂了这个道理，就可以开始修行了，这是如来因地。我此话不会骗你们，讲错了，下地狱，到地藏王菩萨那里第四层地下室，地狱本来十八层，现在时代进步了，又加了四层地下室。（众笑）

"彼知觉者，犹如虚空，知虚空者，即空华相。亦不可说，无知觉性，有无俱遣，是则名为净觉随顺。"

我们再来体会空。空，是学佛的第一步，也是学佛的最后一步。各位注意！"空！"我刚才说空，有没有一个空？什么都没有了对不对？即有即空，即空即有。那么，你说空，现在有没有知觉？有，有知觉。那知觉不空，不！"彼知觉者，犹如虚空"，因为空，所以有知觉。如果没有知觉，就不叫空。

"知虚空者，即空华相。"我知道现在空，那个能知之性本来就是空的，你又何必再去空他？妄想来了何必害怕？因为空，所以什么都知道。"亦不可说无知觉性"，你不要认为空就无知觉，越空越清楚，越清楚越空。不要认为空是什么都不知道，不要以为什么都不知道就是入定，千万不要搞错了。"有无俱遣"，说有也不对，说空也不对，"不是息心除妄想，只缘无事可思量"，不抓住一个有，不抓住一个空，不空而自空，不定而自定，即空即有，即有即空，如是！如是！"是则名为净觉随顺"，此即是唯心净土，此即是觉性，顺此而行，即是正路。

"何以故？虚空性故，常不动故，如来藏中无起灭故，无知见故，如法界性，究竟圆满遍十方故，是则名为因地法行。"

什么理由呢？"虚空性故"。虚空是个形容词，我们往往有一个错误的观念，把自然界的空间当成虚空，所以，在心理上自己造就一个空空洞洞的境界，以为这就是虚空，实际上，有个空空洞洞的境界存在，已经不是空了。这是第六意识有个虚空的观念，是加以造就出来的，在唯识的道理讲来，就是作意。自然界的虚空其实并不空，里面含有空气、水分、灰尘、细菌等等。佛法所讲的虚空是个名词的引用，虚空既不是有，也不是没有，无以名之，名之曰虚空。千万不要抓住一个虚空的境界，当作虚空。

其次，我们的无明妄想究竟如何去断？佛说无明如虚空之花，无生处，无灭处，不了自了，了而不了。这个道理听起来好像很玄妙，其实很平凡。《心经》里说"无无明，亦无无明尽"，无所谓了或不了，因为它本身是虚空性。例如我们听的、看的、想的、讲的，都是无明所起的作用，你说它有吗？没有，用过便休，没有吗？当场能够用，它本身自性是虚空。

"常不动故"，我们也经常误以为修道修到最后不动，以为不动念，或者什么都不知道，就是定。这样的话，何必学佛？学石头，学死人多好！所谓不动是形容词，它是动而不动，例如我讲话，诸位听见了没有？听见了，这不是动吗？各位听到我讲话的声音，乃至听到外面的车声，这是动相。假如你到了高山顶上，听不到任何声音，那时你听见了没有？听见了，听见了一个没有声音的，这是静相。动相你听到了，静相你也听到了，动相与静相，你都清清楚楚，此时念头没有动过，动静二相，了然不生。动来知道动，静来知道静，能够知道动静的那个不在动静上面，与动静毫不相干，它是永恒不变的，所以用常不动来形容它，它是不生不灭，不增不减，不垢不净。

"如来藏中无起灭故，无知见故"，如来藏是佛法的名词，所谓如来是悟了道、成了佛的称呼。如来也是形容词，好像来了，其实没有来，也不能说完全没有来，如同我们的思想念头好像来了，来了又去，自性空故，常不动故。那么，何以谓之"藏"？因为它能生万法，含藏一切万有。所谓如来藏，即是一切众生自性之别称也。如来藏中无起灭，在我们的自性中无所谓起灭，例如我们研究《圆觉经》，我讲了一大堆话，各位也听了一大堆，所有生起灭了，听过了都不相干，无生亦无灭。

话也听懂了，书也看到了，但是，用过了便休，自体上都没有了。看了，懂了，印象马上过去，无知见故，在自性中都不执著，无知亦无见。何以如此呢？

"如法界性，究竟圆满遍十方故，是则名为因地法行"。如法界性，此话怎讲？我们初步学佛，一定说无明妄想是罪孽，一点都没有错。无明妄想为什么那么难以除去呢？如来藏性微妙不可思议，一切众生妄想业力亦微妙不可思议，转了此业力就是佛。"如法界性"如何解释？我们引用的《楞严经》上所说："清净本然，周遍法界，随众生心，应所知量，循业发现。"清净本然就是《圆觉经》所讲的如来藏性，周遍法界。法界是佛学名称，比宇宙还广大，普遍充满一切时空，此法界超越了我们观念中的时间、空间。随众生之心量大小而大小。应所知量，循业发现，看你的智慧到达什么境界，随你的业力而发现。《圆觉经》在此讲得比较简化，如法界性，随你的心量有多大，就有多大。我们的心有多大？大得很呢！阿弥陀佛！阿弥陀佛！干叫两声，就想往生西方极乐世界，你说大不大？但是，如此专心念下去，会不会到呢？会到，如法界性。我们的自性有没有边际可量？没有。究竟圆满遍十方，不是修了就会比较大，不修就比较小，它本来圆满，遍满十方，没有时间空间的阻碍。懂了这个道理，才能开始学佛，是则名为因地法行。

《圆觉经》一开始，文殊菩萨提出问题，问学佛从哪里开始？什么是如来因地法行？等于盖房子的地基在哪里？佛答复要断无明。文殊菩萨又再进一步问什么是无明？无明犹如病目见虚空之花朵，虚幻不实。

"菩萨因此于大乘中，发清净心。末世众生依此修行，不堕邪见。"

佛告诉文殊菩萨，要修行大乘菩萨道，要发清净心，要懂得自性本来清净的道理，妄想念头用不着去空它，自去自来，自由自在，无挂无碍。发清净心是属于因位，果位则是发菩提心。如何能清净呢？自性本来清净，不用你来清净。懂了这个道理，才是学佛的第一步。

末世众生依照这样修行，才不至于堕入邪见，才不至于走岔了路。假如没有认清这个目标，对不起！根据《圆觉经》来说，都是邪见。不过，万一走了歪路，也没有关系，慢慢再绕回来，只是绕一大圈，走了很多冤枉路而已。

"尔时，世尊欲重宣此义，而说偈言：……"

以上是释迦牟尼佛讲道的记录，以三藏十二部分类，谓之长行。后面是偈颂，偈颂的作用是把前面所讲的道理加以归纳。在印度来说，这些偈颂是最美丽的诗歌，可以配合音乐唱诵。

"文殊汝当知：一切诸如来，从于本因地，皆以智慧觉，了达于无明。知彼如空花，即能免流转，又如梦中人，醒时不可得。觉者如虚空，平等不动转，觉遍十方界，即得成佛道。众幻灭无处，成道亦无得，本性圆满故。菩萨于此中，能发菩提心，末世诸众生，修此免邪见。"

"文殊汝当知"，文殊菩萨你要知道。

"一切诸如来"，所有一切过去、现在、未来诸佛。

"从于本因地"，修行的基础，开始的第一步。

"皆以智慧觉"，都是从自己的内心，求得般若智慧觉悟。

"了达于无明"，觉悟通达无明自性本来空。

"知彼如空花"，无明妄想业力有如空花，自生自灭，你不用去空它。

"即能免流转"，了解无明本空，就可以免除在生死中流转。

"又如梦中人"，又像做梦的时候，喜、怒、哀、乐样样俱全。

"醒时不可得"，醒的时候，什么都没有了。无明也是如此，如同我们要发脾气，忽然一想，不值得，气死了才划不来，笑一笑，不气了。这时候，气愤哪里去了？无所来去，等于醒时不可得。因此，永嘉大师在他的《证道歌》里告诉我们："无明实性即佛性，幻化空身即法身。法身觉了无一物，本源自性天真佛。"

"觉者如虚空"，悟了道如何呢？沩山禅师说："悟了同未悟。"得了道的人与没有得道的人一样。什么是佛？禅宗祖师说是：无事的凡夫。

"平等不动转"，平等就是不二法门，空与有，善与恶，是与非，一切平等，自性本空，所以平等不动转。假如需要你去空他，就不平等，就动转了。

"觉遍十方界"，觉悟了以后，了解自性遍满十方，无所不在。

"即得成佛道"，这样就可以成佛了。

"众幻灭无处"，妄想空了到哪里去？难道找个仓库装起来不成？妄想自性本空，灭了无处所。

"成道亦无得"，《心经》上说："无智亦无得。"假如一副道貌岸然的样子，一看就知道是半吊子，绝对无道。真有道的人，不会告诉你有道，很平凡，你看不出来。你看真有钱的人，装起一副穷相，决不会告诉你有钱，对不对？

"本性圆满故"，为什么？本性圆满。若认为自己有所得，傲慢自大，那就不圆满了。自性不增不减，得个什么？

"菩萨于此中"，大乘菩萨们了解了这个道理。

"能发菩提心"，能够发起菩提心，菩提心就是清净心，一体之两面。

"末世诸众生"，未来末世的一切众生。

"修此免邪见"，依照如此修行，就不会走错了路。

以上是大智慧的文殊菩萨提问题，佛加以解答。学佛的第一步是智慧，最后成佛的也是智慧。佛法是智慧的成就，不是盲目的迷信。

文殊菩萨代替我们问无明妄想如何了断？佛答复说无明烦恼自性本空，不用你去空他，如空中之虚花，自来自去，自生自灭。能起烦恼妄想的，他本来没有动摇过，用不着去除它。懂了这个，当下一念清净，有何放下不放下？！若说放下，放下是他，若说提起，提起也是他，自性本空如梦幻。

懂了这个道理就成了吗？千万不可狂妄。纵然见了空性，得了清净，正好修行。禅宗五祖告诉六祖："不识本心，学法无益。"所谓"见性起修"。这个道理从《圆觉经》里，看得很明白。文殊菩萨代表智慧，这是第一步；见道以后修道，修普贤菩萨行。普贤菩萨代表行愿，万德庄严，万行庄严。所以，接下来是普贤菩萨登场。

第二章　普贤菩萨

初见本性如何起修

如何以幻还修于幻

一切皆幻谁来修行

如何使妄想心得到解脱

"于是普贤菩萨在大众中，即从座起，顶礼佛足，右绕三匝，长跪叉手而白佛言……"

这些文字我们不重复解释了。

"大悲世尊，愿为此会诸菩萨众，及为末世一切众生修大乘者，闻此圆觉清净境界，云何修行？"

大慈大悲的世尊，希望您为此会诸菩萨众，及为末世一切众生修大乘菩萨道的人说明，当听到了此圆觉清净法门，初见本性，应如何起修？

"世尊，若彼众生知如幻者，身心亦幻，云何以幻还修于幻？"

这个问题我们也要问，对不对？他说世尊刚才答复文殊菩萨，一切都是幻化，身体是幻，身体是假的，我们的思想念头也是假的，身心都是假的，既然一切如梦如幻，那还修什么呢？不修行也幻，换句话说，我杀生也是幻，我不是杀生，我杀幻呀！反正他早死晚死一样要死，我给他一刀，早点解脱嘛！既然一切是幻，为什么还要念佛、打坐、守戒呢？为什么要以幻还修于幻？这个问题的确要问。

"若诸幻性一切尽灭，则无有心，谁为修行？云何复说修行如幻？"

第二个问题，一切皆是虚幻，虚幻就是空，什么都没有，都灭掉了。既然一切都是虚幻，也就是说，一切众生本来无心，既然无心，何必修行？谁来修行？修个什么东西呢？另外还附带一个小题，云何复说修行如幻？为什么您老人家还说修行如幻？

讲到修行亦如梦如幻，有一位禅宗祖师，也是净土宗的大祖师——永明延寿禅师，他原是将军，后来出家，大彻大悟之后，提倡净土念佛法门，禅净四料简中"有禅有净土，犹如戴角虎，今世为人师，来生做佛祖"就是他的偈子。他规定自己一天要念一万声佛，每天要做一百零八件佛事，他一生的行径与西藏黄教的宗喀巴大师颇多类似。像他已经大彻大悟的人，每天兢兢业业积极修行佛事，而却说是："宴坐水月道场，修习空花佛事。"也就是说所有修行皆是如梦如幻，这是什么道理呢？

其次，在密宗里有个幻网法门，此幻网法门乃普贤如来化身为金刚萨埵所传，而其原理就是此处普贤菩萨所提修行如幻的道理。

"若诸众生本不修行，于生死中常居幻化，曾不了知如幻境界，令妄想心云何解脱？"

各位有没有注意到，普贤菩萨所提的问题，分三种层次，我们不要被经文美丽的文字所迷惑，而忽略过去。第一，佛所说一切法如梦如幻，身心皆幻，那又何必修行呢？修假法有什么意思呢？第二，既然一切皆幻，谁来修行呢？第三，就是修行既然如幻，那么，一切众生本来没有修行，虽然在生死轮回中，也是幻化。可是他并不知道自己这个生死是假的，他把生死看得很认真，所以，想到死亡感到痛苦，失去东西觉得悲哀，把假的抓住当真的在玩，这样如何使妄想心得到解脱？

普贤菩萨把一个问题，分成了三个层次，我们要搞清楚。接着，他对所提问题，在下面作了结论。

"愿为末世一切众生，作何方便，渐次修习，令诸众生永离诸幻。"

普贤菩萨发大愿，恳求佛为将来末世一切众生，有什么方法可让他们一步一步修行，而证得如梦如幻的境界。这么一来，使将来的众生不被幻化所骗，永离种种幻境。

"作是语已，五体投地，如是三请，终而复始。"

讲完了，跪下来，五体投地，行礼如仪，恳求三次。

"尔时世尊告普贤菩萨言：善哉！善哉！善男子，汝等乃能为诸菩萨及末世众生，修习菩萨如幻三昧，方便渐次，令诸众生得离诸幻，汝今谛听，当为汝说。"

佛说：好！你们能够为了一般大乘菩萨以及将来的末世众生，恳求我来讲——如何修行大乘菩萨道的如幻三昧法门（西藏密宗谓之幻网法门，幻网乃根据《华严经》法界重重无尽而来）。"方便渐次"，一切方法都叫作方便，一切有为法皆是方便，换句话说，没有证道以前，无为也是方便，无一不是方便。悟了道以后，方便都没有了，那是实相般若。这种修行的方法其程序是如何？你问这个问题，并不是为了自己，而是发心为了将来一切众生，如何能够脱离迷幻？好，现在仔细听，当为你说。

"时普贤菩萨奉教欢喜，及诸大众默然而听。"

当时普贤菩萨听到佛要说法很欢喜，在座大众都专心静默而听。

现在讲梦幻修法，实际上，显教就是密教，经典上的每一句话都是修法。那么，现在所讲乃融会显密教法，要靠自己的智慧去理解。若真要传幻网法门，那可严重了。你们要先登记，然后，好好拿红包，多多益善，这叫作供养。拿了供养之后，我要先关起门来修法，要有高一点的道场，一千杯水，一千盏灯，昼夜点着檀香，香烟弥漫，还要做一套衣服，戴上高帽子，锒锒铛铛挂上一大堆，口里嗡隆嗡隆地念，进入梦幻三昧，一一为你们消灾免难，要修到护法神现身，然后，告诉你哪一天传法，你要在下面跪半天，传法要传半个多月，一天要四个小时，不要说我说法很累，你听法就够你受了。

假如现代要传这个法门，有个好办法，摆上许多镜子，加上科学灯光设计，一进坛场就看到千百万个自己，哪个是真的你都分不清楚，那真是如梦如幻，不用我传，普贤如来就来传你了。我讲的不是笑话，是真的唷！现代修法适当地配合科学，修持起来快得很。

现在把密法都传给你们了，这是梦幻修法，给你们露一点消息，你们不要当笑话听。你若以恭敬心听我说笑话，你就得到普贤菩萨的感应。你如果当笑话听，那就可惜了。不过，我不搞这一套，我这个人讲好听，平常解脱惯了，对于要穿上法衣，戴上帽子，道貌岸然扮起一副上师的模样，总是能免则免。

好，现在我们来看佛所传的梦幻修法。

"善男子，一切众生种种幻化，皆生如来圆觉妙心，犹如空华从空而有，幻华虽灭，空性不坏。众生幻心，还依幻灭，诸幻尽灭，觉心不动。"

佛所说这一段真是大法，也是无上的密法，只要你好好依靠文殊菩萨的带领，能以智慧进入就到了。下面我们再引申说明。

善男子，等于说你们诸位仔细听着，一切众生种种幻化，没有哪一样不是假的。现在你们所看到的我是真的吗？是假的。不相信，那么你眼睛直瞪着我看，多看一会儿，我的脸就不是这个脸了。愈注意看，你就愈可以看出假的来，一切非真。各位注视着这个佛像看，眼睛不要动，你看！佛像不像佛像了，梦幻出来了，旁边周遭一切也梦幻，眼睁开着，看而不看，如此便进入梦幻境界了，就这么简单。

平常我们所看到的东西不是都很实在吗？不，那是众生没有定力，被自己的眼睛所骗了。现在让你注意看，就是五遍行的作意，你注意看，那些东西原来是假的，种种皆幻。像眼前的茶杯、桌子这些都是假的，它本身迟早都会毁坏，都会变去了的。连我们的身体也是假的，当初爸爸妈妈生我们的时候，一入胎就抓个假东西，生出来以后，越看自己越漂亮。世界上谁最漂亮？每个人自己看自己最漂亮，镜子照了又照，百看不厌，看到年老，还是喜欢，哈！都被幻化所骗。

那么，一切众生种种幻化，我们所看到的都是幻化，那又如何修行呢？别急，佛说这个幻化的本身皆生如来圆觉妙心，在此梦幻境界中即是自心自性圆觉妙心，一切幻化都是自心本体功能变化出来的。这里我再说个幻网法门，现在不用眼睛，改用耳朵。请各位把眼睛闭起来，我现在讲话的声音各位都听到了吧！这个声音是幻化的，没有了，"犹如空华从空而有，幻华虽灭，空性不坏"，你不须用心听，自然就听到了。一切如梦如幻，但是，你那能听的空性没有坏，不生不灭，不增不减。"众生幻心，还依幻灭"，此幻化之心从哪里来？到哪里去？你要是去追他，你不是傻瓜吗？知道他是幻，来也是幻，去也是幻，《金刚经》说："无所从来，亦无所去"，一切都是幻起幻灭。"诸幻尽灭，觉心不动"，你们所听到的声音是幻化，能听的是幻，所听的也是幻，幻来幻去，幻化灭了，你那能听的觉心没有动过，本来如如不动，不须你去造就一个，不须你去打坐才有，本来不动，本来如是。请记住佛说："诸幻尽灭，觉心不动。"依此修行，就可成就了。

注意！普贤菩萨是讲修行的，如何去修呢？不要以为修行就是找个茅棚，找个清静的地方，或者说我要闭关。闭关是享受，闭关从某一方面来讲是世界上最大的偷懒，住在里面，什么事情都不做，茶来伸手，饭来张口，这种修行好办。大菩萨的入世修行才难，你要在人世间做个贤妻良母或是做个尽责的好父亲好丈夫，这就不容易了。这是担负妻子儿女的痛苦，而且要咬紧牙根有苦都不说，一切如梦如幻，于此痛苦中，一心清净，不起恶念，处处利他利人，这才是真修行，这才是普贤菩萨的"诸幻尽灭，觉心不动"修行法门。可不是吃完饭把碗筷一丢，什么事都不做，跑到这里来打坐、听经。

"依幻说觉，亦名为幻，若说有觉，犹未离幻，说无觉者，亦复如是，是故幻灭名为不动。"

你说我悟了，悟个什么？假使有所悟，此悟亦是幻，譬如说你来听经，跑到九楼去，九楼的人告诉你不对，在十一楼，好了，你悟了，知道在十一楼，到了十一楼，就无所谓悟不悟了，就不管有没有搞错。所以，悟了道，还有一个"悟"放在心里，那就"误"了。因此，若说有觉，犹未离幻，还在迷惑中，这样不对。那么，你说我的悟也没有了，这又是梦话，说有说无都不对，空也不是，有也不是，"是故幻灭名为不动"，幻起幻灭，本来清净，如如不动。

"善男子，一切菩萨及末世众生，应当远离一切幻化虚妄境界，由坚执持远离心故，心如幻者，亦复远离。"

佛告诉普贤菩萨，一切修大乘道的菩萨们以及末世众生如何修行呢？应当远离一切幻化虚妄境界。讲到这里，我们的修行对不对呢？我们的修行都在造业，不过，造的是善业，没有错。若论悟道，那差得远。我经常说你们修行啊！这一生种一种善根，他生来世再说啰！若真正了解的话，所有一切修行，包括持戒、修定、修慧，这些都是虚妄境界。一切众生本来在定，本来清净，有什么戒呢？本来不动，有什么定呢？本来如梦如幻，有什么慧呢？还说这个如法，那个不如法。你本来无法，一切皆空，还需要什么法？假如你还装模作样修个什么法，都在虚妄境界，自己欺骗自己。

你若懂得这个道理，"由坚执持远离心故"，一切都丢！丢！丢！都远离。你说丢了就放下，放下就是道，不对！"心如幻者，亦复远离"，你觉得放下那个空的境界也要放下。刚才你们瞪着眼睛看，那个如梦如幻的境界也要丢掉，一切远离。

我们看到佛经的梦幻、空花等名词，往往当成是文学境界的比喻，没有实际予以求证。我们只觉得晚上做梦是虚妄的，没有警觉到日常生活也是梦，假如能够体验到现在目前的生活也是虚幻的，那么，学佛才有点像样，否则，把佛经的梦幻、空花当成是文学的修饰形容词，或是将佛学当作理论来研究，则对我们实际的人生毫无用处。

换句话说，我们学佛要现实一点。无论是世间或出世间的学问，假如与我们的身心性命不相关，没有利益，这个学问是不会恒久存在的。世间一切之学问及宗教，都与我们生活密切相关，尤其是佛法，可说是最现实，专为度脱我们的烦恼而存在。假使研究佛经，只了解其中道理，口口声声都是佛学专有名词，学问也很高深，而没有从自己的身心之中去求证，而没有在日常做人之间去体会，那么，学佛可以说一点也没有用。

这一节提到不只是末世众生，包括"一切菩萨应当远离一切幻化虚妄境界"。此一切菩萨乃指初地、二地……到十地菩萨，假如没有达到梦幻空花境界，那都不是真菩萨，都还须修梦幻观。从这段经文我们应当警惕到一切众生以及菩萨都在求幻像，也可以说没有大彻大悟以前，都在玩弄幻象，在没有证得自性本来是佛以前，都落在幻象中。

"远离为幻，亦复远离，离远离幻，亦复远离。"

即使达到梦幻虚妄境界，此梦幻虚妄境界亦当远离，全部要抛掉，连此抛掉放下之念，也要远离。若有一丝一毫放下远离之念，都成障碍，远是幻化，如果想远离尘世，求个清净之地，有此出离心也不对，你要远离到哪里去？所以也要抛掉。

"得无所离，即除诸幻。"

这八个字是离幻境界的结论。最后达到无所离，放下放到无所放，空到无所空，再也空不掉，"即除诸幻"，而到了真实不坏的金刚般若波罗蜜。

在《楞严经》上也有一段与此同样的道理，阿难与佛研究讨论心在哪里？七处征心，八还辨见。心在身内？身外？在生理神经里？在见明见暗的作用上？在思维上？心在身体中间？或说一切无着就是心？这些都被佛所否定，如此反复辩论了七次。最后，佛骂了阿难，佛在教育的时候也同样发脾气，不过，佛经里形容得漂亮，"咄哉阿难"只此四个字，实际上佛也是瞪起眼睛，拍了桌子，大骂："阿难，你好笨！"

七处征心以后是八还辨见，再一次寻找心性在哪里？例如我们张开眼睛能够看见东西是什么道理呢？原因之一是因为有阳光，所以我们看见光明。夜里没有阳光，我们看见什么？看见黑暗。门窗因有空隙，所以看见内外通达的空间。因为有墙壁的阻挡，所以看见障碍。能够观察环境，分辨各种现象的是思想分别的作用。我们也可看见渺茫虚无的虚空，尘雾浓时，则见昏暗，尘雾消散，视线又为之清明。佛说把光明还给阳光，把黑暗还给夜色，通达还给门窗，障碍还给墙壁，观察还给意识思想，空间还给虚空，昏暗还给尘雾，清明还给晴朗。把这些都还掉了，但是，有一个还不掉的。

现在，我们做个试验，说不定各位因此悟道，我们把眼睛张开，看见光明。眼睛闭起来，看见什么？看见个看不见的，一片黑洞洞。再张开，又看见了。再闭起来，又看不见了。见明见暗，看到光明，看到黑暗，这些是相。光明来了，黑暗跑了；黑暗来了，光明跑了，两者互相交换。我们那个能够见明见暗的，不在光明上，也不在黑暗里，明暗有代谢，那个能见之性不受影响，没有动过。注意，这个能够看见的不是指眼睛，例如我们把眼睛挖出来捐给人家，这个挖出来的眼球本身能不能看见东西？不能。这个能见之性乃是我们的心性，这个是还不掉的，这个还不掉的是什么？就是自己，所以《楞严经》上讲："诸可还者，自然非汝。不汝还者，非汝而谁？"这个还不掉的就是你的自性，明心见性就是这么容易。

我们在座的诸位，包括年纪二十几岁，以及年纪大的六七十岁，用了一辈子的幻想，我们都被自己的思想、感觉、情绪等所欺骗了，这些都是虚幻不实的，其中唯有一个东西是始终没有变易或衰老的。你现在坐在这里，心中没有烦恼，没有思想，知道自己本来清净的这个东西没有动过，这是"不汝还者"，你先认得这个。如此认定之后，至于烦恼思想，你不要去除掉他，那是幻境，你不理他，他自然会澄清下去，如此清净下去，偶尔又飘来妄想，那怎么办？没关系，飞来飞去还是在那个境界里。

"譬如钻火，两木相因，火出木尽，灰飞烟灭。以幻修幻，亦复如是，诸幻灭尽，不入断灭。"

钻木取火是我们上古时代的老祖宗燧人氏所发明，这个发明改变了以往人类茹毛饮血生食的生活方式，从此以后才有熟食烤食，有了火以后，才有现在各种煎、煮、炒、炸等等不同的吃法。

以一个木头在另一个木头上快速转动，可以钻出火来，火再引燃木头，木头烧完了，火也没有了，"火出木尽，灰飞烟灭"。这是佛的比方，比喻得恰当，文学境界又美。

我们研究自己，不是都怕妄想怕烦恼吗？所以拼命打坐来空妄想，但是又空不掉，那就念佛嘛！南无阿弥陀佛，南无阿弥陀佛，不行的话，那么去念个咒子，吽啊吽的！哈啦、哈啦，唏呖、唏呖，呼噜、呼噜！——娑哈！什么理由？不知道！咒子是秘密，不要问，尽管念，越念越灵。密宗的喇嘛还不只如此，手上还拿个鼓、拿个铃子，左边叮、叮、叮！右边咚、咚、咚！嘴里嗡隆！嗡隆！佛菩萨这个供养你唷！这些都给你唷！如此忙了三四个钟头，然后圆满吉祥。假如这样忙一辈子还不成佛的话，那真是可怜。这就是钻木取火，灰飞烟灭。你爱妄想，就让你想个够，这个菩萨十二个头，一千只手，每一只手上一只眼睛，每一只眼睛又出一只手，你去想！慢慢想！想够、想累了以后，最后嗡啊吽——娑哈！所有拜佛、念经、行香、念佛这些修行方法都是钻木取火，都是以楔出楔。楔是木头钉子，木头钉子拔不出来，以另一个楔子把它打出来，叫作以楔出楔。

所有一切的修法，包括观想、气功、念佛、念咒、梦幻观等等八万四千法门，这些都是以幻修幻，都是幻法，都是加法，给你加些东西上去，那么，你说有一个法门不是假的——空，空也是幻，空是本来空，不是你去空他，而是他来空你，学佛的人拼命空呀！空！放下！放下！你不放下，他也不会为你留着。我讲了那么多话，诸位也听了那么多，有哪一句话停留住？留不住！空的嘛！这一切声音都是梦幻，我在说梦话，你做梦在听，这一切都是以幻修幻。

"诸幻灭尽"，这一切梦幻都空完了，你怕都没有了？例如我讲了四十分钟，各位也听了四十分钟，一句话都留不住，是不是真的什么都没有？不，你想一想，它又浮现出来，所以，并没有灭掉，没有死亡，不入断灭。那你说它永恒存在吗？又不是，一句话听过了就没有，所以说是不断不常，非断非常，因为非断非常，所以不生不灭，生而不生。

"善男子，知幻即离，不作方便，离幻即觉，亦无渐次。"

注意！这一段非常重要，此是禅宗心印，也是密宗的大手印，普贤如来、金刚萨埵心法。

我们现在把眼睛闭起来体会，一切的思想感觉都是假的，这些来来往往的妄念都是假的。你会发觉心中有妄念，可是当你发觉的时候，妄念已经跑掉了。"知幻即离"，妄念自己走掉了，不用你再去除妄想，不必再用个什么方法去除他，"不作方便"，不必再另用方法了，所谓念佛、念咒都是多加的方便，念佛也是生灭法，也是梦幻空花，这些一概不用。

"离幻即觉"，离开了妄念幻想，知道现在清净了，这就是如来觉性。例如我现在讲话，各位闭着眼睛听，耳朵听到了声音，这个声音是幻的，已经没有了，用不着再用个方法去掉声音，它自然就空掉了。但是，知道声音的知性不空，本来就在，"亦无渐次"，不管你修不修，他还是一样听到，这个东西没有什么初地二地三地……十地，也没有什么初果二果三果四果，本来一切众生自性是佛，此即是佛，此即是净土。

有些人跑来告诉我：老师，那个道理我懂，不过，还要慢慢修。对这些人，我怎么办呢？我只好说你讲得对，完全对，慢慢修，修到天边与海角，总归有一天修到啊！因为他没有气派，说到了就到了嘛，对自己有信心就到了呀！信什么？信我这个我，清净圆觉，天上天下唯我独尊，所以释迦牟尼佛一生下来，就把佛法说完了。

"一切菩萨及末世众生，依此修行，如是乃能永离诸幻。"

佛又重新吩咐，告诉一切菩萨及末世众生，要依此修行，要懂得"知幻即离，不作方便，离幻即觉，亦无渐次"这四句话，这样才能永离颠倒妄想梦幻空花。

到这里，佛已经传完了法，把金刚萨埵之心法传给了普贤菩萨。

现在，我们再回转过来，讨论普贤菩萨的坐骑——白象所代表的意义。普贤菩萨在佛法中代表行愿，学佛容易行愿难，悟了道以后，要去修行，所谓修行是修正自己的行为，从内在起心动念的心行，到外在的行为。所谓发起慈悲心，必须要实际做到，天天坐在家里的佛堂里讲慈悲，你慈悲了谁？那是人家慈悲你。行菩萨道要具备大愿力，所以普贤菩萨所代表的坐骑是象，印度的象等于是沙漠中的骆驼，背负一切重担，替人类做最劳累的工作，行菩萨道乃是为众生挑起他们的苦难。

慈悲行愿是很痛苦的，发心做好事，要先准备挨骂，事情做好了，人家还诽谤你，说你是为了名为了利，你听到这些，心里要像吃冰糖一样的舒服，管你怎么误会都可以，我都不在乎。我们常说任劳任怨，任劳容易，任怨则难，请你帮忙劳苦一天，累死了都愿意，假如你听到说这件事就是你帮忙帮坏了，这下子你受不了了，老子非揍你不可。任劳容易任怨难，行菩萨道要任劳任怨。

那么，普贤菩萨何以能够做到？因为他晓得埋怨也好，恭维也好，一切如梦如幻。他不受骗，骂我，误会我，我不生气；赞美我，恭维我，我也不会高兴，这些都如梦如幻。所以，佛对代表大行大愿的普贤菩萨传梦幻法门，其用意即在此。

"尔时，世尊欲重宣此义，而说偈言：

普贤汝当知：一切诸众生，无始幻无明，皆从诸如来，圆觉心建立。犹如虚空华，依空而有相，空华若覆灭，虚空本不动。幻从诸觉生，幻灭觉圆满，觉心不动故。若彼诸菩萨，及末世众生，常应远离幻，诸幻悉皆离。如木中生火，木尽火还灭，觉则无渐次，方便亦如是。"

这时佛讲完了梦幻法门，再作一次整理归纳，将重点以诗歌的形式表达出来，在印度是可以唱出来的，翻译成中文后，因为无法顾虑到平仄押韵，所以便形成偈颂这种新的文体。

"普贤汝当知"，佛告诉普贤菩萨，你应该了解，

"一切诸众生"，所有一切众生，

"无始幻无明"，无始长久以来的无明，此无明是烦恼的根本，无明本身也是幻的，所以说幻无明。无明不用怕他，无明

的体性就是佛性，此一念无明，悟了就是佛性。没有悟，不懂得这个道理，此烦恼无明始终去不掉。这无明怎么来的呢？

"皆从诸如来"，此如来不是指释迦牟尼佛或阿弥陀佛，而是总代号，依《华严经》，释迦牟尼佛是化身佛，我们一切众生与十方三世诸佛都是化身佛，不是本尊，本尊是毗卢遮那佛，毗卢遮那还只是代号，宇宙万有只有一个根源，哲学称之为本体，佛法称之为如来。

"圆觉心建立"，我们一切众生本来是佛，为什么我们不是佛？自己被自己欺骗了。我们痛苦烦恼的时候，都埋怨别人，都是别人欺骗你，别人对不起你，其实，世界上没有谁对不起谁，都是自己被自己所骗了。无明从哪里来？其实是本来圆满清净，由自心所发生所建立。

"犹如虚空华"，就像虚空中的花朵，虚空本无花，因为眼睛生病，才看到虚空中有花朵。

"依空而有相"，无明的本身自性是空的，感觉上是有相，其实没有。

"空华若覆灭"，我们的思想念头就像虚空中的花朵一样，自生自灭，自来自去，他本来空，不用你去空他。

"虚空本不动"，你那个知道生灭的始终没有动过，始终清清净净，不要受自己欺骗就好了。

"幻从诸觉生"，自己的情绪思想都如做梦一样，自己起的烦恼就是做噩梦，碰到如意的事情很痛快，那是做好梦。我们经常提到"多情自古空遗恨，好梦由来最易醒"。多情乃是以自我为中心，自己欺骗自己，自己在那里骗来骗去。

"好梦由来最易醒"，好的事情一下子就没有了，尤其做好梦醒来以后，还希望再接下去，可是却不再来。坏梦则老是不醒，觉得被压住了，想叫又叫不出来。醒来以后，出一身冷汗，喔！还好是梦，真的话不得了。你看！这又在说梦话。在梦中感觉都是真的，也真的感到恐怖。但是，谁来压你？是不是真有鬼来压你？魔从心造，妖由人兴，都是自己心理作用，都是饮食消化不良所引起，感觉被压住了。梦到起火，可能身体内脏发炎了。梦到大水，也许是风湿的关系。梦到飞升，那是气不归元。这些都是身心病态所引起的幻觉。

"幻灭觉圆满"，这些梦幻境界，只要你清醒了就没事，以前我在大学上课，有一次偶然提到"多情自古空遗恨，好梦由来最易醒"。有一个学生下了课跟在我后面，问我这二句诗出在哪里，他找了好久，找不到是谁作的，我说你查不到，这是一本小说《花月痕》里面的诗句，《花月痕》是讲男女之间爱情的故事。接着他又说：老师，这两句诗后一句不好。我觉得很稀奇，问他怎么不好，你改改看。他说我早就改好了，老师不要骂我。我说你改呀！他说"好梦由来最易醒"应改为"好梦由来不愿醒"，我一听，好！真好！改得好！真的，世界上许多人学佛学道，道理都懂了，明知是梦，他不愿意醒，你有什么办法呢？

这等于古人讲观世音菩萨，慈航本是渡人舟，怎奈众生不上船，观世音菩萨在苦海中作慈航渡人，但是众生不愿上船，你一点办法都没有，好梦由来不愿醒啊！真愿意醒的话，那就是"幻灭觉圆满"。在座诸位都是来学佛的，至少表示愿意醒，对吗？你们诸位菩萨，不要客气，不要谦虚，你们真是菩萨，一念动机学佛，就是因地菩萨，只是没有证果位，等于我们的法律规定只要年满二十岁就有选举权及被选举权，有被选任公职的可能，只是功德没有圆满，不出来竞选。像你们诸位菩萨个个学佛，研究佛学那么久，佛说一切皆空，道理你都懂，为什么做不到？因为你认为一切皆空，我则不属于这一切里面，一切皆空，唯独我不空，对不对？

"觉心不动故"，为什么幻灭觉圆满呢？因为觉心不动故，我们的觉心佛性，本来就没有动摇过，你不修他，他也没有减少，你修了半天，他也没有增加。你回转过来寻找自己本觉之心，当下就悟道了。

"若彼诸菩萨"，佛再吩咐，你们学大乘菩萨道的人。

"及末世众生"，以及末世一切众生。

"常应远离幻"，常常记住一个法门，什么呢？唉！一切都在骗人，一切都是梦幻，自己不要受骗就对了。

"诸幻悉皆离"，你要晓得所有一切都是自己给自己找烦恼，以前年轻的时候，人家问我，奇怪？你怎么学佛？我眼睛一瞪，奇怪？你怎么不学佛？他们被我这么一问，都哑口无言答不出来，勉强才说："唉呀！学佛多可惜！"我说："天下可惜的事情很多，就是因为你不学佛，所以更可惜。"几句话就把他整昏头了。

怎么学佛呢？很简单，"天下本无事，庸人自扰之。"你不要自扰，不要做个庸人，就是学佛法门。你说我心里放不下，怎么放不下？这话中已经有答案，是你心里放不下，找我有什么办法？佛也没有办法。聪明的人一听就懂了，放下就没事了嘛！对不对？什么是用功最好的办法？提得起，放得下，就行了。你们啊！提又提不起，放又放不下，一滩死水。学佛乃大丈夫事，说放下，就放下，你们还问如何放下？多笨啊！说不想就不想了嘛！还求个不想的办法，那不是又在想了，对不对？诸位大菩萨！学佛就这么简单，所以佛说"诸幻皆悉离"啊！

"如木中生火"，火从哪里来？从木头来，没有木头就没有火。

"木尽火还灭"，等到木头烧完了，火也没有了。你说我脾气大，脾气从哪里来？脾气乃是从你自己那里来的呀！有人说你好，你福气大，有福就有气，子女一大堆，儿孙满堂，有够你受的气。若能无福也无气，那是圆满清净，不过，不容易做得到。

我经常说一个故事，这个故事我已经讲了三次。距离现在大约四百年，明朝有个读书人，每天半夜起来，到天井，烧天香。

像我家的祖母就是每天烧天香，每天早晚点根香，到门口拜一拜，插到竹筒里。我小时候，有一天好奇，问祖母烧香干什么？她说：烧香就是烧香，还问干什么？那时候我已经读书了，我觉得祖母很糊涂。烧香就烧香，还要问干什么？我现在想起来，那个时候她答复我，大概是禅宗，（众笑）对呀！烧香就烧香，就那么简单，你还问干什么？

这个读书人每天烧天香，烧了四十年。结果，有一天夜里感应了，天神下来。注意哦！你们修这个法那个法，真修到护法神现身，那会把你吓死，那个威猛的样子会把你吓昏。不过，这个读书人没有被吓住。天神就问他，看你烧香烧了四十年，都很诚恳，你求什么？

这个读书人说，我什么都不求，只求"衣食无亏"，不愁吃，不愁穿，不求发财，也不缺钱用。"游遍名山胜水"，要想去看你家那块破布（尼亚加拉瀑布），买张飞机票就到了，要去看迪士尼乐园，管他死呢活呢，也就去了，一辈子优哉游哉。

天神一听，就说老兄啊！此乃上界神仙之福，我都做不到，何况你呀！你要功名富贵，我可以帮忙你，至于你说的一大堆，我做不到。

你看这是多平凡的愿望，但是，平凡不容易啊！所以说平安就是福，平安平凡最难。就拿我们学佛来说，叫你念佛，唉呀？恐怕太简单了吧？不相信，要去参参禅看，听说禅宗可以顿悟成佛，这个念头就很馋（禅之谐音）。搞了半天，摸不通，听说密宗有无上大秘密，即身成就，好啊！又去摸密。最后，觉得密也不过如此，自己在那里转来转去，如果放不下来，一口阿弥陀佛，乃至不念佛，"诸幻悉皆离，如木中生火，木尽火还灭"。如同苍雪大师的："南台静坐一炉香，终日凝然万虑亡。不是息心除妄想，只缘无事可思量。"此乃真正学佛也。

"觉则无渐次"，觉悟是没有等第渐次的，悟了，一步就到了。不是今天悟一点，明天又悟一点，不是今天用功就进步一点，明天不用功就退步了。

　　"方便亦如是"，一切修行的法门没有这个高那个低，只要一门深入，都一样可以到达。若能"诸幻悉皆离"，不求成佛，也不当凡夫，当下即是，那就大事了毕。

第三章　普眼菩萨

如何正思惟修

如何住持

修行的程序如何

如何才能开悟

"于是普眼菩萨在大众中即从座起，顶礼佛足，右绕三匝，长跪叉手而白佛言："

代表大智慧成就的文殊菩萨已经讲过了。悟了道以后，如何修行？代表大行大愿的普贤菩萨也讲过了。现在是第三位——普眼菩萨。

什么叫普眼菩萨呢？千手千眼。一千只手中，每一只手心有一只眼睛，每一只眼睛里又出来一只手，每一只伸出来的手中又各有一只眼，如此层层呈现，重重无尽。

请问诸位道友，当你打坐、烧香、拜佛的时候，看见这模样的菩萨，你害怕不害怕？一定吓得半死，怎么出现这样的一个怪人？所以，我们学佛的人就那么颠倒，真菩萨现身，你还会害怕呢！而假菩萨现身，你反而会高兴。

眼睛无所不在叫"普眼"。手就是手段、方法。眼乃择法之眼，叫作法眼。哪一位是真有成就的明师？哪一位是真通佛法的大善知识？你有能力辨别吗？你有此择法之眼吗？普眼乃是法眼通天，手段通天。千手千眼是代表菩萨的教授法，没有一定的方法，他随便用哪个方法，都可以把你救起来，他一切都把你看清楚了，他可以以种种方便把你引渡过来。

佛法真正的法眼在哪里？有些菩萨在双眉间嵌一只竖眼；还有十眼观音，前面三只，后面三只，两边耳朵上各一只，头顶一只看天，心中一只看地。咦！我又把密宗修天眼的法门告诉你们了。真正的法眼乃是智慧之眼，没有形相。

现在普眼菩萨登场，他问什么问题呢？

"大悲世尊，愿为此会诸菩萨众，及为末世一切众生演说菩萨修行渐次，云何思惟？云何住持？众生未悟，作何方便普令开悟？"

前面两位菩萨问的是立地成佛法门，太高了，恐怕众生不懂，普眼菩萨问的是第二号问题。如何正思惟修？正思惟修一般翻译叫禅那、禅定，由中国大陆传到日本，再从日本传到此间台湾，便叫坐禅。好了，现在我们大家要高兴了，文殊和普贤提的问题太大了，普眼菩萨所提的小一点，这正是我们要的。"云何思惟？"如何坐禅？如何念佛？如何念咒？如何观想？"云何住持？"如果修行得到一点境界，如何保持，如何使正法住持世间？佛啊！您老人家慈悲啊！众生还没有开悟，有什么方法能使他们很快就悟道呢？

"世尊，若彼众生无正方便及正思惟，闻佛如来说此三昧，心生迷闷，即于圆觉不能悟入，愿兴慈悲，为我等辈及末世众生假说方便。"

各位回去之后要点一根香，拜拜这位普眼菩萨，他为我们这些笨人带路，他真慈悲啊！他说：佛啊！未来的众生智慧低，假如没有给他一个正当的修行方法并告诉他如何用心去思惟研究，只听到佛所开示的圆觉法门，不用修就可以悟道的圆觉三昧，众生愈听愈糊涂，对于圆满觉悟的境界不能悟入，希望您老人家大慈大悲，为我们以及将来的众生假说方便，这个假就是借的意思，求佛指点我们一个方法，作为修行的下手处。

"作是语已，五体投地，如是三请，终而复始。"

普眼菩萨讲完之后，跪在地上磕头，依据印度的礼仪，五体投地，如此三拜，终而复始。普眼菩萨多慈悲！为我们请问佛法，还为我们跪在地上磕头。

"尔时，世尊告普眼菩萨言：善哉！善哉！善男子，汝等乃能为诸菩萨及末世众生问于如来修行渐次，思惟住持乃至假说种种方便，汝今谛听，当为汝说。"

这个时候，佛就告诉普眼菩萨说：好的！好的！你们能够为诸菩萨及末世众生问学佛开始应如何修行？如何一步一步修？修行的程序是如何？又如何用心而悟道？如何定住如来之境界？乃至借用各种方法，使一切众生容易悟道。佛答应说：你现在好好注意仔细听，我应该告诉你。

"时普眼菩萨奉教欢喜，及诸大众默然而听。"

普眼菩萨听到佛答应说法，心里很欢喜。在座大众也很高兴，都静默聆听。

"善男子，彼新学菩萨及末世众生，欲求如来净圆觉心，应当正念，远离诸幻。"

佛说那些刚学佛的菩萨以及末世众生要想求得"如来净圆觉心"，此"如来净圆觉心"乃是真正佛的净土，唯心圆满的净土，不是东方净土或西方净土，而是自己的唯心净土。如何修持才能达到此唯心净土呢？应当正念，不要乱想，只有一个念头，这个念头要不著邪见。如何不著邪见呢？这要先了解《圆觉经》。

《圆觉经》告诉我们一切众生本来就是佛，但是我们现在不是佛，为什么呢？因为我们自性的光明受了蒙蔽，等于一面光明的铜镜埋在泥土里，埋久了，把铜镜的光明遮掉了。我们的自性光明被自己的烦恼妄想遮蔽，若将这些尘渣、污染除掉，就恢复了自性光明——净圆觉心，就成佛了。首先，要先了解我们就是佛，再修行做功夫，把那些脏东西洗干净，以此正念远离诸幻，一切的知觉、思想、感情、烦恼等等都是梦幻空花，一切有为法、无为法、所有现象、所有境界都是虚幻不实，不要受骗就是了。那么，要证得真实之境，应如何修行呢？

"先依如来奢摩他行，坚持禁戒，安处徒众，宴坐静室。"

必须"先依如来奢摩他行"，此如来是指十方三世一切诸佛，不是单指一个世尊。奢摩他是梵音，翻成中文是"止"的意思，止是修定之因，得定是修止之果。奢摩他行修止的法门是共法。修止、修定不是佛法所专有之法，任何外道、任何宗教、任何教派都必须修止，才能够有所成就，即使是画符、念咒，乃至邪门外道还是一样要修止。

止是把心专一起来，止又称专一瑜伽，瑜伽是身心互相感应谐调而达到专一。不谈学佛学道，世间上的任何一件事，如学问、事业、技术、武术、艺术，若不专一，也不会有成就。

但是，专一很难，譬如读书或看小说，看完了一篇，却忘了前一篇，看书看到一半，突然发现自己在胡思乱想，又从头再看起，是不是这样？若真达到专一，则记忆力非常强，每一个字、每一句话都很清楚地印进脑海里，永远记住。如果我们觉得自己很容易忘记，过去的事情记不起来，或者常常忘了东西放哪里，或是到处掉东西，这是心不能专一，散乱的缘故。有些人外表看起来很宁静，其实他脑子里思想没有停过，所以，奢摩他行之专一对一般人而言非常困难。释迦牟尼佛说过："制心一处，无事不办。"只要把心集中于一点，没有做不成功的事，想要修成佛，就会修成佛。佛说的话那么简单，可是谁都做不到，心不能专一，因此又说了很多方法，如念佛、持咒、观想等等各种功夫，其目的乃在于求得专一。

中国《四书》中的《大学》提到："大学之道在明明德，在亲民，在止于至善。知止而后有定，定而后能静，静而后能安，安而后能虑，虑而后能得。"以前我们小时候读书，老师教我们把这一段背诵下来，至于什么意思则不懂，老师说不要问，记下来，将来有一天你们自然会懂。那时候心里觉得很不服气，这是什么老师嘛！等到了中年以后，真的自然就懂了。所谓"明明德"就是指明心见性，大彻大悟。如何明心见性呢？"知止而后有定"，止的功夫达到了之后才会有定，定下来之后才能够真正静，静而后能安，安而后能虑，此虑非指忧虑，而是思惟的意思，经过思惟才能达到智慧的成就，才能够明明德而明心见性。这个戒定慧的程序讲得非常清楚。

这一段"大学之道在明明德……"还有一个更妙的用处。以前在大陆上有一个教派，信徒很多，他们拿一杯水，口里咒子一念，手指一划，便可以替人治病，而且很灵。我们小时候也觉得很稀奇，怎么嘴里念一念就可以治病？想办法找人去拜门。学这些要赌咒的，严禁泄露，否则天打雷劈，五马分尸。结果，学回来了，什么咒呢？就是这一段"大学之道在明明德，在亲民，在止于至善，知止而后有定……"可惜我们一用就不灵了，为什么呢？不信。从这里各位就可以明白咒语的道理，佛在密宗的《大神变经》有云："一切音声皆是陀罗尼"，咒语灵不灵不在咒语，而在专一不专一。还有道家的止血咒也很灵，一念，血就止住了。当年我也去学，"东方一个红孩儿，头戴红缨帽，身穿大红袍，足穿红鞋子，一来血就止。"同样到了我身上就不灵了，这样念两下就会止血？不信，所以不灵。一切都是精神的力量，但是，首先必须得止，才能发挥心念的力量。

佛经形容人的思想念头如同一条急流，人往往被自己的思想情绪这条急流所淹没。学佛要像"香象渡河"截流而过，不管河水多急多深，从中截断水流，就是说把前念停掉，把所有的思想烦恼都停掉，后念不让它起来，中间就空灵了，这才叫作修止。

中国文化里形容一个人有伟大的力量、伟大的人格，处在时代的浪潮里凝然不动，叫作"中流砥柱"，不管时代如何乱，他本身始终不为所动，他的人格永远是大众的标杆，如释迦牟尼佛、孔子、耶稣，这种人格的养成靠"止"。

我们学佛学了许多法门，为什么没有效果呢？乃至于学个招鬼的咒，都招不动，为什么呢？就是因为心行不能得止。不管是出世法或是入世法，没有不修止而能成就，修止是共法，没有做到"止"这一步，学佛都是白费工夫。所以佛告诉我们，如果要想成佛，先要修如来奢摩他行。

佛法称"戒"、"定"、"慧"为三无漏学，由严持戒律而得定，由定力而生发智慧。戒律是为了防范自己行为（包括心念）的错误，由外而内，先把外在的行为防守稳固，进而检点自己的起心动念。

那么，《圆觉经》在此处为什么不先坚持禁戒，再来谈奢摩他行？而是"先依如来奢摩他行"，再"坚持禁戒，安处徒众、宴坐静室"，这是什么道理呢？真正的大乘佛法，心专一得定就是戒，没有起心动念，何须有戒？不得定，不是真正守戒，不得定，不是真智慧，那是散心、妄想。得了定，妄想即可转成般若智慧，其行为自然中规中矩，自然在戒中。所以，佛说"先依如来奢摩他行"，先求止，心定之后，再谈戒。戒不只是指外在的行为，起心动念都是戒。得定之后会不会犯戒？也会唷！稍稍失念，离开定一下子就是犯戒。因此，得定之后，要坚持禁戒。

菩萨有很多跟着他学的徒子徒孙，所以讲到这里要"安处徒众"，要带领徒众修行打坐，"宴坐静室"。身心寂静叫宴坐，龙树菩萨在《大智度论》中提到宴坐："不依身，不依心，不依亦不依，是名宴坐。"这是大菩萨境界，身体感觉空了，心里没有任何杂念妄想，最后连空也空了，这不是止、观、定、慧所能范围。到达这个境界已经很高了，不过，还有更奥妙的。须菩提尊者乃佛十大弟子之一，解空第一，他有一天在山洞中宴坐，天空中忽然散落许多鲜花下来，须菩提便问是谁散花？所为何事？空中声音回说：我是梵天，因为尊者善说般若法门，所以雨花赞叹。须菩提说：我坐此，一字未说，何有说法？梵天回说：尊者以不说而说，我以不听而听。这就是无上大法。所以天人要散花供养，这位天人也是悟了道的，与须菩提唱双簧演了这一幕，这是宴坐的典故。

记住学佛的第一步就是修奢摩他行——修止。后世持名念佛，必须念到一心不乱——得止，此是净土法门最初一步，最基本的一步，也可说是最后一步。任何法门都必须先修止，才会成就。这个道理在《圆觉经》这一段用很简单几个字便交代过去。在这里，佛没有告诉我们应该修哪一个止法，其实，随便哪一个止的法门都可以，"处处绿杨堪系马，家家有路透长安。"无所谓好坏、高低，只要你"先依如来奢摩他行，坚持禁戒，安处徒众，宴坐静室"，就可以了。

那么，是否修止、得定就究竟了呢？是否打坐能够入定，坐上几十天，佛法就不得了呢？不，定只是共法，即使能坐上一万年也没有用。佛法还有不共法，此为其他宗教及一切外道所无，那就是般若智慧——性空缘起，缘起性空。成佛是智慧的成就，不是盲目的迷信，也不是功夫的累积。由修止以后再修观，由观而成就慧，观是慧之因，慧是观之果。证得菩提，觉悟道体，这叫般若。佛告诉我们先要得止，然后起观，如何观呢？

"恒作是念：我今此身四大和合，所谓发、毛、爪、齿、皮、肉、筋、骨、髓、脑、垢、色，皆归于地；唾、涕、脓、血、津、液、涎、沫、痰、泪、精、气、大小便利，皆归于水；暖气归火；动转归风，四大各离，今者妄身当在何处？即知此身毕竟无体，和合为相，实同幻化，四缘假合，妄有六根。"

得了止之后，在止的境界里起观想。佛在这里教白骨观，所以，我一直告诉你们赶紧修白骨观啊！好好修白骨观才是正路，可是，你们始终不懂。得止以后，作白骨观，观现有的肉体是假的，由地、水、火、风四大凑合而成。哪四大呢？头发、毛、指甲、牙齿、皮肤、肌肉、筋、骨头、髓、脑、污垢、色这些属于固体的地大；口水、鼻涕、脓、血、津、液、涎、沫、痰、泪、精液、尿、屎这些属于液体的水大；体温和热量属于火大；身体的活动、呼吸则属于风大。只要把"白骨观"修好，身体内部的各种结构都清清楚楚。佛在此说"四大各离"，各有各的单元，譬如肾脏不好，割掉一个也无妨，因为四大各离。人是由骨骼、肌肉、五脏六腑等等拼凑而成，等于由各种不同的器官组合而成的机器人。"今者妄身当在何处？"在这得止的境界中，看着我的身体到底在哪里？哪一样是我？心脏？脑？都不是，这只是零件，暂时让我使用而已，以上所说的四大没有一样是真正的我。

注意！我们不要忽略了第一句"恒作是念"几个字，恒作是念并不是说懂得了这个道理，有了这个观念想法之后就可以了事，须有实际的功夫。恒作是念的"念"等于念佛的念，心中始终牵挂、惦记着一件事情，例如自己的父母亲快要死了，可是，还必须要在外面办公、应酬，尽管在处理事情或者讲话，而心中则惦念着家里的亲人，没有刻意去想他，念头却始终在心中挂着，这叫作"念"。念佛是要在心里念着、止住，并不是嘴巴干叫阿弥陀佛、阿弥陀佛，心里想着股票，那是念念在股票，不是念佛。

恒作是念得止以后，观行的开始。观此身乃"四大和合"，而达到"四大各离"，肌肉、骨骼、心、肝、肺等等样样都观清楚了。然后，接下来就是内观、反观，道家称之为"内视"。"今者妄身当在何处？"现在再看看我真正的身体在哪里？"即知此身毕竟无体"，没有一样是我真正的身体，都是零件组合而成的，变成现在如此一个人相，而实际上则同幻化，幻化并非没有，现在是有，如同做梦，在梦中的种种感受不能说它没有，做梦时感觉很真实，梦醒以后才知是假。其实，我们现在也在做梦，只要内观成就了，看自己，看别人，一切都是假的。

我当年修持这个法门的时候，很怕看见两件事，一是怕看到人家笑，一笑，露出白色牙齿，整个白色骷髅的影像就出来了，很可怕。第二我怕看人家吃饭，每个人有一个洞，什么东西都往洞里面塞，而且塞得很快，拼命地塞进去，这个动作也让我感到很害怕。所以，那段时间很怕看到人，尤其怕看见女人，因为女孩子嘴上擦口红，白色的牙齿加上红色的嘴唇，马上想到白骨观里白色的骨头和红色的血，那是什么滋味？各位可以想想看。白骨观观成之后，看到人都是一堆堆的白骨，一堆堆的血，只要你修白骨观，都会有以上的经验。

我们的身体乃是幻躯，由地、水、火、风四种因缘假合而成，在这假合的身体上妄有六根，六根是指眼、耳、鼻、舌、身、意，意是意识思想。

"六根四大中外合成，妄有缘气于中积聚，似有缘相，假名为心。"

眼、耳、鼻、舌、身、意等六根及地、水、火、风四大，内外凑合而成此身——这部机器。这部机器靠什么活着呢？"妄有缘气于中积聚"，靠一口气活着。释迦牟尼佛有一次问弟子们：生命短暂快速到什么程度？有位弟子答说：今晚睡前卸衣、脱鞋，放在床前，明朝能否起来再穿上则不得而知。当然还有其他许多的答案，不过都不切题，只有一位弟子答对，他说：生命在呼吸间。这口气呼出去，不再吸进来，就死了；生命之短暂无常就在这一来一往的呼吸之间。我们活着就靠这股气维系着。一口气不来，就死了。

严格讲来，人的呼吸不只是鼻子在呼吸，九窍都在呼吸，甚至包括全身的皮肤都在呼吸。空气由鼻子经气管吸入肺里，经过新陈代谢作用，提炼氧气，排出二氧化碳。近来医生喜欢给将死的病人上氧气，一上氧气后，全身都死了，就是脑细胞不死，拖延时日，那多痛苦啊！

"妄有缘气于中积聚"，一般人所谓气脉通了，看到光，看到种种境界，说穿了，不过是气的作用，而且气与心是合一的，心动，气就动；气动，心就动，刚才讲过修止要截断众流，把一切思想杂念停掉。若想真正做到这一步，必须把气也停掉，那才真得奢摩他。所以，修禅定，务要达到"气住脉停"。"似有缘相，假名为心"，这个"似"字用得好极了，好像有个生命的作用在身体里面，它能思想，能感觉，凡夫称之为心。

"善男子，此虚妄心若无六尘，则不能有，四大分解，无尘可得，于中缘尘各归散灭，毕竟无有缘心可见。"

善男子啊！这个思想、感觉的心理状态，不是真心，叫妄想心，此心与气有关，有呼吸之气存在，则有此心，称为虚妄心。"若无六尘，则不能有"，尘是指外在的物质世界，六尘是色、声、香、味、触、法，若无此六尘，此虚妄心便没有了。"此虚妄心若无六尘，则不能有。"这句话看起来像唯物论对不对？不是的，这还有更深一层的心物一元的道理存在。心是物理世界六根六尘的缘影作用，是物理世界的反映现象，此心不是真心，真心是形而上的本体，佛会慢慢讲出来。

"四大分解，无尘可得"，将地、水、火、风四大再分解，将物质分析到最后的分子、原子、电子、质子、中子，最后是空的，因为空，所以有爆破的力量。释迦牟尼佛说过微尘尚有七分，哪七分呢？色、声、香、味、触、法、觉。此觉不是知觉，是指感受。所以，原子弹、核子弹爆破的时候会发光，有声音。"于中缘尘各归散灭，毕竟无有缘心可见"，学佛修道在理论上容易，但是，打坐要达到真正的空很难。假如合成此身之地、水、火、风这四种元素各归散灭，呼吸停止，心脏不跳，体温也没有了，最后脑细胞死亡，整个人就死了，思想也没有了，到此"毕竟无有缘心可见"。现在，我们可再问一个问题，此分散的地、水、火、风，究竟散到哪里去？是否完全毁灭了？其实，物与心是一样的，非空非有，没有完全散灭，它由质转换成能，质能互变，能量还是存在。

"善男子，彼之众生，幻身灭故，幻心亦灭；幻心灭故，幻尘亦灭；幻尘灭故，幻灭亦灭；幻灭灭故，非幻不灭；譬如磨镜，垢尽明现。"

这是由止而修观的境界，刚才再三讲过，必须先修止，得止得定后再修观，不要以为道理懂了就忽略过去，否则成为虚妄观，《楞严经》上称为乾慧。假的智慧，没有定水滋润，不能发芽结果。

在此观中，"彼之众生，幻身灭故，幻心亦灭"。把物质的肉身空掉了，在《禅秘要法》中，最后也把白骨化为流光空掉了，初步只能做到自己感觉此身没有了，别人看你仍是存在的；真正修成的话，别人看不见你，整个都空掉了。这是空幻成就，不是理论上的；这才是"幻身灭故，幻心亦灭"，幻身灭了之后，虚幻的心态作用也跟着消灭了。

"幻心灭故，幻尘亦灭"。身体空掉，心也空掉，但是，物质世界还有。再进一步，身心外面的尘世界也把它空掉，这才是佛法一切唯心的道理。佛在《楞严经》上说："心能转物，即同如来。"这不只是理论，要确实做到才行。不然，只是心理意识上觉得一切如梦如幻，这不算是求证。所谓证是把整个身心投进去，彻底做到空掉身心；外面的物质世界也空掉，一步一步空下去。大家千万不要认为这是理论，做不到，而忽略了此心不可思议的力量，这在诸佛菩萨而言，谓之心力；在凡夫而言，谓之业力。诸佛菩萨的智慧神通有多大，一切凡夫的业力也有多大。业力把它转过来，则是神通功德，它是同样的东西。

"幻尘灭故，幻灭亦灭"。到了这里，已不是科学，而到了形而上的哲学境界。外界的物质世界也空掉之后，我们那个能空的东西还是假相，最后，要把法执空掉，能空的也空掉。至此，"幻灭灭故，非幻不灭"，有个东西不是物，也不是心，非空非有，这个东西不生不灭，这才是明心见性、得道。佛怕我们这些没有修持过的人不懂，作了一个比喻，"譬如磨镜，垢尽明现"。我们的心性本来像明镜一样，光明洁净，可是却被自己的业力障碍了，无始劫来蒙上了无数层的污垢，必须靠修行把这些污垢一层一层地擦拭干净，像磨镜一样，垢尽明现。

"善男子，当知身心皆为幻垢，垢相永灭，十方清净。"

佛告诉普眼菩萨说，应当知道生理、心理都是自性上的尘垢与假相，尘垢就是假相，所以洗得掉。可是，要洗掉这些尘垢，也要有很好的清洁剂，否则，洗也洗不干净。众生有种种不同的尘垢，所以，佛提供了八万四千种不同的修行法门，每个人的根性、业力不同，所用的方法也不同。我们的身体以及能够感觉思想的心，在形而上的本体来说，皆是附着其上的尘渣而已。假如把这些尘渣洗干净的话，便"十方清净"。注意！《圆觉经》在这里说是"十方清净"，十方包括所有的空间。而《楞严经》讲的则是"圆明清净"，此二者差别在哪里？理由何在？各位想想看！

"善男子，譬如清净摩尼宝珠映于五色，随方各现，诸愚痴者见彼摩尼实有五色。"

摩尼珠是无价之神珠，它本身没有颜色；什么颜色的光照射，它就显现什么颜色来。佛以摩尼珠比喻我们的生命，本来是清净的，因为无始劫来的习气造成我们现在思想不同，感情不同，遭遇不同，呈现出各种不同的现象，好像我们这些愚痴的众生看到摩尼珠上的五光十色，误以为摩尼珠上的颜色是实有的。

"善男子，圆觉净性现于身心，随类各应，彼愚痴者，说净圆觉实有如是身心自相，亦复如是。"

佛又进一步说，我们众生的圆满觉性，与诸佛菩萨一样的圆满觉性，绝对洁净的自性，他到底在哪里呢？各位不要到外面去找，就在我们自己的身心上面；就在我们的生命里——"现于身心"。我们的眼睛能够看，耳朵能够听，脑子能够思想，无非是它的作用所呈现。我们那么多人，每人的个性不同，可是，本性是不是相同呢？相同，但"随类各应"而已。每个人多生累劫以来的习气、业力不同，所以个性不同，思想不同，长相不同，但是，圆满觉性还是相同，丝毫不受影响。然而没有智慧的愚痴众生找不到本来的净圆觉性，如同惑于摩尼宝珠上的光色，执为实有，把自己的思想或者身体当作自性，错了。

"由此不能远于幻化，是故我说身心幻垢，对离幻垢，说名菩萨，垢尽对除，即无对垢及说名者。"

因为没有明心见性，所以不能明了身心都是幻化，不能脱离幻化。我们的身体虽是幻化、虚假，然而，跟着我们几十年可真实得很，想丢还丢不掉呢！佛说：我要告诉你们，我们现有的身体以及能思想的心理作用，皆是本性上的尘垢，是幻化假有。但是，真与假，实与幻全是对立的，能够脱离这些虚假的尘垢，我们称之为菩萨。把脏的洗干净，即无所谓净垢，"垢尽对除"，也无所谓凡夫与菩萨，"即无对垢及说名者"。那叫什么？到此不须有什么名称了。称为得道、成佛都是多余。

"善男子，此菩萨及末世众生证得诸幻灭影像故，尔时便得无方清净，无边虚空，觉所显发，觉圆明故，显心清净。"

现在请大家特别注意！释迦牟尼佛在此告诉我们修行的程序。第一步是要如何摆脱身心的虚幻，我们学佛修道都知道身体是假的，可是每个人都放不下、空不了。打坐坐久了，两腿发麻胀痛，你说两腿是假的，把它空掉，空得掉吗？阿弥陀佛！阿弥陀佛！不要痛，佛号念归念，痛还是痛，或者你念《圆觉经》，说自己是幻化，是尘垢，他也照痛不误。你若真能把痛的感觉空掉，脱离幻化，那是菩萨境界。

佛法与科学一样，讲究求证，你说一切皆空，那么你空给我看看！三天不吃饭，你试试看！饿的感觉能不能空掉？做不到，不要随便吹牛。道理会说，经典会讲，到时候空不了，一点用也没有。要证得"诸幻灭影像"，世间的一切都是幻化才行。我们现在的长相都只不过是影像而已，都是自己业力的反映，人心不同各如其面，每人有每人不同的业力，所以每人的长相也都不同。

假如能够灭掉这些影像，佛说"尔时便得无方清净，无边虚空"，无方则不限于西方极乐净土，每一方都清净。东、西、南、北、上、下无论哪一方，处处清净，处处都是净土。宋朝道家张紫阳真人说："不移一步到西天，端坐西方在目前。顶后有光犹是幻，云生足下未为仙。"修道修到头顶放光，这只是虚幻影像，算不了什么，即使能腾云驾雾，那也只是神通不是道。那么，要怎么样才算成道呢？张真人又说："心内观心觅本心，心心俱绝见真心，真心明彻通三界，外道邪魔不敢侵。"这个道理与刚才佛所说的是不是一样？你说他是道家？是佛家？

证得"无边虚空"，这才是真正的空，这才是真正的悟，觉性现前，"觉所显发"，大彻大悟，此时，心才能真正清净。所以，在没有悟道以前，想要烦恼不生，妄念顿断，对不起！做不到，虽然明知是假，但是去不掉。

"心清净故，见尘清净；见清净故，眼根清净；根清净故，眼识清净；识清净故，闻尘清净；闻清净故，耳根清净；根清净故，耳识清净；识清净故，觉尘清净；如是乃至鼻舌身意亦复如是。"

悟了道以后，心清净了，眼睛所看到的物质世界都是干净的，此地就是净土，内心没有烦恼，跟着肉体的眼根也转过来，"眼根清净"。再进一步，眼睛内在的知觉——眼识也清净，再接着耳根、耳识……乃至鼻舌身意六根、六识都清净了，将整个肉体都转成清净之身。

密宗标榜即身成佛，或说报身成就，想办法修通气脉，把有形的身体业力转化，脱胎换骨，将凡夫身上的几十斤臭肉变成佛身三十二相八十种好。老实说，你转得了吗？你变得了吗？如何转？如何变？《圆觉经》在这里都告诉你了，从"心清净"开始，"见尘清净，见清净故，眼根清净……如是乃至鼻舌身意亦复如是"，连意根也清净。那么诸佛菩萨有思想吗？有意念吗？有啊！但所起的作用都是至善，没有一点恶，没有一点无记，也没有一点无明。

"善男子，根清净故，色尘清净，色清净故，声尘清净，香味触法亦复如是。"

佛再说，"根清净故"，根是指生命的机器，六根——眼耳鼻舌身意六件机器，外界的物质世界则有色声香味触法与之相应。因为由心清净，人体的六根清净了，人体的六根清净，外界物质世界的六尘也清净了。所以要注意看清楚第一步，须先从智慧上悟，心念转变，再修持转化肉体，因为肉体转化了，才影响到物质世界的环境也跟着转化，一步一步秩序井然，多圆满！

"善男子，六尘清净故，地大清净；地清净故，水大清净；火大风大亦复如是。"

接下来，地大、水大、火大、风大四大物理世界全都清净。

"善男子，四大清净故，十二处、十八界、二十五有清净。"

地水火风四大清净故，眼耳鼻舌身意六根以及色声香味触法六尘共十二处，加上六识所构成的十八界，处处清净。二十五有乃指欲界十四种层次、色界七种层次、无色界四种层次，也无处不清净。

"彼清净故，十力、四无所畏、四无碍智、佛十八不共法、三十七助道品清净。如是乃至八万四千陀罗尼门一切清净。"

"十力"是：（一）知觉处非处智力。（二）知三世业报智力。（三）知诸禅解脱三昧智力。（四）知诸根胜劣智力。（五）知种种解智力。（六）知种种界智力。（七）知一切至所道智力。（八）知天眼无碍智力。（九）知宿命无漏智力。（十）知永断习气智力。

"四无所畏"是：（一）一切智无所畏。（二）漏尽无所畏。（三）说障道无所畏。（四）说尽苦道无所畏。

"四无碍智"是：（一）法无碍。（二）义无碍。（三）辞无碍。（四）乐说无碍。

"十八不共法"是：（一）身无失。（二）口无失。（三）念无失。（四）无异想。（五）无不定心：佛之行住坐卧常不离甚深禅定。（六）无不知己舍：佛于一切诸法，皆悉照知而方舍，无有了知一法而不舍者。（七）欲无减：佛常欲度诸众生心无厌足，是名欲无减。（八）精进无减。（九）念无减：三世诸佛之法，一切智慧相应满足，无有退转，是名念无减。（十）慧无减。（十一）解脱无减。（十二）解脱知见无减。（十三）一切身业随智慧行。（十四）一切口业随智慧行。（十五）一切意业随智慧行。（十六）智慧知过去世无碍。（十七）智慧知未来世无碍。（十八）智慧知现在世无碍。

"三十七助道品"为：（一）四念处：观身不净，观受是苦，观心无常，观法无我。（二）四正勤：对已生之恶为除断而勤精进，对未生之恶使不生而勤精进，对未生之善为生而勤精进，对已生之善使增长而勤精进。（三）四如意足：欲神足（于加行位起此定，依欲之力，故定引发而起），勤神足（于加行位勤修此定，依勤之力，故定引发而起），心神足（于加行位一心专注，依心之力，故定引发而起），观神足（于加行位观察理，依观之力，故定引发而起）。（四）五根：信根、精进根、念根、定根、慧根。（五）五力：信力（信根增长，能破诸邪信），精进力（精进根增长，能破身之懈怠），念力（念根增长，能破诸邪念），定力（定根增长，能破诸乱想），慧力（慧根增长，能破三界诸惑）。（六）七觉支：择法觉支、精进觉支、喜觉支、轻安觉支、念觉支、定觉支、行舍觉支。（七）八正道：正见、正思惟、正语、正业、正命、正精进、正念、正定（上解可查佛学辞典，并仔细思惟体会）。以上所有一切佛法悉皆清净。

“如是乃至八万四千陀罗尼门一切清净”，陀罗尼为梵音，翻成中文是总持的意思，一切的大总纲。密宗把咒语都称为陀罗尼，因为每一咒语所包含的意义太多，一时解释不完。咒语能不能解释呢？可以。将咒语解释出来，就成为经典。咒语一般均不解释。为什么呢？免得你胡思乱想，自行推理，乱加注解。为什么有八万四千陀罗尼呢？因为众生有八万四千烦恼，每一烦恼就有一对治之陀罗尼。悟了道之后，就可把八万四千烦恼转为八万四千陀罗尼，前面提过佛在《大神变经》说：“一切音声皆为陀罗尼”，就是这个道理，烦恼即是菩提，一切清净。

　　"善男子，一切实相性清净故，一身清净；一身清净故，多身清净；多身清净故，如是乃至十方众生圆觉清净。"

　　何谓一切实相？——凡夫的一切境界都是佛的境界。实相者无相也，一切心性本体本自清净。所以，"一身清净"，一人自身清净，"多身清净"，许多众生也跟着清净，如是乃至十方所有一切众生都清净了。那么，我们看看哪一位法师最用功，我们大家投资，请他好好修行，只要他圆觉清净，我们也就跟着清净了，我们就不用修了，是不是？这是什么道理？大家参究看看。佛不仅在此经典这么说，在《楞严经》上也说："汝等一人发真归元，此十方空皆悉销殒。"一人悟道回到本来面目，十方虚空都销毁了。甚至道家也说过得道的境界是："虚空粉碎，大地平沉。"与此是同样的意思，整个十方虚空皆是自性净土。

　　"善男子，一世界清净故，多世界清净；多世界清净故，如是乃至尽于虚空，圆裹三世，一切平等，清净不动。"

　　到最后不只是十方所有一切众生清净，连众生所住的地球、太阳系的星球也都清净，乃至于整个宇宙，扩展到无边无际的整个虚空都清净，不仅现在的虚空清净，还包含过去和未来的一切空间，超越了时间和空间，一切平等，都一样清净不动。

　　各位看看！这是何等伟大的境界，从显心清净开始，六根清净，六识清净，六尘清净，四大清净……一路清净下来，到此所有尽虚空遍法界一切清净，什么都空了。

"善男子，虚空如是平等不动，当知觉性平等不动。四大不动故，当知觉性平等不动。如是乃至八万四千陀罗尼门平等不动，当知觉性平等不动。"

所有都空了，空到哪里去？都没有空，都摆在那里，"虚空如是平等不动"，它本来就是空，不是你有意去空它才空。它本来是平静的、平安的、平凡的、等持的，叫作平等。空与不空都一样叫平等，来与不来都一样叫平等，虚空本来就是如此平等不动。如何证到虚空平等不动呢？美国的虚空与中国的虚空是否一样？台中的虚空与台北的虚空是否一样？都一样对不对？只要你心不动念，在哪里都一样。

不仅是物质的虚空平等不动，心理的觉性也平等不动。知觉自性的空不是物质的虚空，这是两层意义，要搞清楚。有人看到眼前的虚空，愣住了，认为这样已经空了，这是物理世界的虚空，这虚空里还有东西。心理觉性的空与此物质的空有所不同，这是两种空、两重空。佛在这个地方交代得很清楚，所以，不要把有相的虚空，当成自性的虚空。

佛又说"四大不动故，当知觉性平等不动"，最后又回到"心物一元"的道理。物质的空与心理的空有所不同，现象不同，但是，本质相同，实际上是一体。

"如是乃至八万四千陀罗尼门平等不动"，所有八万四千法门都无差别，平等相同，到此，才真正进入圆觉境界。现代人喜欢讲禅，到此地步才算是禅宗的开悟。

"善男子，觉性遍满清净不动圆无际故，当知六根遍满法界。根遍满故，当知六尘遍满法界。尘遍满故，当知四大遍满法界。如是乃至陀罗尼门遍满法界。"

觉性无所不在，在佛堂里有佛性，在厕所里也有佛性，一切处皆有佛。觉性清净不动，不垢不净，不增不减，而且圆满没有边际。"当知六根遍满法界"，佛说眼、耳、鼻、舌、身、意六根遍满整个虚空，这就更稀奇了。我们的眼睛、耳朵平常被墙挡住，所看有限，所听也有限。然而到此圆觉境界，眼则无所不见，耳则无所不听，六根可以相互为用，这不是功夫，一切众生本自具足。

"根遍满故，当知六尘遍满法界……如是乃至陀罗尼门遍满法界"，任何一点就是总纲，总纲就是一点，那一点悟到了，整体都通达了，一通一切通，这不是理论，还要实证。

"善男子，由彼妙觉性遍满故，根性尘性无坏无杂。根尘无坏故，如是乃至陀罗尼门无坏无杂。如百千灯，光照一室，其光遍满无坏无杂。"

我们修行须修到这样的境界才叫妙觉，妙觉即是佛。由于大彻大悟到达妙觉以后，才晓得彻底的心物一元。我们的六根与外界的六尘本来就没有毁坏过，不死亦不生，亦无杂乱。如是乃至所有一切陀罗尼门均无坏无杂。这个道理就如同室内点了一百只、一千只灯，每一只均发光，各有各的范围，但是，彼此均没有妨碍，此光与彼光均可互照互入，一切众生与一切诸佛菩萨之性灵都像这样彼此相通，连物质世界与心灵世界亦无阻碍。

"善男子，觉成就故，当知菩萨不与法缚，不求法脱；不厌生死，不爱涅槃；不敬持戒，不憎毁禁；不重久习，不轻初学。何以故？一切觉故，譬如眼光晓了前境，其光圆满，得无憎爱，何以故？光体无二，无憎爱故。"

由于大彻大悟的缘故，菩萨不会被世法或出世法所束缚，也不去求一个解脱的方法。本来无缚，何须解脱？若有一法可修，若有一法可得，则法执犹在，被佛法困住，不算真解脱。

悟了道的菩萨"不厌生死，不爱涅槃"。我们凡夫都怕生死，所以赶紧学佛修道，想求涅槃而不死，对不对？其实，我们人类很有趣，你为什么怕死？你死过？没有！既然没有，那有什么好怕呢？庄子说过一个很滑稽的比喻，以前郑国（山西、陕西一带）有一位美女，皇帝想娶她当妃子。这位美女听说要离开家乡到皇宫，痛哭不绝，担心害怕不知到皇宫要过什么样的日子。结果，进入国都，当了皇妃以后，日子过得舒适无比，想起当年痛哭，实在没有道理。同样的道理，我们今天害怕死亡，万一死后，比现在更舒服，那么，现在的害怕不是多余吗？我们学佛修道都怕生死，想求涅槃，什么是涅槃？涅槃很难解释，有翻译成寂灭，不很恰当，有翻译为圆寂，也不很适宜。佛在《涅槃经》说是："常、乐、我、净。"这还是一面，再加上"清净圆明"，这便是涅槃的境界，也是悟道成佛的境界，也就是一切众生自性的境界。菩萨"不厌生死，不爱涅槃"。若厌生死，则尚未解脱；若爱涅槃，则法执犹存。

"不敬持戒，不憎毁禁"。我们学佛的人特别"敬持戒，憎毁禁"，每人都拿一把尺去衡量别人，都拿道德标准去要求别人，从来不反省自己，从不要求自己，是不是这样？然后，听到某人学佛吃素，好！有善根！好像不信佛就是坏人、魔鬼，不屑与之为伍。这些都不是学佛者所应持的态度，真正的学佛是"不敬持戒，不憎毁禁"。做人本来就应该道德好，道德不好的人更值得同情，更应该帮助他，这才是慈悲的精神。

"不重久习，不轻初学"。我们经常听到人家问：你学佛多久了？二十年，呵！马上肃然起敬。其实，二十年有什么了不起，学了二十年还没有成就，那不是很糟糕？对于刚学佛的人也用不着看不起他，一切众生平等。

何以故？菩萨为什么可以达到这样的修养见地呢？因为大彻大悟的人，看一切众生一体平等，诚诚恳恳、自自然然尊重每一个人。佛在此作了一个比方，譬如眼睛看见前面的东西，不管美丑净秽均一一映入眼帘，任何事物均可看见，光体本身普照一切，无选择，无憎爱，悟道之人视众生均与佛同等，无二无别。

"善男子，此菩萨及末世众生，修习此心得成就者，于此无修，亦无成就。圆觉普照，寂灭无二。于中百千万亿阿僧祇不可说恒河沙诸佛世界，犹如空华，乱起乱灭，不即不离，无缚无脱。始知众生本来成佛，生死涅槃犹如昨梦。"

佛再度告诉吩咐普眼菩萨，以及未来末世的众生，如何才能达到圆满觉性呢？很简单——观心。修习此心就可以有所成就，而最后明心见性以后，则无修亦无成就，一切众生本来就是佛，无所谓修与不修。亦无所谓得道与不得道，无所谓成佛或不成佛。"圆觉普照，寂灭无二"，此时到处都清净，处处圆融无碍。

悟了道以后，才知道一百、一千、一万、一亿，乃至不可说不可数等一切佛都在玩花样、玩把戏，示现种种方便。阿弥陀佛或是药师佛都如空中之花朵，"乱起乱灭"，此时，才有资格可以呵佛骂祖。但是，你可不要乱骂唷！你骂的话，嘴巴立刻长疮。以前有位禅宗祖师把八十八佛写在裤裆里穿，他的徒弟也学他，结果，下半身都烂了。那么，这位祖师为什么把八十八佛的名字写在裤裆里穿呢？因为他看到这些人太著相了，一身佛味，满脸佛气，太令人受不了。他为了破这些人的执著，他可以这么做。但是，你没有到达这个地步，不要说得尊敬佛菩萨，连一个护法或是鬼神、土地公都要尊敬，甚至任何人、任何小孩，都得尊重。

对于一切事物及佛法，不去追求，也不刻意摆脱，"缘起性空，性空缘起"，当体即真。没有人绑住你，也不需要解脱。

到了这个时候，才知道"一切众生本来成佛，生死涅槃犹如昨梦"。但是，你看了这段《圆觉经》，可不要乱来，以为自己本来就是佛，就不用修了，那你就大错特错。注意！普眼菩萨问佛如何修行？如何思惟？如何住持？如何开悟？佛则从应当正念，远离诸幻开始，然后心清净，一身清净，多身清净，一世界清净，多世界清净，一路下来，到最后才说众生本来成佛。

各位！如何解脱生死？生死不须解脱。什么是涅槃？涅槃只不过是昨夜的一场梦。

"善男子，如昨梦故，当知生死及与涅槃，无起无灭，无来无去。其所证者，无得无失，无取无舍。其能证者，无作无止，无任无灭。于此证中，无能无所，毕竟无证，亦无证者，一切法性，平等不坏。"

这一切皆如昨夜之梦，所以应当知道生命无所谓生死，亦无涅槃可得，"无起无灭，无来无去"。《金刚经》说："无所从来，亦无所去，谓之如来。"

一般所谓证道，证个什么呢？是不是有个什么境界可得呢？是不是要抓住一个境界呢？佛在此说："无得无失，无取无舍。"《心经》上亦说："无智亦无得。"有人打完坐，哭丧着脸跑来向我说：老师，境界掉了，好不好笑？注意！无得无失，有得有失就不对了，表示你还没有悟。"无取无舍"，一般人学佛都想抓住一个境界，想抓住一个空或清净，这些都是有取，都是贪。很多人学佛越学越烦恼，为什么？我的妄念好多好可怕，拼命想要去除妄念，但是又去不掉，所以烦恼不已，痛苦不堪。佛在此告诉你，无取无舍，妄念本来就留不住，何必去舍呢？

"其能证者，无作无止，无任无灭"。无所谓修行，亦无所谓得定，亦无所谓任运自在，亦无所谓生生灭灭。

"无能无所"，能证者是道体，所证者是境界。于此真正的证悟之中，无能证者，亦无所证者，所以说"毕竟无证，亦无证者"。上面所讲的是无修，这里所讲的是无证。佛讲到无修的结论是什么？无证的结论又是什么？这非常重要，这是点眼之处，不可忽略过去。我在这里把这个秘密告诉各位，千万记住。佛讲到无修的结论是："生死涅槃犹如昨梦"，无证的结论是："一切法性平等不坏。"

"善男子，彼诸菩萨如是修行，如是渐次，如是思惟，如是住持，如是方便，如是开悟，求如是法，亦不迷闷。"

好！你们就按照上面所讲的如是修行，就这样修行，这样一步一步有秩序有层次地修行，要如此反观思惟，要这样保持定在那个境界上，这个方便、方法都告诉你了，什么方法？观心，就这样开悟。

假如这样还不开悟，怎么办呢？不必着急，不必害怕，"求如是法，亦不迷闷"，只要依照这个方法，慢慢行去，细水长流，总有一天会开悟的。你看佛多么慈悲！多么会安慰人！多么会鼓励人！

到此，释迦牟尼佛对普眼菩萨所提的问题，全都答复完了，最后再作一个偈子总结。

"尔时，世尊欲重宣此义，而说偈言：

普眼汝当知：一切诸众生，身心皆如幻。身相属四大，心性归六尘。四大体各离，谁为和合者？如是渐修行，一切悉清净。不动遍法界，无作止任灭，亦无能证者。一切佛世界，犹如虚空华，三世悉平等，毕竟无来去。初发心菩萨，及末世众生，欲求入佛道，应如是修习。"

"普眼汝当知"，普眼菩萨你应当知道。

"一切诸众生"，十方所有一切的众生。

"身心皆如幻"，生理心理皆如幻化。

"身相属四大"，身体乃四大和合而成。

"心性归六尘"，心理精神乃六根六尘相互为缘所起的作用。

"四大体各离"，地水火风四大体性各自分离。

"谁为和合者"，生命的主宰到底是谁呢？

"如是渐修行"，如是渐渐修行。

"一切悉清净"，一切心、身、世界都清净。

"不动遍法界"，自性不动遍满法界。

"无作止任灭"，无作无止无任无灭。

"亦无能证者"，亦无悟道能证的人。

"一切佛世界"，所有一切诸佛世界。

"犹如虚空华"，犹如虚空中的花朵。

"三世悉平等"，过去现在未来所有一切佛与众生悉皆平等。

"毕竟无来去"，到最后的境界是无来亦无去。

"初发心菩萨"，刚发心学佛的人。

"及末世众生"，以及末世的众生。

"欲求入佛道"，想要修行有所成就。

"应如是修习"，应按照这个方法顺序去修习。

诸位有心学佛的人士，若能把普眼菩萨这一段多多反复参研，深入细心体会，一定修证成功，早日圆成佛道。

第四章　金刚藏菩萨

众生本来是佛，为何生起无明

无明众生本有，何故复说本来成佛

一切如来何时复生一切烦恼

能以有思惟心测度如来圆觉境界吗

"于是金刚藏菩萨在大众中，即从座起，顶礼佛足，右绕三匝，长跪叉手而白佛言："

接下来由金刚藏菩萨提出问题。金刚藏菩萨在密宗是很重要的一位菩萨。

顾名思义，所谓金刚是有无始以来永恒不变、颠扑不破之意。藏者大仓库也，含藏万物。

每位菩萨起来问问题的仪式都一样，在此省略，不再重复解释。

"大悲世尊，善为一切诸菩萨众，宣扬如来圆觉清净大陀罗尼因地法行，渐次方便，与诸众生开发蒙昧；在会法众，承佛慈诲，幻翳朗然，慧目清净。"

大慈大悲的世尊啊！您刚才已经为众菩萨们解说阐扬如何成佛的基本因素，以及修行的顺序和方法，替我们这些众生开启蒙昧迷糊的心智。与会大众承蒙佛的慈悲教诲，"幻翳朗然"，有如眼睛生病模糊一片，现在病好了，眼睛看清楚了。

"慧目清净"，头脑明明白白，对于如何修习圆觉成佛的方法，都清晰明了。

"世尊，若诸众生本来成佛，何故复有一切无明？若诸无明众生本有，何因缘故如来复说本来成佛？十方异生本成佛道，后起无明，一切如来何时复生一切烦恼？"

接着，金刚藏菩萨把他的问题提出来了。他问世尊，假如每一个众生本来都是佛，自性本来圆觉清净，为什么还会有无明呢？这个问题在《楞严经》上也提到过，众生本来是佛，这一念无明如何生起来的呢？

假如众生有生命以来就有无明，那么，为什么说众生本来成佛呢？这是逻辑上同一问题的反问。

再来是综合性的问题，十方三世一切不同的众生本来成佛，那么，为什么有我们这些众生呢？为什么我们现在是众生，而不是佛呢？假如说一切众生本来是佛，后来才生起无明，那么，一切如来什么时候又生出这一切烦恼呢？这里所说的烦恼就是无明，或称惑业。

"唯愿不舍无遮大慈，为诸菩萨开秘密藏，及为末世一切众生得闻如是修多罗教了义法门，永断疑悔。"

希望如来大慈大悲，不要因为度众生很辛苦，而舍弃了无遮的大慈悲，无遮就是广大没有遮盖，大慈大悲是没有选择，没有条件，没有阻碍，没有范围，任何众生都平等救度。

希望佛大慈大悲为诸菩萨打开秘密藏，解答这个秘密，此秘密是为菩萨而开，唯有大菩萨才懂得秘密藏，一切众生本来是佛，为什么变成凡夫？这是个令人疑惑难解的大秘密。这个大秘密唯有诸大菩萨才懂得，至于其他凡夫众生，那就疑窦丛生了。所以亟需佛来开显这"修多罗教了义法门"，使之永远断离怀疑后悔。修多罗是经藏、经典的意思。了义则是究竟清澈圆满的意思。

我们知道佛法有四原则。

第一，依法不依人：依佛的正法，不因为某一位老师、法师、上师或善知识，我特别喜欢他，或者他对我特别钟爱，而只相信他说的佛法，其他人所说的，我一概不理，不以为然，这不是一个佛弟子所该有的行为。学佛人只问对方所说的是不是正法，而不被个人的喜好爱恶所迷惑困囿。

第二，依经不依论：一切菩萨的论述以及后世的注解固然高明，但是，真正的佛弟子究竟应该以佛经作依据，不应以论藏作依据。所以，我常劝学佛的同学们，不要陷于这一百年来的佛学著作及注解中，昏头转向，应该直接研究佛经。至于名词不懂，则可查佛学辞典，乃至于我所写的及我所说的，只是帮助诸位了解研究佛经而已，不要以我的话为标准，要直接以佛经为依据。

前几天，我的一位在大学担任系主任的学生来找我，说最近准备写一本"××概论"，问我怎么写较为妥当？我说你不要再写什么概论的了。我向来对学生看什么概论持保留态度，什么哲学概论、文学概论、政治学概论、经济学概论，唉！已经概了几十年了，还在那里穷概。一把剪刀，一罐浆糊，东抄一段，西剪一段，就是一本概论。奉劝各位，真要作学问，须直接从原典入手。

最近国外有人写信问我，想要研究佛学，第一步要从哪一本书入手，我想了一下，还真答不出来，只好回说没有。但是假如要看佛学概论的话，印度佛教本有的佛学概论有两本，一是《大智度论》，一是《瑜伽师地论》。中国的佛学概论是智者大师的《摩诃止观》，以及永明寿禅师的《宗镜录》。他说老师，这些概论我看不懂呀！看不懂，我也没有办法。

注意！学佛要依经不依论，佛经看不懂的话，一字一字慢慢啃，一字一字慢慢查，下苦功夫，配合日常生活的反省检点终会有所体会的。

第三，依了义不依不了义：佛经有些是了义经，有些是不了义经。了义是彻头彻尾的通达圆满，譬如《楞严经》《圆觉经》《华严经》《法华经》，这些是了义经。有些是不了义，乃是佛因人因事因时因地对宇宙生命问题的方便说法，虽未直截点出佛法的究竟，但若能将这些道理参照比对、融会贯通，还是有个趋向了义理趣的脉络可寻。

第四，依智不依识：佛法是智慧之学，不是盲目的迷信，也不是呆板的功夫，真正智慧不是根据我们的意识妄想去推测。

刚才我们讲到了义法门，所以提到了四依四不依，现在我们回到本经，金刚藏菩萨为我们提出问题，希望佛大慈大悲为末世众生讲解经藏中的了义法门，令众生"永断疑悔"，得到正信。

《华严经》提到"信为道源功德母"，基督说信者得救。其实，信很难。诸位真的信佛吗？如果我说你不是真信、正信，那你一定很生气。对不起，没有证得菩提以前，都不能算真信、正信，都是迷信，都是妄情地相信。必须"永断疑悔"，才是真信、正信。疑悔的悔有二层意思，一是后悔的悔；另一层意思是对于自己的思想或行为，不知对或不对，自己不敢确定，有一点怀疑，这就是悔，所以把疑与悔放在一起。

中国佛法中的禅宗要你起疑情，有疑才有悟，何况一切众生本来就在怀疑中。没有成佛以前处处是问题，生从哪里来？死向何处去？佛法说有前生，你见过？死后灵魂究竟存不存在？谁能证实？这些都是问题。禅宗的方法之一就是挑起你的疑情，你说你有痛苦，那么，痛苦从哪里来？因为有我，你又是什么东西？肉体？肉体不是你。真正的我是心，心在哪里？如此一步一步追问下去，大疑就是大悟，小疑就是小悟。现代青年喜欢学禅，问他有没有问题呢？半个问题都没有，不疑就不悟，这样还学什么禅呢？禅宗讲参话头，"释迦拈花，迦叶微笑"，迦叶为何微笑？牙齿白呀？释迦牟尼佛又为什么要拈花呢？假如你不去参究这类问题，那就不要学禅了，没有怀疑，何来开悟？

金刚藏菩萨在此提到"永断疑悔"，写文章叫破题，问题的主要中心给你点出来了。断了这个疑悔，你就得到金刚藏颠扑不破的智慧境界，了解佛法真正的奥秘。

"作是语已，五体投地，如是三请，终而复始。"

金刚藏菩萨提完了问题，恭恭敬敬地跪下来磕头，如是磕三次头，礼拜三次，虔诚地请佛回答问题。

"尔时，世尊告金刚藏菩萨言：善哉！善哉！善男子，汝等乃能为诸菩萨及末世众生，问于如来甚深秘密究竟方便，是诸菩萨最上教诲了义大乘，能使十方修学菩萨及诸末世一切众生得决定信，永断疑悔。汝今谛听，当为汝说。"

这个时候释迦牟尼佛告诉金刚藏菩萨说：好的！好的！善男子可翻译为大丈夫，带有了不起的意思。你们能够为了诸位菩萨及末世的众生询问如来。这里看经要留意，这个"如来"不单指释迦牟尼佛，而是指一切佛的总称。金刚藏菩萨问的是一切佛最深最秘密最究竟最根本的方法。"是诸菩萨最上教诲了义大乘"，佛说你问的问题好厉害，真不简单，是一切菩萨们最高的教育方法，这是大乘道的了义法门。而且这个问题如果懂得的话，"能使十方修学菩萨及诸末世一切众生得决定信"，从此"永断疑悔"，不再有任何怀疑。

请问诸位在家及出家的同学们，我们学佛是否没有任何怀疑？是否绝对相信？念佛念了几十年，能不能往生西方？不敢确信。听说密宗好，赶紧跑去灌顶，好像只要一灌顶，咒子一念，就可以马上成佛似的，可是真如此相信吗？结果学密宗咒子念了几十万遍，没有什么感应，好像也靠不住。很多人很用功、很虔诚，天天作早晚课，又拜佛，又吃素，又回向，到后来想想，这样是不是真有功德？念了咒，念了经，是不是真能消业呀？信了佛教，却又随时在疑悔中，每人轻重不一。我几十年来所看到、所听到的学佛学道人士大都是如此在疑悔之中，包括我自己当年也是如此。我们不要打妄语，是不是这样？好好坦白发露忏悔一番。

那么，怎么样才能"永断疑悔"，"得决定信"呢？如何才能正信呢？告诉各位，不到八地菩萨做不到，八地以前都还会退转，何况我们凡夫呢？一般人学佛都是做生意的心理，念了几天佛，就开始怀疑，边念边怀疑，又想赚钱，又怕赔钱。

好了，我们现在听佛答复。

"尔时金刚藏菩萨奉教欢喜，及诸大众默然而听。"

这个时候金刚藏菩萨听到佛肯答复，非常欢喜，在座大众都静默聆听。

"善男子，一切世界始终、生灭、前后、有无、聚散、起止，念念相续，循环往复，种种取舍，皆是轮回。未出轮回而辨圆觉，彼圆觉性即同流转，若免轮回，无有是处。"

一切世界不只是一切众生，一切世界包括一切物质世界及一切精神世界。而这里讲到的始终、生灭、前后、有无、聚散、起止，都是相对的，这是六个大纲要。读经要细心，不可忽略过去。

始终，这个世界如何开始的？先有鸡？还是先有蛋？地球怎么来的？宇宙怎么开始的？地球何时毁灭？这些都是问题。

生灭，世界上一切东西和生命如何生起？例如人从哪里来？无论东西方文化、宗教、哲学、科学，讨论了几千年，也闹了几千年，到现在还没有搞清楚。据说人是上帝创造的，上帝又是谁生的？达尔文进化论说人是从猿猴进化而来，你相信人类的祖先是猿猴吗？还有现在猿猴为什么不变成人呢？

在佛经也提到人类的来源，既不是上帝创造的，也不是猴子变的，而是另外一个世界——"光音天"下来的。这地球原来没有人类，我们的老祖宗从光音天来的时候，起初都会飞，等于有人认为外太空人飞到地球这个星球上来玩，在地球上玩久了以后，喜欢在地上抓些东西吃吃，结果，一吃就吃坏了，飞不起来，便留在地球上。

那么，我们要追问，光音天的人又是从哪里来的呢？光音天是色界天中的一个天，以科学来讲，那是银河系统外，另一个外银河系统。假如说色界天的人是由无色天来的，那么，无色界天的人又从哪里来？如此追问下去，问题就大了，没完没了。

前后，时间有没有前后？爱因斯坦提出相对论，说明时间是相对的，早在二千多年以前，释迦牟尼佛就说过宇宙间每个不同的世界，对时间长短的感受就不同。月球的一天等于地球的一个月，太阳的一天等于地球的一年。所以，时间前后的问题究竟存不存在？

有无，这也是哲学、科学所探究的问题，物质究竟灭还是不灭呢？唯物论说物质是万物的根本，宇宙唯一的实体，那么物质是绝对不灭的吗？人的生命是有？没有？灭？不灭？

聚散，空中的湿气遇冷则聚成水滴，地上的水也可因日晒而散发掉，世间的一切无论是物质或生命、人际关系、种族关系等等，均在无常聚散中，你能找到一个永恒不变的吗？

起止，这个宇宙世界从哪一天开始？到哪一天停止？我们的生命何时结束？人类的烦恼又何时了结？这些都是问题。

看《圆觉经》不可随随便便看过去，这句经文包括了世界始终、生灭、前后、有无、聚散、起止等等那么多问题。

"念念相续，循环往复"。你看！奇怪啊！刚才提到"世界始终、生灭……"这些问题，到此却归结到念念相续的心理问题。我们心理的思想，每一念、每一念接连而来，前一个思想过去了，第二个思想你不用想它，它自然会生起来，相续不断。你说我睡觉就不想了，真的没有想？不是，还是念念在想，做梦就是想，有些梦自己知道，有很多梦醒来就忘掉了，以为没有梦，没有想，不对的。甚至睡觉那个境界就是念，我们一切众生如果没有睡眠的习气，没有睡觉这个念，就不会有睡觉这个现象出来。睡眠这个现象也是一念，这一念也就是无明来的。所以真正悟道、证道的大阿罗汉、大菩萨们断除了这一念，自可不必睡觉。你说我们人的心理现象就是念念相续，像流水一样接连不断，烦恼也是一样，想停也停不住，抽刀断水水更流。如此"循环往复"，就像绕圈子似的，来了又去，去了又来。

"循环往复"这四个字是从中国的《易经》里面引用出来的，这个思想观念是中国文化本有，并非从佛学而得。不仅是人的心理状态如此，在太空里的物理现象也是如此，丢出去的东西，绕一圈又可以回到原来的地方。

"种种取舍，皆是轮回"。因为我们有念头，有贪、瞋、痴、慢、疑等等念头，所以有所喜好，有所厌恶，有取有舍，有些东西丢得开，有些东西则抓得很牢，"种种取舍"，今天这样，明天那样，于是就形成了轮回。轮回就是在那里转圈子，忽东忽西，此上彼下，昏头转向，没完没了，跳不出来。

"未出轮回而辨圆觉，彼圆觉性即同流转"。成佛就是跳出这个轮回，不在这个圈子里转了。但是，佛说一切凡夫想了解成佛的境界，等于是迷迷糊糊在圈子里转，而想要了解整个绕圈子的事，怎么可能看得清楚？除非你跳出圈子外面来看，才会了解。没有跳出圈子，即使向你解释，你也无法明白，就如苏东坡描写庐山的名诗：

> 横看成岭侧成峰，远近高低各不同。
> 不识庐山真面目，只缘身在此山中。

人在庐山里始终看不清庐山整体的实况。在没成佛以前，所讨论的佛境界，修行的境界，都堕在轮回中，都是轮回里的观念。

"若免轮回，无有是处"。佛答复金刚藏菩萨的问题说：你若对众生本有之圆明觉性认识不清楚，在轮回流转中妄测圆明觉性，那么所有修行永远是走错路，想要跳出轮回，根本不可能。

这个问题很严重。假如当时我在场的话，听了佛这样的答复，我一定挟了书包就跑，为什么？因为不管你修净土也好，禅宗也好，天台也好，密宗也好，不管你怎么修，你还是没有跳出轮回，你还是凡夫。既然是凡夫，就无法认清楚佛的境界。很多人认为悟了道就有神通，能够看到什么光啦！可以听到什么声音啦！甚至打坐会飞起来，乃至认为入定是什么都不知道，然后可以不吃饭、不喝水，这些都是空话！都是凡夫的臆测、妄想、乱想。你要认得清楚的话，除非成佛。可是我既然成佛，又何必再跟你学？

所以佛讲这句话很严重，他告诉金刚藏菩萨，这是一个最大的秘密，你懂了这个秘密才可以成佛。佛在这里讲这句话，等于禅宗的祖师们一样，你一股求道的热忱进来，一棒子往你头上劈下去，打得你天旋地转，打得你不知如何应对。好在金刚藏菩萨打不倒，动都不动，还是求佛继续说下去。

"譬如动目，能摇湛水。又如定眼，由回转火。云驶月运，舟行岸移，亦复如是。"

这几句话多美！散发着高超的文学意境，多少诗人词家都借用了这些句子。"云驶月运，舟行岸移"这些语句，是否美得又要令一些人怀疑《圆觉经》是假的呢？

什么是湛水？就是清水，一清到底，没有一丝污染，水底的沙子、石头、游鱼等都看得清清楚楚，而且一点波纹都没有，波平如镜，清清湛湛。

怎么"能摇湛水"？各位不妨做个实验，站在清湛的池水前，看着清水，将眼珠左右摇晃，你就会感觉到池水开始摇动了。事实上，水有没有动呢？——没有，根本是你的眼睛在动，而感觉上是以为水动。这是一个妙不可言的比喻。

佛在说法的时候，用了很多的比喻。你没有到达那个境地，要告诉你那个道理是很困难的，连对菩萨们都无法讲清楚，何况一般凡夫众生。所以佛说法婆心特切，你没有办法懂，还是想尽办法举了很多的比喻让你懂。可是，众生听了比喻，懂了没有？

这里有一个故事——一个瞎子问人家说："你们讲白，白是什么样子？请你告诉我。"那个人告诉他："白就像冬天的雪一样。"瞎子没见过雪，还是不懂白是什么样子，又去问人家。另一人告诉他："白呀！白就像面粉一样白啦！"瞎子也没见过面粉是啥样子，又去问另外一个人。刚好有只白鹅在那里，这个人就告诉他："雪和面粉像白鹅一样白。"然后拉着瞎子的手摸摸白鹅的样子。这个时候白鹅"嘎！嘎！"叫了两声，瞎子恍然大悟地说："唉呀！早不说，白就是'嘎！''嘎！'嘛！"一切众生就是如此抓住这个"嘎！嘎！"。

接下来，佛又做了第二个比方。"又如定眼，由回转火。"不知各位小时候有没有玩过香？把拜神的香在眼睛前面绕圈圈，就看到前面有个火圈。这个火圈是真的还是假的？学过物理的就晓得这是视觉上的假相，这个道理和看电影的道理一样。

"云驶月运"，这是第三个比喻。夜里，我们抬头望月，看到月亮在动，其实，所看不是月亮动，而是旁边的云在飘，感觉上好像是月亮动。现代人把这个道理应用在舞台上，将人物后面的布景转动，看起来则像是舞台上的人在动。

"舟行岸移"，坐在船上，不感觉船在动，只看到两岸的树往后移。大家都有搭火车的经验，火车刚开动时，没有感觉火车动，只看到车站及建筑物往后移动，甚至看到隔邻那节火车开了，结果是自己这边的火车开动。

各位看释迦牟尼佛的这四个比喻妙不妙？他没有解释无明怎么生起的，众生本来是佛，又怎么生起无明变成凡夫？这些他都没有讲，他只讲了四个比方，最后加上四个字"亦复如是"，说这些事情也是这个样子。这四个例子可以当禅宗的话头来参，真的，要好好去参。我经常告诉学科学的青年，先不要学佛法，把科学学通了，等于通于佛法了。这四个例子都是物理科学自然的现象，佛拿来当比喻，比喻得妙极了。

"善男子，诸旋未息，彼物先住，尚不可得，何况轮转生死垢心，曾未清净，观佛圆觉而不旋复，是故汝等便生三惑。"

因为大家都没有懂，所以佛又再解释。他说"诸旋未息"，一切的东西，包括物理和心理，都在转动不停，都在旋转轮回，一切都在动，整个世界都在动，有个东西你叫它先停住不要动，做得到？"尚不可得"，不可能嘛！

现在我们都坐在这里，好像都停在这里没有动，对不对？不对，地球在动。再说内在，就当作我们打坐入定了，你觉得不动了。不动？身体里的心脏还在跳动，血液还在流动，细胞还在生灭，胃肠还在蠕动，都在动啊！五阴里的行阴，你停不了呀！"诸旋未息，彼物先住"，这是不可能的！

何况一切众生都在轮回当中，生生死死，死死生生，自己做不了主。内心里面的污垢、脏思想、坏念头多得不得了，好像台北晚上的垃圾车，播放着"少女的祈祷"美妙悦耳的音乐，里面则装一大堆脏东西。我们若未曾清净过，没有得到清净境界，没有达到佛的境界，怎么能够懂得佛的道理呢？

"观佛圆觉而不旋复"，自己没有达到清净的心，自己不了解一切众生的清净本性，如何回到本来清净的本体就不知道了。

旋复就是转回到原来的地方去，譬如门锁，往右转是锁起来，往左一转回来就打开来，就叫"旋复"。地球在转，太阳也绕着银河系转，整个天体都在转。我有时想大自然转得很有意思，地球由西向东转，东方的中国人写字，从右边写到左边，西方洋人写字则从左边写到右边。旋复就是要转回到佛原来的地方。

因为转不回来，无法认清圆明觉性，所以无法明白为什么众生本来成佛又生出无明？假如无明是众生本有的，如来又为什么说本来是佛？众生本来是佛，"何时"又复生一切烦恼？于是产生前文已提到的这三种疑惑。

"善男子，譬如幻翳，妄见空华，幻翳若除，不可说言此翳已灭，何时更起一切诸翳。何以故？翳花二法非相待故，亦如空花灭于空时，不可说言虚空何时更起空华。何以故？空本无华，非起灭故。生死涅槃同于起灭，妙觉圆照，离于华翳。"

佛在这里又作比喻，他知道这样讲，这些菩萨大众们还是没有懂。你看我们现在听了，每个人都"入定"，愣在那里。

说不懂嘛，又好像懂一点，说懂嘛，又说不出所以然来，是不是这样？你看释迦牟尼佛他老人家真痛苦啊！也真慈悲啊！讲了老半天，从学生的眼睛中晓得没有懂，只好再动脑筋，再举个例子，想尽办法让学生懂。

佛经不可随便注解，佛法也不要信口乱道，然后自己冠上美丽的名称叫作"弘法度众生"。唐代有位南阳慧忠国师，他的一个学生跑来跟他说要注解佛经。忠国师说注解佛经必须了解佛的意思才可以，于是叫侍者盛了一碗水来，里面放了七粒米，上面放了一双筷子，问这是什么意思？这个学生无言以对。这下子南阳忠国师瞪起眼睛骂人了，老僧的意思你都不懂，何况是佛的意思？

《圆觉经》的文字很美，不要以为知道词意这样就看懂了，或者木鱼一敲，"譬如动目，能摇湛水，又如定眼，由回转火，云驶月运，舟行岸移……"，磕！磕！磕……就磕过去了，最后也变成呆呆硬硬的木鱼。

"譬如幻翳"，翳是指眼珠上长出遮蔽瞳孔的薄膜，眼睛患了这种病，就会看到虚空中有花朵出现。"幻翳若除，不可说言此翳已灭，何时更起一切诸翳。"等到眼翳去掉了，你不能说这眼翳已经消灭，也更不能说它是什么时候生起这种病？

"何以故？"为什么呢？"翳花二法非相待故"。眼睛有病，所以才看到虚空里有花朵，换句话说，虚空里的花朵不是真的花朵，那是眼睛有毛病所看到的幻相，所以这个翳，眼睛的病，与病眼所看的花朵，二者不是相对的。在佛法上这眼翳其实也是"虚幻"的。

"亦如空华灭于空时，不可说言虚空何时更起空华。"就像眼病复原了，眼睛好了，空花自然也就消失了，这个时候，你根本不能说虚空中那假花是什么时候生起来的。

"何以故？"什么理由？"空本无华，非起灭故"。虚空中自始至终本来就没有花朵，虚空本来就没有生出花朵来，因此更没有所谓消灭。本来就是没有。怎么能说起灭呢？所以说"空本无华，非起灭故"。为什么虚空中会有花呢？那是你的眼睛出了毛病，无端起了幻相，误以为虚空有花朵，其实，虚空本来就是虚空，何曾有花？

"生死涅槃同于起灭"，一切众生想修行解决生死，想悟道证得涅槃，是不是？佛在这里告诉你，生死的现象就如同刚才所说空花的起，涅槃就如同空花的灭，事实上，空花有起有灭吗？空花根本就是假的，哪有什么起灭？有灭吗？空花根本就是假的，哪有什么涅槃可证？所以《楞伽经》上说："无有涅槃佛，无有佛涅槃。"一切都是梦幻，一切都是你心中的幻想，只要你病好了，只要你心清净了，自然无生死可了，亦无涅槃可得。

那你说我生起病来，可真痛啊！感冒流鼻涕又头疼，头疼鼻涕等于空花，我空不了呀！对不对？是啊！这是业报，因为我们的业还执著在这上面，我们自己的业把自己困住，把自己绑得牢牢的。因此给你许多方便，修气呀！修脉呀！修这样，修那样，三脉四轮不够，再加上三脉七轮；念佛不够，再加上持咒；持咒不够，再加观想，都给你加上去。然后再来个生死、涅槃、菩提、真如等等，这些是不是自己制造出来的幻象？是不是这样？到底真相如何？那就得靠我们自己去悟去证实了。

"妙觉圆照，离于华翳"，在自己的妙觉圆照、清净性海中都没有这些花样。至于大彻大悟以后是什么境界呢？就像苏东坡的一首诗：

> 庐山烟雨浙江潮，未到千般恨未消。
> 及至到来无一事，庐山烟雨浙江潮。

庐山在江西九江，风景太美了，浙江省的钱塘潮，非常壮观，这一辈子没有去的话，死了都不甘心，非去不可。等到到了庐山，又看到了钱塘潮，好了，没事了，原来就是这么一回事。庐山烟雨浙江潮，本地风光，圆满清净，悟道以后，就是这样。

没有悟道以前，拼命地学佛呀！跑庙子呀！磕头呀！各种花样都来哜！只要有功德，要怎么苦行都无所谓，要怎么刻薄自己都可以，"未到千般恨未消"啊！"及至到来无一事"，真的大彻大悟了，怎么样呢？"庐山烟雨浙江潮"，原来如此。

"善男子，当知虚空非是暂有，亦非暂无，况复如来圆觉随顺而为虚空平等本性。"

眼前所见无障碍的叫虚空，这个空不是暂时有，也不是暂时没有。其实，虚空永远是虚空，虽然有东西障碍显现，但是这东西一拿走，虚空仍旧是虚空。这是以物理世界的虚空来比喻，你说它是暂时存在，不对；说它暂时不存在，也不对。因此有东西时，虚空仍然存在，只是多个东西，虚空未因而减少；而东西拿掉时，虚空也未因而增加。这个东西的存在与否，皆不碍及虚空的本性。

以上所说是指物理世界的虚空，而每个人本有的涅槃空性、圆觉空性，则比物理世界的空更空灵、更广大。这一段可参考《楞严经》上佛答复阿难的问题："虚空生汝心中，犹如片云点太清里。"自性圆觉之虚空乃是无量无边。

"善男子，如销金矿，金非销有，既已成金，不重为矿，经无穷时，金性不坏，不应说言本非成就，如来圆觉，亦复如是。"

接下来，释迦牟尼佛为了解释如来圆觉自性，又作了比方。原始金矿含有其他金属杂质，经过锻炼，把杂质销熔，炼出黄金。黄金本来就存于金矿中，不是经过锻炼销熔后，才产生黄金，锻炼销熔只是把杂质去掉，让纯金显露出来而已。黄金从金矿中锻炼出来之后，成为纯金，此时，纯金就不再是金矿了。经过无穷久的时间，黄金的金属性质永远不会改变，即使在未锻炼成纯金前，黄金的金属性质乃是本来就存于金矿之中，不应说未锻炼成黄金前的金矿，没有黄金的金属成分。

如来圆觉自性，也是同样的道理。圆觉自性不是修出来的，你本来就是佛，修行只是把金矿中的杂质销熔掉而已，只是经过加工锻炼而已，佛性永远是佛性，始终没有改变。

那么如何修行呢？我们的自性本来空，本来清净，但是，现在的我们却空不了，因为现在是金矿，里面有很多杂质，妄想、烦恼一大堆，所以很多人想用念佛、念咒来消除这些杂质。那么，念佛、持咒，修到某一个程度，念不起来了，什么妄想都没有了，在这当中，即是念而无念，无念而念，让他清净下去，不要一直求空。空真的显现了，也不要被吓住，感到恐惧害怕那就颠倒了。如果在这境界相续后，又有念头飘浮出来，怎么办？念头来了，就又开始念佛、念咒，念没多久，念佛念不上来，妄想也没有了，就又让它如此静下去，如果妄念又来了，再念佛。这种方法叫作肉包子打狗，妄念杂想是狗，念佛念咒是肉包子。到后来，狗也跑了，包子也没了，一切清净，此即是唯心净土，心净则国土净。

"善男子，一切如来妙圆觉心，本无菩提及与涅槃，亦无成佛及不成佛，无妄轮回及非轮回。"

《圆觉经》如此直接彻底地点出宇宙生命的究竟，可说是无上大密法。"心、佛、众生三无差别"，此心即是佛，佛心即是汝心，所以诚意敬信就感应。在这圆觉心体上，没有什么菩提、涅槃，烦恼即是菩提，"无有涅槃佛，无有佛涅槃"。无所谓成佛不成佛，众生个个都是佛，本来就是佛。也没什么轮回不轮回，自性本空，永远在三界中，在一切有中；如来者，无所从来，亦无所去，不须出三界，亦不须入三界，本来自在。佛在《圆觉经》上，直指人心，见性成佛，这真是禅宗，亦是大密宗。

注意！佛在这里所讲的这几句话很严重。本无菩提及与涅槃，你学什么菩提道呀！不是白搞了吗？亦无成佛及不成佛，那么你还学什么佛？打什么坐？念什么咒？对不对？"无妄轮回及非轮回"，这是什么话呢？佛在这里把一切都化掉了、摆平了，这是真正成佛的境界。

"善男子，但诸声闻所圆境界，身心语言皆悉断灭，终不能至彼之亲证所现涅槃，何况能以有思惟心，测度如来圆觉境界。"

那么，假如没有到达刚才所说的圆觉境界，但是也证到了空性，只是所证的空性不圆满，也得了道，得什么道呢？中、小乘道。中、小乘包括声闻乘及缘觉乘。声闻乘偏重出世，不敢入世。缘觉叫辟支佛，或者独觉佛，没有佛出世的末法时代，有些修行人因为过去学佛的种子爆发，因缘成熟，自悟本性，称为缘觉。佛法或分三乘，或分五乘，其中还有好几种归类，一般而言，罗汉属于小乘道，菩萨属于大乘道。

佛说："善男子，但诸声闻所圆境界……"声闻乘所得的圆觉境界是不是真的圆呢？不太圆，是平面的圆，不是立体的圆。只见到空的一面，禅宗称之为担板汉，只看到板子的这一半，另一半看不到。

什么是罗汉声闻所证的境界呢？身心语言皆悉断灭。这很不容易哦！身体感受空掉了，妄想也不起了，这是小乘偏空之果。一般修行人可不要看不起小乘，很多人动不动就搬出大乘来，中国佛教讲究大乘，但是，大乘乃是以小乘作基础的呀！请问那么多学禅、学密的人，有哪几个修到"身心语言皆悉断灭"？既然自己没有做到，就不要看不起小乘。不过，佛可以骂，我们不可以骂，佛的境界我们实在难以望其项背。有些人皈依了佛法，其他神就不拜了，不过，我照拜不误，这是对有德者一种纯乎自然的尊敬，为什么呢？聪明正直死而为神，这可不容易，我还不一定做得到。并且对一般凡夫，我们做人都还要尊重他，合乎礼，如果说我们一皈依了三宝之后，突然间自己就伟大了起来，那小神拜他做什么？这都是贡高我慢的心理，皈依佛，我们要懂得自尊自重，而不是反过来贬低别人。不要看不起土地公，做了很多善事，死了之后才有资格当土地公，我们自己要想想，不要说当土地公，当土地公的儿子够不够资格？不要傲慢了，对一切众生都应该恭敬，这才是真正学佛的人。所以，不要看不起小乘罗汉，等你修到了，你再来说这还没全对，还要再进一步。

释迦牟尼佛在这里说"诸声闻所圆境界，身心语言皆悉断灭，终不能至彼之亲证所现涅槃"，换句话说，诸声闻缘觉乘罗汉所走的路，只走到一半，还没有到达真正大涅槃的境界。"何况能以有思惟心，测度如来圆觉境界"，这是指我们一般凡夫，仅凭自己的想象来推测如来的圆觉境界，那就更相差十万八千里了。

"如取萤火，烧须弥山，终不能着；以轮回心，生轮回见，入于如来大寂灭海，终不能至。是故我说一切菩萨及末世众生，先断无始轮回根本。"

这个道理就如拿萤火虫那点亮光要来燃烧须弥山一样，永远点不燃，永远烧不起来。我们常常看到学佛学道的人，都有个主观成见，打坐就想入定，自认为入定就是什么事情都不知道。假如入定是这样的话，那又何必打坐学佛？学死人，学石头多好！佛并没有这么说，这都是想象的佛法，越走越错，这是最可怕的。佛说一般人学佛都是"以轮回心，生轮回见"，例如我经常笑说你们学佛哪算是学佛？那是投资做生意，我学了三年佛，怎么没有效果？学佛要有什么效果？佛法讲究"空"，"空"有什么效果？都是以轮回中的妄想心，生出轮回中的错误知见，就如此在轮回中转来转去，因此，"入于如来大寂灭海终不能至"。什么是大寂灭海？就是中国禅宗所说的"放下！"在一念之间，全都放下了，连"放下"的念头也放下了。可是，一般人都求效果，不求放下，唉呀！我学了佛之后，生意越做越失败，事情越来越不顺利，请问我们学佛是学什么？难道就为了钱越赚越多吗？"是故我说一切菩萨及末世众生，先断无始轮回根本"，学佛首先要切断世俗的计较心、功利心，先将求功德、求平安之心放下，才可以学佛。

"善男子，有作思惟，从有心起，皆是六尘妄想缘气，非实心体，已如空华。用此思惟，辨于佛境，犹如空华，复结空果，辗转妄想，无有是处。"

我们心里所产生的思惟从哪里生起呢？以唯识学来讲，是第六意识的作用，受到外界色、声、香、味、触、法六尘的影响，所起的反应。但是，这些心理反应的思想还得依靠个东西才能存在，什么东西？气，你呼吸停止了，就没有办法思想了。我见过有些人，学佛学了一辈子，最后躺在医院里，呼吸短促，旁人说你赶紧念佛啊！可是就是念不出来，没有气了。你看人死的时候，呼吸接不过来，上头咳一声，下面肛门一松，气脱开了，没有办法。我有很多这样的朋友，念佛念了一辈子，我去看他，叫他念佛，可是却很可怜，念佛念了几十年，什么是念佛法门也不懂，只以为阿弥陀佛、阿弥陀佛，口念着才叫念佛，最后躺在病床上，嘴巴动不了，一筹莫展。阿弥陀佛、阿弥陀佛，那是念佛号，不是念佛。真正的念佛，不一定嘴巴念，心里面想着佛就可以了，也不一定要想到什么庄严的佛像。如同临终前，想儿子还没有到，忍着这口气，心里头悬挂着，我们只要把想念着儿子，想念着情人这一念，把对象一换成佛就对了。可惜，多少人念佛念了一辈子，始终没有搞清楚。你叫他念佛，他念不上来，对的呀！因为他的气散了，阿、阿不出来，思惟接不上来。可是我请他念佛，他摇头意思说念不出来，这时他不已想到佛了吗？又怎么说无法念呢？

我们所以有思想，与这口气在有关系，我再举个例子证明。大家有没有失眠的经验？我想每个人都有，多少而已。愈是睡不着的时候，呼吸愈快、愈粗，同时脾气也愈大，越睡不着就越气，越气就越睡不着，是不是这样？前几天有个学生来看我，二十年没见面了，我问他，你现在干什么呀？系主任，唷！都干系主任了，对了，你以前那位老师呢？还在吗？在呀！八十六岁了。他那位老师曾经在六十几岁的时候来看我。他来的时候说：实在没有办法，才来找你。我说什么事？他说：我失眠三十年，中西医都治不好，我想学打坐。我说：对不起！为了学佛，打坐可以，为了治失眠，那不行，别人治得好，你治不好。他很纳闷地说：为什么？我说：你死了没有？他说：你开我玩笑！当然没有死。我说：对呀！既然没有死，你担心什么？你失眠了三十年，还活得好好的，而且你活得比别人还划得来，为什么？一般人活六十岁，有一半在睡觉，你可以不睡觉，不是等于活一百二十年？这一本万利的事为什么不做呢？

失眠不是病，病在害怕恐惧，唉呀！我昨夜失眠，内心一直焦虑起来，结果弄得心神不宁。睡不着，起来看书做事多好！有很多病实际上只有三分，自己心理的恐惧加重了七分。

这里讲到六尘妄想缘气，佛把秘密告诉你了，这就是为什么要得定必须达到气住脉停的道理，天台宗之所以修数息观的道理也都在这里。有关于"气"，佛法分为三种层次，我们平常粗的呼吸叫作"风"；把"风"调和柔软了，在鼻间像有呼吸，又好像没有呼吸，实际上有呼吸，这叫"气"；到最后不呼亦不吸，这才叫"息"。

天台宗数息观有六个步骤，"数"、"随"、"止"、"观"、"还"、"净"，但是，许多修习此法门的行者都在数呼吸，数了五百下、一千下，只晓得数呀数，这是学会计？还是做统计？都忽略了后面几个步骤；而且呼吸是生灭法，有来有去，学佛要学不生不灭，守着呼吸数，做什么呢？数只是最初的方便法门，利用数来调和呼吸，到了呼吸柔细时，就不要数，跟随着"气"，再进一步，感觉好像不呼吸了，就止，也就不随了。

释迦牟尼佛现在告诉我们，我们的思想皆是"六尘妄想缘气，非实心体"，思想不是真正的心，像眼病引起的虚空之花一样，是假的，是幻的，是停留不住的，是空的。用这虚幻不实的思惟，自作聪明，自以为是，来测度分辨佛的境界，"犹如空华，复结空果"。我们修道，如果以妄想心去修的话，都如以虚幻的空花，去期待虚幻的空果成熟。"辗转妄想，无有是处。"注意！佛骂我们了，一般众生学佛，都是以妄想心来学佛，修来修去，转来转去，始终还是在妄想中，在轮回中，"无有是处"，没有一样对。"辗转妄想，无有是处。"这八个字骂得很严重，千万记住，佛在骂我们啊！以妄想来搞妄想，妄想越来越多，尤其是宗教徒要注意，不要掉入"辗转妄想"的陷阱，最后搞得神经兮兮的，甚至精神失常，很严重！很可怕！

"善男子，虚妄浮心，多诸巧见，不能成就圆觉方便，如是分别，非为正问。"

我们众生都是以虚幻的妄想来学佛修道，结果，不学佛还好，越学佛，妄想越多。都用自己的主观成见来解释佛法，越学越离谱，越讲越离谱，甚至走上魔道都不自知。"虚妄浮心，多诸巧见"，自作聪明谓之巧见，没有依照佛的真正教理，而妄加己见，因此永远不能达到圆满觉性而成佛。"如是分别，非为正问。"以如此的分别心提这样的问题不对，"不是正问"，问题问歪了。佛在这里，连金刚藏菩萨都打了一棒。好！佛与金刚藏菩萨的对话到此为止。下面是把对话的内容，归纳成可以唱颂的偈语。

"尔时，世尊欲重宣此义，而说偈言："

这个时候，释迦牟尼佛想把这些意思归纳起来，再一次向大众宣说，于是有了以下的偈语。

"金刚藏当知：如来寂灭性，未曾有终始。若以轮回心，思惟即旋复。但至轮回际，不能入佛海。譬如销金矿，金非销故有。虽复本来金，终以销成就。一成真金体，不复重为矿。生死与涅槃，凡夫及诸佛，同为空华相。思惟犹幻化，何况诸虚妄？若能了此心，然后求圆觉。"

"金刚藏当知"，金刚藏菩萨，你应该知道。

"如来寂灭性"，如来的寂灭清净自性。

"未曾有终始"，不曾有开始，亦未曾有结束，无始无终，无去亦无来，无边无际。

"若以轮回心"，假如以一般凡夫众生的妄想心、轮回心。

"思惟即旋复"，用思想来臆测佛境界，用妄想来修道，则永远在思想妄想中打转。

"但至轮回际"，如此学佛修道，只是在轮回中打滚而已。不管你修多久，始终在轮回中不得解脱。

"不能入佛海"，永远达不到佛的境界。

"譬如销金矿"，众生本来是佛，是否就可以不用修行？不行，譬如挖到了金矿，但是，金矿不是黄金，没有什么用，必须加以锻炼销熔，去掉杂质，炼成纯金，才有价值。

"金非销故有"，黄金不是经过销熔才产生出来的，而是原本就存于矿中，把其他杂质去掉，留下来的就是黄金了。

"虽复本来金"，我们无始劫来的修行，最后成佛了，成什么佛？成本来佛。

"终以销成就"，圆觉清净之佛性虽然没有改变，原本就存在，但是不能不修，修行就是销金，金矿不经过销熔，不把杂质去掉，就没有办法锻炼出黄金来。

"一成真金体"，一旦成为纯金后。

"不复重为矿"，就不会再夹杂其他金属而为金矿了。

"生死与涅槃"，为什么要修道学佛？为解决生死问题，想求得涅槃，达到不生不死，对不对？

"凡夫及诸佛"，凡夫不是佛，每个学佛的人都想成佛。

"同为空华相"，可是佛说生死与涅槃，凡夫及诸佛，同样都是假相，都是幻化。就像我们牙痛的时候，痛得不得了，但是，痛过以后，就不痛了。死亡也是一样，把你的肉体、血液、气息、热能都分散掉，苦不苦？苦啊！但是，苦过以后，就没事了，这些都是幻化假相。

"思惟犹幻化"，我们的思想也是一样幻化。

"何况诸虚妄"，何况一切都是假的、空的。可是，学佛之人，这些道理都会讲，都做不到，你打他一个耳光，看他假不假？空不空？决不假，决不空，拳头也来了，脚也踢了，一点也不空。真能了解虚妄，那就没事了。一切唯心，都是自己的妄想心在作怪。

"若能了此心"，你把这些妄想心都了了。

"然后求圆觉"，然后再来求圆觉。不然，圆也圆不起来，觉也觉不了了。

第五章 弥勒菩萨

轮回的根本是什么

如何了脱生死，跳出轮回

成佛有哪二障

修佛菩提有几等差别

当设几种教化，方便度诸众生

接下来继续讲《圆觉经》十二位菩萨中的弥勒菩萨，我们已经讲过了前面四位菩萨：第一文殊菩萨，第二普贤菩萨，第三普眼菩萨，第四金刚藏菩萨。这四位是一组，所问的是无上大法，可以说是顿悟法门。下面从弥勒菩萨起，代表了渐修，这中间仍是四位一组，代表了三乘道的意义，这一点我们必须了解。

一般人喜欢大乘，对于文殊菩萨到金刚藏菩萨这一段非常乐于接受，引用的经句也很多。对于渐修法门，很少有人去注意，视之为小乘而忽略掉了，这点请特别留心。

关于弥勒菩萨，在佛教中称之为"一生补处"菩萨。由凡夫修行到成佛，一般而言须经三大阿僧祇劫，中间有五十几个程序，各家说法不同。其中末后阶段的菩萨分为十地，十地之上是等、妙二觉菩萨，等觉是菩萨的极果，如文殊、普贤是，到了等觉得金刚喻定，断最后一品无明，才完全成佛，名妙觉，成为一代教主。弥勒菩萨是等觉菩萨，为菩萨的最后身，他与释迦佛本是同学，将候补释迦佛，成为娑婆世界下一任佛，以后也要像释迦佛一样，在人间投胎、出生、出家、修道、证果、度生，故名一生补处。

那么，弥勒菩萨什么时候到娑婆世界来成佛呢？要等多久呢？一千年？二千年？不是这样计算，还早呢！依佛法的传播，分三个时期，佛住世亲自教化的时期叫正法时期；佛涅槃后，遗留下许多经典，佛像经教还留存人间叫像法时期；到最后，佛像没有了，经典也没有了，叫末法时期，人类的浩劫便接二连三而来。人类的浩劫有好几种，刀兵劫，就是战争，人类互相残杀，同归于尽；疾疫劫，就是疾病，各种怪病流行，医药束手无策；饥馑劫，环境污染，生态破坏，粮食生产出现危机，大家饿肚子，这是小三灾，另外还有风水火等大三灾，能够毁灭整个宇宙，更是可怕。

到了末劫，人类的知识非常进步，头脑很聪明，脑部充分发育，而四肢退化。目前虽然不到末法时代，但是，我们看到现代的小孩比以前聪明得多，同时人也懒了，四肢越来越不发达，因为生活依赖机器的比重愈大。同时，真正末法来临，人的寿命也会缩短，那时人心将变得很坏，互相残杀，最后只剩少数几人作为人种。然后，人类的历史文化再重新建立，每经过一百年，寿命增加一岁，身高增加一寸，如此渐渐增长，人的寿命达到八万四千岁，便是弥勒菩萨下生人间之时。此在《弥勒菩萨下生经》有清楚的记载。

弥勒菩萨现在在哪里呢？在欲界天中的兜率天里。佛教把宇宙分为欲界、色界、无色界。什么叫欲界呢？欲有五欲，五欲又分大五欲及小五欲。色、声、香、味、触是大五欲，例如人喜欢看美丽的东西，喜欢听悦耳的音乐，喜欢闻香的味道，喜欢吃美味的食物，贪图物质生活的享受（触）。小五欲呢？男女之间的笑、视、交、抱、触。欲界中的众生都因两性的关系而有生命，在太阳系统以内，包括人、畜生、饿鬼、地狱都属于欲界；在太阳系统之上，还有四天王天、切利天、须焰摩天、兜率天、化乐天、他化自在天，这些都是欲界天。四天王天分东、西、南、北天王。寺庙里所供的韦驮护法神，他就是南天王天的天将，他发愿要为娑婆世界的修行人护法，我们称之为韦驮菩萨。

现在我们这位当来下生弥勒尊佛就在兜率天中当天主，天女宫妃数不胜数，一片富贵享乐的殊胜景象。但是，在兜率天中心有个弥勒内院，他在这里面讲经说法。弥勒外在的表现是在享受，但是，内心则是菩萨境界，一切无著，彻底清净。释迦牟尼佛逝世后约八百年，有位无著菩萨，写了一部《瑜伽师地论》，这是研究佛学唯识学非常重要的一部著作。无著菩萨他是利用晚上时间入定，将自己的意生身升到弥勒内院，听弥勒菩萨说法，下课后出定，天也亮了，将所听的内容记录下来，写成这一百卷的巨著。

无著菩萨还有一个故事，他的弟弟天亲原来弘扬小乘佛教，反对大乘，到了晚年悟道，知晓毁谤大乘乃无上罪过，想自杀了断，无著斥责他自杀岂能忏悔罪业？只徒增加罪障，因而讲一句名言："譬如行路，因地而倒，因地而起。"你既然可以毁谤大乘，同样也可以弘扬大乘。所以，后来天亲菩萨留下了很多大乘佛法的著作。

有关弥勒菩萨的故事很多，我们现在所看到挺着大肚子的塑像，都称作弥勒菩萨，其实另有典故。他是弥勒菩萨的化身，自号名契此，人称长汀子，唐末五代人。他因为经常背个布袋到处走，所以又称布袋和尚。如果有人问他：师父，什么是佛法？他就将布袋一放，站着笑笑，也不说话，你懂的话就悟道了；不懂，他将布袋一背就走了。他究竟是哪里人？姓什么？何时出家？大家都不知道，只知道他形迹卑陋，时现神异，等到他死后，才晓得他是弥勒菩萨的化身。他有一首很有名的偈语，境界很高，许多人都很喜欢：

> 一钵千家饭，孤身万里游。
> 青目睹人少，问路白云头。

讲到弥勒菩萨，再跟各位提一提中国的特殊社会这一部分。所谓特殊社会就是帮会组织，中国的帮会组织从春秋战国时代的墨子开始，到秦、汉、南北朝、隋、唐、五代、宋、元、明、清，到现在都一直存在于中国社会里，不仅是中国，外国也一样有，像美国的黑手党都是民间的帮会。

中国的帮会到了唐代，有的吸收佛教思想，一逢乱世，便出现各种秘密组织，尤其到了元朝，为了要推翻元朝的政权，知识分子更与帮会合流。用现代的观点来说，一个党派的形成，必须以某个主义思想作号召，古代没有这一套，于是，向佛教中寻取，说三期的末劫到了，天下要大乱了，弥勒菩萨要下生度世了，大家赶快来皈依。

朱元璋当年也参加过这些秘密组织，那时民生凋敝，穷得没有饭吃，只好去当和尚，不过化缘也化不到，饿得要死，后来跑去当兵，最后当了皇帝。他说当初哪里想到当皇帝，只是为了吃饭才出来干的，东闯西闯，不小心闯到这个位子上来，这是朱元璋讲的真话，人生的际遇真是不可知。他当年参加的秘密组织叫光明道，所以后来订立的国号叫"明"。元明有白莲教，到清朝，又产生洪门、清帮、天地会、红灯照、义和团等等几十种组织，这些帮会有一共同特性，多少都借用了佛教的三期末劫弥勒下生这段典故。

　　后来的某些教派，在历史上也都是与这些组织多少有点关联，特别标榜儒、释、道三教一家。这是中国民间非常特殊的宗教社会团体，其中起源因素相当复杂。

　　最近有一个中国人还在美国纽约开创"红十字会"，标榜五教同源，孔子、老子、释迦牟尼、耶稣、穆罕默德都请上座，排排坐，泡好茶，吃果果，这是中国大同思想的文化在历史演变中，由民间宗教信仰做了某种形式的表现。

　　这些宗教的教义如何呢？有如拼盘一般，东抓一点，西凑一点。至于修持的方法，也是一样，道家的也有，密宗的也有，都不全。

　　譬如以前北方的"理门"，叫作"理教"。这个教门源于黄河以北，祖师爷叫"羊祖"，这是隐语，实际上是杨泽，山东人，明末的进士，为了反清救世，走入地下，以前理门在北方很流行，不抽烟，不喝酒，也吃素，也是三教一家。他们也有个秘密咒，叫作"五字真言"，灵验无比，但不能随便公开，传的时候不能有第三者在场，称为"六耳不同传"。这个咒子学到以后，平常不能念出声音来，要在肚子里念；那么，何时才可念出声来呢？要在大难临头的时候，而且要大声地念，哪五个字？——观世音菩萨。

现在我们回到本经，由弥勒菩萨提出修学佛法的若干问题。

"于是弥勒菩萨在大众中，即从座起，顶礼佛足，右绕三匝，长跪叉手而白佛言："

这一段是佛教的仪式，每一位菩萨都一样，在此不赘。

"大悲世尊，广为菩萨开秘密藏，令诸大众深悟轮回，分别邪正，能施末世一切众生无畏道眼，于大涅槃生决定信，无复重随轮转境界，起循环见。"

弥勒菩萨请求释迦牟尼佛，要为诸菩萨开示修行的秘密要点，使大家明了生死轮回的根本在哪里？人自己做不了主，永远在生死之间轮转。出生之后，慢慢长大，然后衰老，最后死亡。死了以后，又再投胎，为什么会如此轮转不停？此是第一个问题。第二个问题要分别邪正，每一种宗教都说自己好。基督教说到上帝的天堂来，可以得到永生，佛教也说到阿弥陀佛的极乐世界来最舒服，只有快乐没有痛苦。究竟哪个是正确可靠的呢？请您为我们讲清楚。这样可以使末世一切众生对人生的生老病死，无所畏惧，不再感到害怕。

人的生死确是个大问题，所以庄子说"生死大矣哉"。一切宗教所要解决的也是这个问题。而佛法的最高目的，在证得大涅槃，涅槃是个代号，指成佛的果位，圆明清净，也叫圆寂，圆满寂静，又叫寂灭，但不是灭亡，它是不生不死，它的境界是"常乐我净"，很难翻译，只好保留不翻，叫作"涅槃"，这是佛的正道。弥勒菩萨希望一切众生对真正的佛法有所认识，生出绝对肯定的信心，然后，个个修行成道，再不会堕入生死轮回之中，"起循环见"，循环见就是颠倒想；搞了半天仍然没有跳出生死轮回的圈子。

"世尊，若诸菩萨及末世众生欲游如来大寂灭海，云何当断轮回根本？于诸轮回有几种性？修佛菩提几等差别？回入尘劳，当设几种教化方便度诸众生？惟愿不舍救世大悲，令诸修行一切菩萨及末世众生，慧目肃清，照曜心镜，圆悟如来无上知见。"

接下来，弥勒菩萨对于刚才所提的问题，再问得更详细一点，将重点点出。

他说一切学大乘道的菩萨，以及末世的众生，要想达到成佛的境界，什么是成佛的境界呢？刚才讲的是总称"涅槃"，现在他又把现状描述了一下，叫"如来大寂灭海"，非常伟大、清净、光明、快乐、自在，要达到这样的境界，必须不在迷蒙的生死轮回中转，那么，要如何切断生死轮回的根本呢？如何跳出轮回的圈子呢？

"于诸轮回有几种性？"我们的生命都在生生死死、死死生生的圈子中转，转来转去跳不出去，《西游记》上就形容孙悟空跳不出如来佛的手掌心，这种轮回有几种性质呢？

"修佛菩提几等差别？"要想修成佛道，大彻大悟，证得阿耨多罗三藐三菩提，这其中有哪些层次差别？

"回入尘劳，当设几种教化方便度诸众生？"尘劳是佛学上的名词，我们生活的世界叫尘世，在这物质世界中生活的人都劳劳碌碌过一生叫尘劳。尘劳这两个字，在文学境界上非常美，再加上烦恼两个字，成为尘劳烦恼，则更美，诗词歌赋中经常用到这几个字。假如我们爬到观音山上看台北，上面笼罩着一层尘埃，灰蒙蒙的一片，那不是红尘滚滚，而是黑尘滚滚。红尘滚滚的境界，如果你到大陆的黄河以北，开车经过，扬起灰尘，经太阳光一照，那种景象看了便可了解。

为什么叫"回入尘劳"呢？诸佛菩萨自己跳出了三界以后，为了悲悯众生，再回到苦海中渡众生。当然，我们不知道哪位是菩萨再来，他也不会告诉你。假如某某人告诉你，我是什么菩萨化身，那你得留心了。我国有句老话："半瓶水响叮当"，满瓶水不会响，对不对？"学问深时意气平"。真菩萨来，他不会让你知道，都是等过后才露出一点痕迹讯息，而他已经不在了，有的甚至连走了都不告诉你。

诸佛菩萨都以各种不同的姿态再来，在诸世间中教化众生，而且不一定搞佛教，不要以为在佛教中才有菩萨。依我看社会上有许多大小不同的菩萨，做了很多的好事，但往往绝口不谈佛教，尤其是在乱七八糟的下等社会中，再来菩萨才多呢！"回入尘劳"就有这么大这么深的意义，难啊！一般人发了财，就不肯到穷人家里去了，嫌他穷，嫌他脏，嫌他低俗，对不对？菩萨们重回人间，等于一个人发了财，还与以前的伙伴一齐讨饭过日子，这样，才能教化众生。菩萨不只是再回到人间，甚至还变牛变马变其他各种的动物，所以，我们吃肉要小心哦！是不是有时候吃到菩萨的肉呢？

"当设几种教化方便度诸众生？"教育众生的方法有多少种呢？希望佛大慈大悲，解答这些问题，使得一切修行的菩萨，以及末世众生"慧目肃清"，头脑清晰，智慧明朗，心里清楚明白什么是真正的佛法，圆满觉悟如来无上的正知正见，看清楚哪一条是正路。

"作是语已，五体投地，如是三请，终而复始。"

弥勒菩萨把上面的问题提出来以后，跪下来磕头，五体投地三次，虔诚请法。

"尔时，世尊告弥勒菩萨言：善哉！善哉！善男子，汝等乃能为诸菩萨及末世众生，请问如来深奥秘密微妙之义，令诸菩萨洁清慧目，及令一切末世众生，永断轮回，心悟实相，具无生忍，汝今谛听，当为汝说。"

此时，释迦牟尼佛告诉弥勒菩萨说：好的！好的！你们能够为了诸位菩萨以及末世的众生，提出这些佛法中最深奥、最秘密、最微妙的问题，让诸位菩萨智慧清明洁净，以及使一切的末世众生能够永远断除轮回的根本，悟到如来道体、般若实相，也就是与诸佛之法身相应，切断生死之流，得无生法忍。你仔细听，我来为你解说。

"时弥勒菩萨奉教欢喜，及诸大众默然而听。"

弥勒菩萨听到佛要解答问题，非常高兴，在座大众也都静默聆听。

"善男子，一切众生从无始际，由有种种恩爱贪欲，故有轮回。若诸世界一切种性，卵生、胎生、湿生、化生，皆因婬欲而正性命，当知轮回，爱为根本。"

佛告诉弥勒菩萨，一切众生生命的来源是种种"恩爱贪欲"，这是修行第一步下手处，所以，比丘、比丘尼的第一条戒律就是戒淫。欲分为广义的欲及狭义的欲，广义的欲如求名求利以及其他一切贪爱等等，狭义的欲指男女两性之间的爱欲。佛这里所说的欲包括了广义和狭义。

讲到欲念，很多老年朋友跟我谈，这些年轻人学佛乱来呀！我说老兄啊！他们都是人，不管在家或出家都是人，是人就有欲，你不能要求这么高。他说像我们吃素很多年，我说你现在已七十几岁了，并不表示你修行好啊！不吃乃是不能，非不为也，这并不是持戒。他们被我说得一愣一愣的，讲得坦白一点，叫作油尽灯枯，没有这个贪欲的本钱了。

但是，很奇妙，人到了临死最后一口气时，不管男女，欲念比年轻任何时候都强。注意！要了生死不是那么容易唷！断了气以后，变成中阴身，在人道中投胎，第一念是由欲念而来，男女两人在性行为时，与你有缘的话，虽在千万里之外，也一样把你吸过来，就是因为爱欲这一念，就投胎进去了。

然而，是不是都是以爱欲的表现进去的呢？不是的，有时候感觉到狂风暴雨，被人家追，有仇人或是魔鬼要抓你，拼命逃，看到一个茅棚或是一个洞可以躲，一钻就进去了，就如此入胎了。在这种情况入胎的，生出来穷苦，或是五官不全。何以会有如此境界？——业报所生。或是感觉天气晴朗，到了一个风景优美的地方，看到一幢建筑物，心生喜爱，一进去就入胎了。此因爱欲而入胎，妙不可言。哪怕你男女爱欲都没有了，只爱我手上这只手表，完了，这一念就是生死根本。或者你喜爱抽烟，到那个时候，看到一支香烟，伸手一拿，进去了。或者你说我什么都不爱，只爱山水，说不定你就投胎变成猴子，整天就在山上。爱钞票的，说不定就看到一堆钞票好高兴，也进去了。你看我们活着，有多少人为了钞票自杀、坐牢？一般人为了钞票忙了一辈子，最后就这样劳碌而死。

　　"人为财死，鸟为食亡。"钞票谁不爱？我不要，没有这回事！清朝才子袁枚说："不谈未必是清流"，倒是一天到晚在这里面打滚的人有时反而无所谓，一辈子清高的人只是不爆发而已，一爆发出来，比谁都厉害，很多人说我不要名不要利，那是你没有资格要，达不到那个高位，等到你坐上那个位子，许多人拥护着你，许多人服侍着你，那种滋味是很舒服、很迷人的，这个时候叫你下来，你就舍不得了。对此真不动心的，世上只有两个人，一个已经死了，一个还没出生。钱财不一定指钞票，我送你一件贵重的东西，别人没有的稀世珍宝，有钱还买不到，你要不要？一定要。人就是玩这一套，是不是？

　　贪欲是多方面的，例如欣赏艺术品、欣赏字画，也是一种贪欲，像我自己喜爱读书，也是贪欲，说不定将来看到书就投胎进去了。请大家千万注意！一切贪欲都是生死轮回的根本，你看《圆觉经》说："种种恩爱贪欲"，种种包含的范围太广、太大了，要细心去体会。

诸位年轻的同学们很喜欢赞叹爱情，而觉得欲则是堕落的。天主教及基督教的《圣经》里提到亚当与夏娃的故事，他们两位本来极纯洁而善良，由于受到蛇（魔鬼）的诱惑，吃了苹果，因此有了烦恼，生育了人类。我们姑且不论这个说明人种来源的故事是对是错，透过这个故事的描述，表达了"欲"是人类痛苦烦恼的根本。

我们所生存的欲界乃是以欲为根本；到了色界，则偏重于爱；到了无色界，则升华为情。宇宙中的三界众生，都在情、爱、欲的困扰中。古人有首诗说得极好：

无情何必生斯世，有好终须累此身。

如果没有情爱则不会到这个世界上来做人，只要有嗜好终究是生活的拖累。上次我们也提到过嗜好就是爱，佛经在这里则说明此乃轮回之根本。

学佛修道要想"跳出三界外，不在五行中"，非常困难！其根本问题就是情、爱、欲难分难解。据我所了解，一般的宗教及其修行的方法，对于这个问题，除了逃避和压抑，别无方法。曾经有位学者，在十几年前，寄来一篇讨论人类性欲的论文，要我加以评论。他提出"性非罪"，就是说性欲本身无罪，我不敢随便表示意见，此事必须加以分析，此欲若属于生理自然的变化，例如婴儿及少年人的阳举现象，这是纯生理的荷尔蒙变化，没有加上人为的欲念，我问他所谓的"性无罪"是不是指这一部分？他说是这个意思。其实这个问题很难下定论，在佛学上讲，不称为罪，而叫作"业"。业是一股力量，这股力量属于无记之业，没有加上自己主观意识的作用，属于莫名其妙的懵懂状态。

又如青少年的问题，每个人到了十几岁这个阶段，烦恼特别多，如同《西厢记》上所说的"无故寻愁觅恨"，莫名其妙地觉得任何事情都不对劲，看到花落下来，也要伤心掉眼泪，"花落水流红"、"闲愁万种"。"闲愁万种"这四个字真用绝了，你说人生愁什么呢？说不出道理，没有理由，定不出名称来，叫作"闲愁"，此闲愁还不止一种，有万种。"无语怨东风"，什么东西都看不顺眼，连东风也要埋怨，这种情绪其实也是由爱欲来的。

佛告诉我们必须解决这爱欲的问题，才能成佛。至于如何去了脱爱欲的方法，虽未明讲，但在经典中却仍有迹可寻。一般宗教指出"欲"的罪过，而人类在认其为罪，在无可奈何的尴尬下，却明知山有虎，偏向虎山行，结果，都被老虎吃掉了。

佛教里有个故事，有一位老和尚找不到一个适合修道的传人，因为一般人都被世间污染得太厉害了，因此，他到孤儿院去找个幼儿，带上山去抚养。这个小孩长到十几岁后，什么事情都不懂。老和尚什么都不教他，只管穿衣吃饭而已。有一天老和尚下山去了，刚好他的一位道友上山来探望，看到小和尚事事无知，连一般待人接物的礼貌也不懂，于是就教他如何问讯、行礼等等。等到老和尚回来，发现有异，问明原因，唉！气死人了，花了十几年的心血，就是要将他养成犹如白纸般的纯净，结果，被那家伙教坏了。既然如此，就带他下山去走走吧！下山之前，特别吩咐他要小心一样叫老虎的动物，长得跟你我差不多，头发长长地在头上做个髻，看到这种东西不可以多看。吩咐完后，就带小和尚下山到城市里逛，逛了几天，回到山上。老和尚就问，看了那么多稀奇新鲜的东西，什么东西最可爱最好看？小和尚说师父啊！看来看去，还是老虎最可爱。

这个故事说明了人性的根本问题，属于生理？属于心理？不是那么简单，要了解这个问题，必须研究所有佛教经典，包括密教部分。一般修行的人，不论是在家或是出家，在修行的过程中，一定会碰上这个问题，这个问题很难解决。即使有人解决了欲的问题，但是不要忘了前面所提过的"情"、"爱"与"欲"还是同样的东西，只是层次不同。没有欲，那有没有爱？没有爱，那有没有情？不只是对人的爱，对物质以及名利，乃至留恋一花一草一木，皆是如出一辙。所以修"头陀行"的人，要厌离三界，有句话"头陀不三宿空桑"，以免对这棵树留情。甚至严格说起来，有些修行方式，对于亲情的爱意都不能有丝毫的沾染，都必须了断，由此以观，修行是很难很难的事。

"由有诸欲助发爱性，是故能令生死相续。"

欲不止一种，除了男女之间的性欲之外，例如爱钱财、爱名，乃至名利都不爱，爱清高，也都是欲。由于种种的欲望，它是一股力量，使得你不得不去攀缘，使得你千方百计想去了缘，这些更引发增长根本的爱欲，使得我们永远在生死中打滚受累。

"欲因爱生，命因欲有，众生爱命，还依欲本，爱欲为因，爱命为果。"

男女两性的欲是从爱而来，我们的生命则由欲望而来，男性的精虫与女性的卵子与我们的爱欲相结合，便有了我们。而我们都爱惜自己的生命，为什么爱惜生命呢？还是以欲为根本，"爱欲为因，爱命为果"。

世界的人都喜欢看漂亮的人，但是，天下最漂亮的人是谁？是自己，对不对？在镜子里看自己，越看越漂亮，怎么看怎么美，百看不厌。

佛经里提到释迦牟尼佛的兄弟难陀出家的故事。释迦牟尼成佛之后，他的兄弟一个一个都跟他出家了，最后留下难陀，他的父王也准备将王位交给难陀。不只是这位父王担心释迦牟尼佛会将难陀带去出家，难陀的妻子也害怕丈夫会出家，所以对难陀管得极严。难陀要出门，在离开之前，先在难陀的额头点上口红，规定口红没有干以前要回来，否则处罚。难陀的妻子长得非常漂亮，难陀也非常爱，所以无话不听。怕太太是因为爱太太，因为爱，所以怕，不爱就不怕。后来因缘成熟。时间到了，释迦牟尼佛托钵来到王宫化缘。难陀的妻子当然紧张，怕丈夫随佛一去不回，但是，难陀不出去也不行，两人争执了老半天，最后还是老办法，用口红在难陀额上一点，规定把饭送出去，倒在钵里，马上回来。难陀到了门口，把饭一倒，释迦牟尼佛没有讲话，用手一招，难陀就跟他走了，难陀便如此出家了。

难陀出家以后，六神不安，无心修道。有一天，释迦牟尼佛告诉难陀说带他去东海玩玩，叫他抓住衣角，使个神通，便到了海边。沙滩上有具尸体，佛陀带着难陀慢慢走向它，这具尸体是女的，虽然死了，仍然很漂亮。佛叫难陀仔细看看尸体脸上有什么？尸体的脸上有一只白白的虫，佛问难陀知不知道这只虫哪里来的？难陀不知，佛说这只虫是这具女尸体的主人变的，因为太爱自己的面貌，所以死后舍不得自己的美色，变成虫在尸体脸上爬。

然后，佛又问难陀去过天堂没有？一般凡人哪能去得了，于是，佛又叫难陀抓住衣角，升到欲界天。天上美女成林，佛问难陀这些仙女比起你的妻子如何？唉呀！简直不能比啊！太漂亮了！既然你喜欢这里，就到处多玩玩，我等会儿再来接你，佛说完就避开了。难陀当然高兴极了，在众美色中穿来走去，看到的都是美艳动人的仙女。难陀后来觉得奇怪，怎么没有男人？仙女告诉他男性只有一位，我们这五百位仙女都属于这位男性的天主。那么，这位天主呢？仙女答道，我们的老板还没有上升，正在人间修行。又问，此人是谁？他名叫难陀，生在印度，他的哥哥是佛，他现在跟着他的哥哥出家修行，等修行果报成功以后，上升做天主，我们在此等他。难陀一听，赶紧回头找哥哥。佛说你知道了，好！我带你下去好好修行。难陀回去以后，盘腿也不怕腿痛了，念佛也不怕心乱了，拼命用功修行，用功的目的当然是为了这五百天女。

过了几天，佛告诉难陀说有个地方你要去看看。哪里？地狱。到了地狱，景象当然很可怕，其中有个大油锅，火烧得猛烈，两个恶鬼手拿叉子等着，看得难陀又害怕又好奇，问这两个恶鬼，你们等什么人？此人犯什么罪？恶鬼说此是淫恶之罪，此人现在正在修行，但是，修行动机不纯，为了贪图性爱之欲而修行，因地不真，果报迂曲，此人享完天福之后，便到地狱来受此果报。难陀一听，大吃一惊。这下子才真发心修行。

人最爱的是自己的生命，为什么会如此爱惜生命？这就是欲的本身，"爱欲为因，爱命为果"，二者互为因果，而循环不已。众生爱己命的欲最严重。所以，打坐修行要空掉自己的身体。希望能忘掉"我"，结果忘不掉，空不掉，"爱欲"之故。所以，以人类文化来说，爱惜自己的生命是必然的现象。若论及爱情的哲学，爱情的出发点如何？是不是自私的情欲与贪念呢？喜爱异性，以及喜爱自己的生命，这些都是贪的根本，也就是生命的根本，生生世世轮转生死的原因。

"由于欲境，起诸违顺境背爱心而生憎嫉，造种种业，是故复生地狱、饿鬼。"

有了爱欲之心以后，更产生自私的占有欲，然后，合于我心意的就是顺境；达不到我的需求的就是违境。顺境时沾沾自喜得意忘形，碰到违境就产生痛苦，怨天尤人，甚至自暴自弃。人生的痛苦乃是因欲而来的，与欲相违，或是欲望不满足，便耿耿于怀，浑身不自在，所谓"有求皆苦，无欲则刚"，这世上有几人不为自己的贪求和物欲掉入名利的牢笼呢？

在佛法中，一般将痛苦归纳为八苦，细分还有二十种苦、十八种苦、十二种苦等等。八苦是生苦、老苦、病苦、死苦、求不得苦、爱别离苦、怨憎会苦、五阴炽盛苦。

生苦，人活着便有许许多多的苦，从小就历经各种大大小小的考试，长大以后面临生活就业的压力，光是这些，苦不苦？苦啊！

老苦，年纪大了，眼睛看东西模糊了，走路也走不动了，吃东西也咬不动了，这个小时候蹦蹦跳跳的机器不灵了，儿子媳妇也不理会你了，你说苦不苦？

病苦，那更不用说了，天不怕地不怕的张飞都怕，你病的时候滋味如何？

死苦，人死时，四大分散更是痛苦，别说死，未死听到死、想到死都心有余悸，莫可奈何。生老病死是人生必经的四个阶段，谁都不能免。

求不得苦，所追求的得不到，想做生意赚钱，偏偏亏本，买股票碰到长黑全被套牢。古人有两句诗说：

不如意事常八九，可与人言无二三。

人生如意的事太少了，大部分都是拂逆其心，而且碰到不如意的事，往往还不能随便跟别人讲。

爱别离苦，所爱的人不能在一起，像我们这一代的中国人，碰到战乱，离乡背井到了台湾，而亲人父母妻子儿女则留在大陆，这都是爱别离苦，令人扼腕长叹。

　　怨憎会苦，不是冤家不聚头，人与人在一起永远是恩恩怨怨夹杂不清，所以我们看一个家庭的夫妻，就算恩爱甜蜜，也难免都要吵架，碰上冤家了嘛！

　　前面这七种苦已经够受了，再加上五阴炽盛苦，更是火上添油，不可收拾。五阴就是色受想行识，也就是人活着要受生理心理的煎熬，例如身体上的冷、热，情绪上的低落、烦闷等等。这八种苦其实就是违境，令我们的爱欲处处不能痛快。至于人生的顺境呢？那可难了。中国人有两句老话"福无双至，祸不单行"，很准的，相信吗？请小心！

　　"背爱心而生憎嫉"，在人生的旅途上，不管人或事，一违背了"我"的爱欲，憎恨和嫉妒便产生了，这种身心的煎熬谁没尝过？青年朋友谈恋爱也是这样，我看得顺眼，合我意的，我就爱，爱不到就悲就恨。嫉是嫉妒，吃醋了，这是人性天生的占有欲，不只是女性容易嫉妒，男性也一样。女性的嫉妒在爱情上表现得凸显些，男性在嫉妒的表现上范围广，你的学问比我好，你开的车子比我大，你戴的手表比我名贵，心理上都不舒服。正由于这些心理的作用，"造种种业，是故复生地狱饿鬼"，便促成种种不同的行为，所以自己便掉入地狱饿鬼道里去，万劫不复了。

　　讲到这里，刚好最近有一位在美国的同学写信来，问我地狱到底有没有。他说他看了一本书叫作《大师在喜马拉雅山》，作者好像是一位喇嘛，这本书对他的启示很大，但是书上说根本没有地狱，地狱是宗教家拿来吓唬人的，这点让他觉得很疑惑。

各位！您说地狱有是没有？我在此先讲一个故事，以前有位读书人去问一位法师，有没有地狱？这位法师说没有。这个读书人觉得不对劲，再去问一位禅师：师父啊！有没有地狱？有。读书人说：师父啊！这就怪了，我问某某法师有没有地狱，他说没有，问您老人家，您却说有，叫我相信谁呢？这位禅师问他说：你有没有妻子？有。某某法师有没有妻子？没有。好！某某法师说没有地狱是对的，而你就不能说没有地狱。这位禅师答得非常高明，字面下大有深意。地狱饿鬼有没有呢？有，绝对有，而且在人间的地狱比看不见的地狱还明白得多。人世间有很多地狱，大家在地狱中住惯了，还当成是乐园呢！但是，佛说过："三界唯心造"，地狱也是唯心造，心若是了了，地狱也就空了，心若不能了，地狱绝对有。如果那位大师真的说地狱是"假造""唬人"的，那我并不同意。

"知欲可厌，爱厌业道，舍恶乐善，复现天人。"

知道了爱欲的可怕，而心生厌离，在爱欲上舍弃恶念，专修善行，所得的果报就是天人境界。天分为欲界天、色界天、无色界天，共二十八天。

"又知诸爱可厌恶故，弃爱乐舍，还滋爱本，便现有为增上善果，皆轮回故，不成圣道。"

知道了一切爱欲的可怕，而心生厌恶，因此跑去修道，如同前面提到宗教徒难免有回避男女爱欲的问题。要舍弃爱欲是很难的事，有些修行人，东躲西躲，到后来碰到了冤家，照样掉进爱欲里去。

那么，厌恶爱欲，舍弃爱欲，是不是问题就解决了呢？是不是就可以超脱轮回了呢？没有那么简单，"还滋爱本"，爱还是在。爱什么？爱修道，爱清净，爱道德，这也是爱，这种果报叫"增上善果"，即使你修到无色界天，到达非想非非想天，仍然没有跳出轮回，不能成就圣道。

"是故众生欲脱生死，免诸轮回，先断贪欲，及除爱渴。"

佛告诉弥勒菩萨，众生若想要了脱生死，免受轮回，"跳出三界外，不在五行中"，第一步先要断除贪欲，还要更进一步，断除更深一层的爱。爱如同口渴，非常需要，故名"爱渴"。

如何断除贪欲及爱渴呢？在小乘方面，初步先剃除鬓发，为什么呢？因为人之所以觉得漂亮，就是头上这几根草，这几根草花样可多了，可以变出上百种的名堂来。人有头发，如同天人有花冠。天人衰老是由花冠开始萎谢，人也是一样，人老了，头发开始白了或是掉了。所以，出家先要剃除爱欲的色相，其次就是穿坏色衣，不穿花花绿绿的衣服，免得引起爱欲。在大乘方面，那就难了，那是要滚进爱河里面去修行。跳入苦海茫茫中去磨炼的。

"善男子，菩萨变化示现世间，非爱为本，但以慈悲令彼舍爱，假诸贪欲而入生死。"

大乘的菩萨们为了救度众生，以各种不同的形态重回世间，自己得了道以后，再回到人间来，我们一般人修行是为了"超凡入圣"，菩萨则是"超圣入凡"。至于变化的道理，各位可以参阅《法华经》中的《观世音菩萨普门品》："应以何身得度者，即现何身而为说法。"菩萨是为教化众生而来，换句话说，菩萨是最伟大的教育家。

菩萨来到人间，并不是因为贪爱，而是为了慈悲众生，为了让众生舍弃贪爱，而菩萨投胎的时候，又假借贪欲的作用而入胎。这话说得多高明，但是，我们说句良心话，难道慈悲不是情吗？慈悲也是情啊！把小我的贪欲扩大了就是慈悲，慈悲乃菩萨之累，佛教有两句名言："慈悲生祸害，方便出下流。"一般学佛的人讲究"慈悲为本，方便为门"。可是要善于运用，不当的慈悲容易衍生祸害，而且落在有情之中。菩萨的全称叫菩提萨埵，菩提者觉悟也，萨埵者有情也、多情也，合起来就是觉了悟、得了道的多情人，这就叫菩萨。菩萨是因慈悲而有情，在此举清朝雍正皇帝赞观世音菩萨的偈子：

> 三十二应现全身，拯救众生出苦津。
> 砒霜当作醍醐用，翻将觉海作红尘。

这首偈子正是《圆觉经》此段话的写照。

"若诸末世一切众生，能舍诸欲及除憎爱，永断轮回，

149

勤求如来圆觉境界，于清净心便得开悟。"

注意！这里有一个秘密：假如一切末世的众生，能够舍弃一切欲望，以及灭除憎恨痴爱之心，就可以永远断除生命的生死轮回。佛在这里讲得很轻松，但是，如何断除呢？这又是一个秘密。而其实本经前面一开始便早已透露过了。

另外还有一个大秘密。不要认为永断轮回之后就可以成道，还要"勤求如来圆觉境界"，还要悟后起修，精勤向道，求得佛的大圆觉境界。如果有这样的立志发心，才有资格称为学佛的人。很多人问我是不是佛教徒，我说不是，我没有资格，所谓菩萨道，我一点都做不到。什么是菩萨？你的眼睛坏了，需要一只眼睛，好！我给你，马上拿，考虑一秒钟，就不算菩萨。这个我做不到，既然做不到，怎么有资格说是佛弟子？

此段这两种秘密，我只提出来，不予作答，答案在你们那里，请自参究。

"善男子，一切众生由本贪欲，发挥无明，显出五性差别不等，依二种障而现深浅。"

现在讲到学佛的基本，为什么一般人学佛得不到清净呢？因为都在贪欲中，连学佛的动机也是贪欲，想成佛是不是贪？这个贪可贪得大呢！学密宗想念个咒子马上成佛，是不是贪？学打坐求长寿健康，这是"寿者相"，也是贪。很多人问我说：老师啊！我打坐半年了，怎么没有反应？怎么没有消息？

贪欲！贪欲！以有所求心修无为之道，此乃背道而驰，非学佛也。假如你能做到一无所求，这是世上第一等人，连佛也不求，你看这人伟大吧！释迦牟尼佛看到，大概马上拱手让位。

由于贪欲，发挥无明之性，显出了众生五种不同差别的种性，哪五种性呢？而这五种差别，乃因为两种障碍而有深浅程度不同。这些佛在后面有所解释。

"云何二障？一者理障，碍正知见；二者事障，续诸生死。"

哪两种障呢？"一者理障，碍正知见"，知识越高，学佛往往越难，佛学的知识越多，成佛反而越有障碍。为什么呢？主观的成见多，本来脑海里很单纯，学了佛或是信了宗教以后，看别人都不对，唉呀！怎么不学佛？怎么不来信教？好像不学佛、不信教就是犯罪似的。然后，拿了一个宗教的尺度到处去衡量别人，批评这个人这里不对那里不对，比如什么学佛又不吃素，差劲啦！甚至把吃素叫作吃斋。吃素是不吃荤，荤是葱、蒜、韭、芥末、兴渠五荤，这是五种刺激性的植物，并没有包括肉。但是我的意思并不是要你吃肉，请别搞错。不吃肉是不杀戒，为了培养慈悲心。至于斋呢？这是庄子提出来的"心斋"，《礼记》上有"斋戒沐浴"，心念清净恭敬叫作"斋"。一些人搞不清楚，就以有没有吃素来估计这个人有没有修行，忽略这个人的贪欲心如何？慈悲心如何？贪瞋痴慢心如何？于此，我恭劝大家，学佛修道要"严于律己，恕以责人"，对自己要求严格。中国人讲道德，结果，往往都以道德标准去要求别人，而不是要求自己；其实道德是要恕以责人，别人有错要包容，尽量宽恕别人，原谅别人。

"二者事障，续诸生死"，事障又叫烦恼障，有事就有烦恼，心中烦恼多、贪欲多，所以打坐静不下来，功夫修不上路。事障也就是业力习气，它是一股力量牵引着你，让你在生死中轮转不已。

"云何五性？善男子，若此二障未得断灭，名未成佛。"

什么是五性呢？善男子，假使理障与事障没有了结，就不能成佛。这段文字很简单，不再解释了。

"若诸众生永舍贪欲，先除事障，未断理障，但能悟入声闻、缘觉，未能显住菩萨境界。"

佛在这里所说的五性，五种分类，乃是指圣贤位而言，一般凡夫不包括在内。

"若诸众生永舍贪欲"，众生要做到永舍贪欲是很难的。若以弗洛伊德的性心理学来说，人类的所有行为都与性有关系，这说来也有他一部分的道理。以佛学的观点来看，我们众生乃以贪爱为本，所以，出家第一条戒律就是戒淫欲。讲到这里，顺便跟各位提一下所谓"漏丹"的问题，譬如遗精，没有动欲而自然遗漏精液，为何会有此现象呢？这是业识的根本习性，还是由贪欲而来的。又如入山专修的在家或出家人，离开了尘世，避开了家室，能不能永舍贪欲呢？也没有那么简单。假如能做到了"永舍贪欲"，就可证得声闻乘的罗汉果。

"永舍贪欲"那么困难，如何舍呢？一切有灵知的生物，都有一个共同的倾向——离苦得乐，即使有些生物没有思想，但是本能也促使他往这个方向追求。例如饿了想吃，因为饿得很难过，吃饱了就舒服；即如学佛修道，也是同此一理。

　　苦与乐是相对的，你舍掉苦，就得到乐了吗？不见得，这一舍不也苦吗？永舍贪欲如何舍呢？关键在于转化，把贪欲转化升华了，成为大喜乐的境界。所以佛教密宗里有所谓大喜乐金刚的修持方法。大喜乐境界也是成佛的境界，成就了就永远在大喜乐中。释迦牟尼佛在最后讲到涅槃的境界——常、乐、我、净，我们现在的我是假我，生命的真我是不生不灭、不增不减、不垢不净，永恒存在，不是世间的无常之苦，而是永恒之乐，那是真正的我，真正的乐，真正的清净。

　　现在这里所提的"永舍贪欲"，是成佛的初步，乃是有限度的永舍贪欲，譬如有人要受出家戒，和尚问你尽形寿能守持否？只问你形体寿命还存在的这一生，能不能守这个戒，这是属于声闻戒，又叫别解脱戒。菩萨戒就不只是尽形寿，甚至不只论你的行为，连梦中有所违越也是犯戒，平常偶尔想一下就是犯戒了。不要以为大乘菩萨道容易学，其实最难最难。菩萨戒是菩提心戒，比丘戒或是比丘尼戒有几百条，而菩萨戒则有八万四千条，而且还没有说完呢！起心动念都是戒，所以"永舍贪欲"的范围极广，佛在这里所说的，是指这一生或多少生？佛没有注解。

　　"先除事障"，什么是事障呢？例如很多人打坐，两条腿发麻发胀，痛得坐不住，这也是事障。另外有一种人学佛学道几十年，打坐可以坐上几个钟头，虽然腿不痛，但是，并没有得乐，这叫作枯禅，像一根枯木愣在那儿，这也是事障。

这里有一个科学性的问题，人必须断除狭义男女间的性欲问题，以及广义的贪欲断除了一部分，才能把生理转化过来。何谓转化"生理"？就是打通身体的奇经八脉，这样才能断除事上的障碍以及功夫方面的障碍。也就是说在功夫方面断除了性爱，打通奇经八脉，才能使身体发乐得定，这样才能断除事障，达到罗汉境界。

但是，到了这个阶段，认为清净这一方面是道，守住清净，不敢稍有动心，如此便落在所知障，所以说"未断理障"。到此阶段，也是四果罗汉的境界，叫作声闻乘的种性。比声闻乘高一点，就是缘觉乘独觉佛的境界，然而却始终不能证得大乘菩萨道的境界。

这一段所讲的是天生属于声闻缘觉乘根器的人，能够做到这一生永舍贪欲。永舍贪欲是修持的因，果是断除事障，但是，却未断除理障。等于说很用心学佛的人，住在深山中，万事不管，在外表看起来，比一般人威仪庄严，好像很有道的样子，但是，以真正的佛法看来，只是属于声闻乘的众生，他不敢入世，即使入世，他的功夫也会垮，事障又会起来。所以，佛在《楞严经》里，对声闻缘觉乘大加呵责，斥为外道种性。

"永舍贪欲，先除事障"，这八个字做起来很不容易唷！也许五辈子或八辈子还做不到。假如一个人能够断除一部分贪欲，贪瞋痴慢疑这五个根本事障变薄了，不是没有了，而是减轻了，柔软了，再加上定力，证得罗汉初果后，然后至多七返人间，便可达到无生。二果罗汉需要一返人间，三果罗汉则不再生于欲界，四果罗汉在这一生就了了。《圆觉经》在此只是大略地说，详细情形要研究各种经论，《瑜伽师地论》中的欲地到声闻地，对于由欲境修到声闻乘间的身心变化过程有详细的解说。出家的朋友同时还可参考宗喀巴大师的《菩提道次第广论》，了解如何由人乘修到天乘、声闻乘。

"善男子，若诸末世一切众生，欲泛如来大圆觉海，先当发愿勤断二障，二障已伏，即能悟入菩萨境界。"

假如末世的一切众生，想要到佛的大圆觉海中游历一番，先要发愿精勤断除理障与事障。未来工商业越来越发达，人也越来越忙，事障更难断。即使断了外务的事障，身体的疾病也都去除了，达到绝对健康，才去掉事障这一半，然后还要再去掉心理的所知障，把学识上的理障去掉。你说我把现在的境界与《圆觉经》对照，看看对不对，这已经落入理障了。到了"二障已伏"，只是已伏而已，没有断除，能够制伏，让它柔顺一点。这样才能够悟入菩萨境界，但也还只是悟入，了解而已，还没有证道。

"若事理障已永断灭，即入如来微妙圆觉，满足菩提及大涅槃。"

假如事障与理障已经永远断灭，再不生起障碍，就可以进入如来微妙圆觉境界，到此才算证得菩提，到达常乐我净的大涅槃境界。

"善男子，一切众生皆证圆觉，逢善知识，依彼所作因地法行，尔时修习，便有顿渐，若遇如来无上菩提正修行路，根无大小，皆成佛果。"

佛又进一步说，实际上每一个众生都可以证得圆觉而成佛，但是，必须要遇到善知识的启发，得到明师的指点，依照他指导的"因地法行"去修习。什么是"因地法行"呢？就是发心、立志，动机的出发点是为什么？例如有人学佛的动机是感到人生很痛苦，想要脱离痛苦，这样的"因地法行"修得好所得到的是什么呢？小乘之果。假如有人学佛修行是为了拯救世人的苦难，这样的发心是大乘的"因地法行"。所以，同样的学佛，不论是出家或在家，不论是修何种宗派，最重要的是看你的动机为何？又如我们现代的教育很普及，但是大学生求学的目的何在呢？大部分是为了自己将来的出路，这样的出发点乃是自私的功利思想。很多人来找我学打坐，我都会问为什么要学打坐啊？为了使身体健康一点，为了求福报安乐，有的甚至莫名其妙，只是觉得好玩，这都是因地上的偏差。

"尔时修习，便有顿渐。"由于初发心的不同，因此，修行便分为两路，一是顿悟，一是渐修。《圆觉经》在这里只讲大纲，其中的道理包括很多，若要详细研究，必须融通大小乘各种经论。不过话说回来，佛在世现身说法，其教育手法又与一般善知识不同，他接着补上一句："根无大小"，只要按照佛的无上正等正觉的修行方法，都会成佛。为什么根无大小都可以成佛呢？诸位可以参考《法华经》做个研究。

"若诸众生虽求善友，遇邪见者，未得正悟，是则名为外道种性，邪师过谬，非众生咎，是名众生五性差别。"

假如有些人虽然一心一意寻找明师，但是，一个凡夫哪能知道谁是明师呢？佛经上说：得了法眼净的人才能分辨哪位是善知识。法眼就是择法之眼，选择正法的眼睛，这个眼睛当然不是指肉眼，而是智慧之眼，中国有句话叫作"慧眼识英雄"，也是这个道理。假如自己没有择法之眼，碰到了见解不正确的人，就被引到歪路上去，无法得到正悟，这样叫作"外道种性"。什么是外道呢？心外求法叫作外道，这个观念要把握住，外道不是指佛教以外的宗教，如基督教、天主教、回教、道教、一贯道……即使是佛教徒，你心外求法就是外道。外道种性再加上前面所讲的声闻、缘觉、菩萨、佛四种种性，就是众生的五性差别。

那么，这个错误、罪过由谁来负呢？当老师的人要负这个责任。所以，注意啊！我们不要随便冒充善知识，不要认为自己有所得，很高明了，就到处去教人家，卖弄佛法。在此请各位不要认为我是老师，我自己一辈子都不觉得自己是老师，你们客气叫老师，那是你们的德性，与我不相干，我自小一直以学生自居，希望自己一生永居学生之位，活到老学到老。我平常只是随缘而对遇到的一些朋友讲一些该说的话罢了。孟子有句话讲得极好："人之患在好为人师。"每个人都有傲慢好胜的心理，都想比人家好，都想教训别人，都想指导别人，这是人的毛病。这是什么心理？在佛学上是属于贪、瞋、痴、慢、疑中"慢"的作用，也就是贡高我慢，由我见而来，如果有人以盲引盲，自认高明，那这种"邪师过谬"是很严重的！尤其是在佛法上自认为是老师，自认为有所得而教人家，会出差错的。

中国人自古以来讲究"尊师重道"，但是，到了现代似乎已经没有了。小学里还有一点，小学生刚上学，老师早，老师好，那是真的，到了五六年级就差了一点。等到了初中、高中又更差了。至于在大学这一阶段那就更谈不上了。有许多同学在路上遇见老师，假装没看见，假如跟你翘个下巴，那已经很了不起了。因此，有很多教授对他的学生全不记得，当然这种现象教授本身也有责任。像清朝的年羹尧之所以能够成为大元帅，他老师的教育关系很大。所以，他对教师非常尊重，不只是敬重自己的老师，对请来的教儿子的家庭教师，古人所指的西席先生，也极为尊重。他特别在西席先生的门口写了一副对联，上联是"不敬师尊，天诛地灭"，下联是"误人子弟，男盗女娼"，包含了两方面警世的含义。他只要在家里吃饭，一定陪着西席先生吃。有一次，厨子端上一盘鸭掌烧豆腐，是这位老师喜欢吃的，太烫了，把老师给烫着了。年羹尧把筷子一放，眼睛一瞪。过一会儿，厨房端出一个人头出来，另一种说法是一只手，那位厨子被砍了，当然这是年羹尧威风的过度膨胀，却也可作为尊师重道的一个衬托、比喻。即使你考取了状元，当了宰相，回乡来见启蒙老师，还是要把官服脱掉，跪下来向老师磕头，表面是礼貌，其实是感恩。你不这样做，别人看不起你。现在不一样，钱多了，地位高了，学问就好了似的，其实学问是金钱能买得到或地位能换得来的吗？

讲到师的邪正如何分辨？实在很难。我们学佛要谨慎，自己没有择法之眼，不要随便跟着人家乱学，或者人云亦云。而自己当老师的人更要小心，不要误人子弟，断人慧命。

"善男子，菩萨唯以大悲方便，入诸世间，开发未悟，乃至示现种种形相，逆顺境界，与其同事，化令成佛，皆依无始清净愿力。"

这里讲到学习大乘佛法的正题。大乘菩萨的唯一动机是大慈大悲救人救世，大悲心也叫大菩提心，大乘道的第一动机是发大悲心，没有救人救世的悲愿而来学佛，那是自私自利，修不成佛道的。

"大悲方便"，行菩萨道，除了大慈大悲之外，还要有方法。方便可以勉强解释为方法，不要以为慈眉善目才是慈悲，手持宝剑，金刚怒目也是慈悲。

在座各位请特别注意！"菩萨唯以大悲方便，入诸世间。"大乘佛法只有以"大悲方便"入世，而非出世。而且菩萨入世是不拘形式，没有一定的形象，也不一定以佛学的名相来讲佛法。我刚到台湾时，有一天一位朋友来告诉我，我的一位同乡死了。怎么死的？我这位同乡得了肺病，搭船要到澎湖，航行到夜晚，碰上台风，船被刮得触礁，快要沉没。他的朋友找个救生圈给他，他看到旁边一个太太抱着一个小孩在哭，他便把救生圈给了这位太太，叫她赶紧带着小孩走。过一会儿，他的朋友看到他还站在那里，又去找一个救生圈给他，叫他赶快跳。他看看，有一位年轻人没有救生圈，又把自己手中这个救生圈送给年轻人，最后自己跟着船沉下去了。什么是菩萨？这就是菩萨。菩萨在哪里？就在人世间，就在社会里。

菩萨永远是济世救人，教化人家。"乃至示现种种形相"，这就要看《华严经》里善财童子五十三参的事迹，善财参了五十三位大善知识，有做屠夫的，有做皇帝的，有做妓女的，有做比丘的，有作比丘尼的，有卖唱的，也有修外道法的。真正的佛法不拘于形式，并不一定非要剃个光头，披个袈裟，敲个木鱼，才是对的。

什么叫"逆顺境界"？顺境界者，慈悲教化，就像许多佛公公、佛婆婆们，碰到人就阿弥陀佛，你好啊！我好啊！一脸佛相，满口佛话，这是顺的教化。逆境界者，逆的教化，比如横眉竖目做强盗的，就像今天报纸刊登有八个抢银行的，临刑前忏悔，叫年轻人不要干这种事，这也是一种以身说法，反面的教材。当年我在四川，与袁老师去一个庙宇，沿路上都是朝山的人，三步一拜的善男信女非常多，走都没有办法走，路的两边则跪满了讨饭的乞丐，没有鼻子的，瞎一只眼的，断一只手的，各种怪模怪样都有，有些长得真不敢看，我身上装的钱，一路走，一路丢。后来，我的老师问我，你看到菩萨没有？我说没有呀！老师说你是瞎子！我说我真的没有看到，他说跪在道路两边的都是菩萨，你还送钱给他，供养他，与他结缘呢！这也是逆境界，告诉你人生是那么的苦。

菩萨就是与这些穷苦的人生活在一起，"与其同事，化令成佛"，这是具有菩萨种性的人，从无始以来，就有这种清净愿力。假如没有这种清净愿力，没有发起这种大悲心，光是盘腿打坐，吃吃素，念念佛，嗡隆嗡隆念几个咒子，这样就想要成佛，成吗？

"若诸末世一切众生，于大圆觉起增上心，当发菩萨清净大愿，应作是言：愿我今者住佛圆觉，求善知识，莫值外道及与二乘，依愿修行，渐断诸障，障尽愿满，便登解脱清净法殿，证大圆觉妙庄严域。"

什么叫作"于大圆觉起增上心"呢？有一个原则要把握住，我们的自性是本来圆满清净的，叫作大圆觉，但是，现在却在迷糊中，如何找到原来的大圆满，大清净觉性？如何起修？"起增上心"就是希望求得觉悟，那么，第一步要怎么走呢？如何起步呢？——"当发清净大愿"，学佛的第一步就是发愿。发愿就是一般所讲的立志，立定志向、目标。"愿"就唯识学来讲，也是欲，但是，也有所不同。所以，改个名称叫"愿"。为了自我的满足，自私自利的叫欲。牺牲自我，超越自我，为了利他，发起无缘之慈、同体之悲名愿，此谓清净大愿、大悲大愿，或者大行大愿。总而言之，菩萨道有四个方向、目标——慈、悲、喜、舍，这是四大行愿，一切的修行都要朝这个大方向去做。换句话说，学佛的人做人做事，离不开这四个字的内涵、标准、原则。到了最后，连"慈悲喜舍"也要舍掉，达到大圆满清净觉性的境地。

发愿是学佛的第一步，释迦牟尼佛在这里教我们如何发愿。这一段等于是大乘菩萨的发愿文。我们做任何一件佛事，如拜佛、打坐，都先要发愿，看你的目标是求什么，一般人拜佛求什么呢？求菩萨保佑，保佑你一家大小平安不要生病，做生意发大财，都是在求利，都是自私的功利主义思想。菩萨很难做唷！人家磕一个头很简单，脖子弯一弯，你就要保佑他这样那样，保佑不到，便说这个菩萨不灵。当菩萨很可怜的！你看看人的心理，磕个头，要求那么多！做了一件善事，就要求善报，何况磕个头算不了什么善事。真正学佛发愿不是这样，释迦牟尼佛在这里说，"愿我今者住佛圆觉"，希望我求取佛道，例如在念佛、打坐、念咒、观想、参禅时，能够进入佛的清净圆满觉性之中。

同时，还要"求善知识，莫值外道及与二乘"。学佛的须靠善知识指引，所以，学佛者都希望能够遇到真正有所成就、具备正知正见的明师。善知识不仅代表人，也代表经教，经典也是善知识。经典分为了义教与不了义教，了义教是彻底的佛法，是我们的善知识；不了义教是方便教育，仅作为参考之用，不能算是大善知识。"莫值外道及与二乘"，不要一开始走路，就走上外道，什么叫外道呢？心外求法就是外道。那么，什么是二乘呢？声闻与缘觉。

我们讲到这里，常常碰到出家或在家的朋友们，有很多的见解都属于外道而不自知。在我个人的观点看来，现在很少有真正的佛教，都掺和了许多外道知见，譬如以打坐来说，有人说子午卯酉的时辰不可以打坐，而另有人则说非在子午卯酉的时辰打坐不可。子午卯酉的时辰能不能打坐这是道家的观念，而且这还不是正统道家的观念。真正的佛法是破除了时空的观念，哪里受子午卯酉的限制？又如看风水选日子都是同样的道理，真正一个学佛的人，应该是时时大吉，方方大利，万法唯心嘛！

讲到外道，我劝各位不要随便骂人家外道，你懂不懂这些外道？不懂，随便说人家是外道，这是仇恨心理，看别人不起，如此则违反学佛的道理，学佛的人应该尊重任何人。

佛要我们发愿，希望学佛时不要碰到外道，以及声闻、缘觉二乘。在我们一般的观念里，声闻与缘觉总不是外道吧！声闻与缘觉是罗汉境界，怎么是外道呢？不！你翻开《楞严经》看，佛在最后讲五十种阴魔，还在骂声闻与缘觉属于外道。为什么呢？他们还在"心外求法"，换句话说，还没有彻底明心见性，虽然到了罗汉境界，只明白了一半，还未圆满。依《圆觉经》来讲，还没有达到大圆觉境界。在禅宗而言，达摩祖师到中国来传禅宗，他讲到"人天小果，有漏之因"，没有证得菩提以前，没有证得大圆满自性以前，没有彻底地明心见性以前，所有的修持包括持戒、修定、修慧，都属于"人天小果，有漏之因"，都属于外道知见。

以上是释迦牟尼佛教我们的第一段发愿文。接下来是第二段发愿文。

"依愿修行，渐断诸障。"希望碰到具有正知正见的善知识，了解真正的佛法，由此慢慢修行，切断了各种障碍。有哪些障碍呢？归纳起来有事障与理障。事障，后世加上一个学名叫作烦恼障，什么叫烦恼障？例如我们打坐，心里杂念纷飞，静不下来，或是腿痛发胀，这些是烦恼障，也是事障。理障呢？知见不明，智慧不开，不能明心见性。这些障碍无法马上排除，必须渐渐断除。愿力越坚固，则越容易得到佛菩萨的加庇。很多人在佛菩萨或某某上师前面磕个头，菩萨啊！你加庇我！好像只要磕个头，什么事情都不要管了，菩萨会帮忙我，这是什么心理？依赖心。所以，我常常对年轻人说：你不要来学佛啊！先去学做人，人都做不好，如何能学佛？对不对？例如这种求加庇、求加持的依赖心理，如何能学佛？所谓加庇是你自己本身先健全起来，然后加上庇护，互相感应。自己不努力，自己不用功，佛菩萨想加都加不进去，想庇都庇不上去。

所谓加庇的道理，就是我们自己中国文化本有的观念。古德云："自助天助，自助人助。"你要想得到别人帮助，自己先要站得起来。如同跌倒了，躺在地上叫说："你们来加庇我啊！我站不起来呀！你们抱我到家里，抱到床上，还要喂我吃饭啊！你们要加庇我啊！"你们说这像话吗？只要你们依教修行，努力用功，自然会得到佛菩萨的加庇，你真有愿力，自然可以得到佛菩萨的加庇。我经常碰到学佛的人来说：老师啊！见了你回去以后，境界好得很，老师你加持我。我说：别胡扯了，那是你自己用功。还有更妙的，有位同学告诉我说：在美国有一个人完全得到我的加持，才有如此成就。其实，我连他是谁，名字都忘了，我哪有那么大的本事？我的手哪有那么长伸到太平洋那边去加庇他？一切都是他自己的努力。又如基督教的《圣经》提到一些麻风病人看见耶稣，赶紧求耶稣救我啊！这些病人摸了耶稣的衣袍，病一下子就好了，跪下来感谢耶稣。耶稣说：不要感谢我，感谢你自己。对呀！为什么感谢自己呢？信则得救。耶稣此话很高明，一点都没有错。

"障尽愿满"，请注意这四个字。你说我也做好事，也信佛，也皈依，也吃素等等，好像都没有效果，业障还是那么重。抱歉！这些都毫不相干。事障与理障总归叫业障，业障包括善业、恶业、不善不恶业。造善业则有福报，造恶业则有罪报，不善不恶则有无记报。什么是无记报？就是莫名其妙的事，例如走在街上莫名其妙地被车子撞着了，都是无记报。因为业障深重，修行不能上路，所以所求不能满愿。

若能"障尽愿满"，便自然解脱，自然自性清净，自然"便登解脱清净法殿"，见到自性大圆满的境界，觉性清明，"证大圆觉妙庄严域"。

以上是释迦牟尼佛答复弥勒菩萨的结论，下面是把以上所讲的内容，再归纳为梵文押韵的句子，等于中国的诗词。但是，翻译成中文时，很难翻成押韵的诗，因此，翻译的大师们另创造了新的佛教文学，叫作偈颂，脱离了平仄音韵的规范。

"尔时，世尊欲重宣此义，而说偈言：

弥勒汝当知：一切诸众生，不得大解脱，皆由贪欲故，堕落于生死。若能断憎爱，及与贪瞋痴，不因差别性，皆得成佛道，二障永消灭。求师得正悟，随顺菩萨愿，依止大涅槃。十方诸菩萨，皆以大悲愿，示现入生死。现在修行者，及末世众生，勤断诸爱见，便归大圆觉。"

"弥勒汝当知"，弥勒菩萨你应该知道。

"一切诸众生"，所有一切的众生。

"不得大解脱"，不能得到大解脱。

"皆由贪欲故"，都是因为贪欲的缘故。

"堕落于生死"，堕落在生死轮回之中。

"若能断憎爱"，假如能够断除憎恨埋怨以及喜爱嗜好。

"及与贪瞋痴"，以及断除贪瞋痴。

"不因差别性"，内心达到无分别的境界。

"皆得成佛道"，自然就成佛了。

各位念佛的时候，内心有无爱憎？有爱憎。爱什么？爱阿弥陀佛，憎什么？憎妄想。唉！念佛不应该想股票，罪过！罪过！赶紧再念阿弥陀佛！阿弥陀佛！你看是不是都在爱憎之中？假如你对佛既不爱，对其他的妄想也不憎，自然清净，净土现前。

"二障永消灭"，一切修行的大原则就是去除烦恼障与所知障。

"求师得正悟"，然后还要求得大善知识的明师指引，明师很难找，也很难辨认，谁是我们的明师呢？本师释迦牟尼佛就是我们的明师，他的经教还在，学佛要以佛经为根据，直接向佛经求取正法。

"随顺菩萨愿"，悟道之后，发大慈大悲菩萨之愿。

"依止大涅槃"，悟道成佛以后，依止大涅槃，在哪里涅槃呢？就在世间，不垢不净，毕竟清净。不要以为成佛以后就不来了，而是"悲不入涅槃，智不住三有"，悲智双运。

"十方诸菩萨"，十方诸位大菩萨。

"皆以大悲愿"，都因为本身的大悲愿力。

"示现入生死"，再度来到五浊恶世度众生，所以佛教的精神是积极入世救世救人的，而非消极逃避现实。

"现在修行者"，佛又再三吩咐，现在修行的人。

"及末世众生"，以及未来末世的众生们。

"勤断诸爱见"，如何修行呢？努力勤奋去断除自己内心各种爱憎的观念。

"便归大圆觉"，自然大彻大悟，回归清净圆满的大觉性。

第六章　清净慧菩萨

一切众生和诸菩萨如来所悟得的道有无差别

成佛是什么境界

什么是般若

什么是涅槃

什么是成佛最好最快的方法

"于是清净慧菩萨在大众中，即从座起，顶礼佛足，右绕三匝，长跪叉手而白佛言："

这段是当时印度见佛的礼仪，我们不再重复讲了。

"大悲世尊，为我等辈广说如是不思议事，本所不见，本所不闻，我等今者蒙佛善诱，身心泰然，得大饶益。"

大慈大悲的世尊，你为我们大家详细分析解说如此不可思议的事情，我们从来不曾见过，从来不曾听过。我们现在承蒙佛的循循善诱，身心舒畅，得到很大的利益。

"愿为诸来一切法众，重宣法王圆满觉性，一切众生及诸菩萨如来世尊所证所得，云何差别？令末世众生，闻此圣教，随顺开悟，渐次能入。"

清净慧在此提出的问题是接着弥勒菩萨的问题而来。应了中国的一句话"打蛇随棍上"。

清净慧菩萨很会说话，先恭维释迦牟尼佛一番，世尊啊！您了不起啊！您讲的话真是不可思议，我们从来没有听过，自从听了您的话以后，我们好舒服唷！希望您为大家再重宣"法王圆满觉性"，还不是为我哦！是为了大家以及一切众生。你看他推得多干净，他好像一点事情都没有，而且还是替您老人家将来教化众生，逼得佛非说不可。我们说句开玩笑的话，清净慧菩萨好滑头唷！他自己推得干干净净，所以叫"清净慧"，他真清净！真有智慧！

他问什么问题呢？他说一切众生和诸菩萨以及如来他们悟得什么？证得什么？菩萨所悟的道与佛所得的道其中有何差别？还有众生所得的差别又在哪里？他说请佛将这个道理告诉我们，我们负责替您宣扬广播，使将来的末世众生，听了佛所讲的圣教，依教奉行而开悟，一步一步地进入佛的境界。

"作是语已，五体投地，如是三请，终而复始。"

由此可了解人类的文化，凡是对重要的事情，大都再三重复，就像现在的法令在颁布之前，必须经过立法院三读通过。

"尔时，世尊告清净慧菩萨言：善哉！善哉！善男子，汝等乃能为末世众生请问如来渐次差别。汝今谛听，当为汝说。"

此时，释迦牟尼佛告诉清净慧菩萨说：好的！好的！善男子，你们能够为了末世众生来问修行渐次的差别，你现在好好听，我来告诉你。

"时清净慧菩萨奉教欢喜，及诸大众默然而听。"

清净慧菩萨听了很高兴，其他大众也都静静聆听。

"善男子，圆觉自性，非性性有，循诸性起，无取无证，于实相中，实无菩萨及诸众生。何以故？菩萨、众生皆是幻化，幻化灭故，无取证者，譬如眼根，不自见眼，性自平等，无平等者。"

这一段有很多"性"字，性啊性的，不容易懂，却是非常重要，佛学的基本哲学在这里。

圆觉自性就是我们心性的本体，也就是《华严经》所讲"心、佛、众生三无差别"，心就是佛，佛就是众生，三者一体。若真想见佛，不是要见到佛的像，凡所有相皆是虚妄。基督教说不要崇拜偶像，佛教也是一样不崇拜偶像，《金刚经》上说："若以色见我，以音声求我，是人行邪道，不能见如来。"但是，基督教讲究不崇拜偶像，却又拜起了十字架。佛教反对拜偶像，为什么又拼命拜佛像呢？其实不是拜佛像，而是拜自心。当你一念诚恳恭敬拜下去的时候，心无杂念，心即是佛。而且你把佛像当成真的佛拜，立假即真，万法唯心，因为你的诚心，感应道交，自助天助，只要你的心造得出来，它就是真的，自然就有功效。

讲到拜佛，很多人见到我，就跪下来磕头。我一辈子最怕这一套了，无论男女老幼或是在家、出家向我磕头，我一定马上先跪下来。假如人家向你磕头，自认为是善知识予以接受，完了！有这一点傲慢心就完了！所以，我叫你们赶快回拜人家，并且要非常真心诚敬。拜佛也是一样，一合掌，对佛万分恭敬，此时你的心谦恭安详，得利的是你自己。

所以，要多拜佛，多求忏悔，学佛不拜佛，这算什么学佛？有些青年知识分子拜佛觉得不好意思，好像很丢脸，一点气派、一点胆量都没有！要拜佛就拜佛，目中无人，恭恭敬敬拜下去，这才是大丈夫，连这一点心量都没有，还学什么佛？不过，我年轻的时候也曾经一度如此，跟很多同学一起到寺庙，心里很想拜佛，但是，看到其他同学都不拜，实在不好意思跪下来拜，等到大家走了，赶快跑回去匆匆忙忙拜一下，怕人家看见。可是，有一天想想不对，非丈夫也，我要拜佛，还管你们啊！我又不是为你们而活，为什么要在乎你们？我到基督教的教堂，也一样跪下来拜，耶稣在西方教化了那么多人，他也是圣人，他被钉到十字架上，流出鲜红的血，那真痛的！他没有怨恨别人，他说我为世人赎罪，凭这句话，我非向他磕头不可，了不起的菩萨！

圆觉自性就是一切佛及一切众生相同的本性，为什么我们现在没有开悟？为什么诸佛菩萨先我们开悟而成道？佛告诉我们一个基本理由——"非性性有"，这四个字如何解释？照字面上来说，非性，不是性；不是性嘛！又是性。非性性有，性有非性，这讲些什么？多去想想，真会想成神经病。非性就是一切万法无自性，例如这张桌子是不是原本就有这张桌子呢？不是的，它是由山上的树木砍下来，锯成木材，经过木匠制造而成。再说，木材是不是原本就有木材呢？也不是的，它是由一粒种子，吸收水分、阳光、养分，慢慢长成的，如果碰上大火一烧，便化成灰烬，变成其他的元素。所有的万物都没有它自己固定不变的本质，所以说万法无自性，这叫作"非性"。

那么，"性有"如何解释呢？这里的性是指宇宙万有的本体，这也是一切生命的来源，这也是一切众生与诸佛共有的本体，我们也可以称之为真如、涅槃、菩提、实相般若、一真法界，禅宗讲的明心见"性"就是这个性。

谈到这里，再引证孔子的孙子——子思所著的《中庸》向各位说明。《中庸》上说："天命之谓性，率性之谓道，修道之谓教，道也者不可须臾离也，可离者非道也。"一切众生的生命本来就有，叫作天命之谓性。率性不是乱来。我要打你就打你，这不叫率性；率性就是《心经》上所讲的自在，明心见性自在了以后，叫作道。悟了道以后起行，起菩萨万行，悟后起修叫作教。"道也者不可须臾离也，可离者非道也"，须臾就是佛教所讲的刹那，道这个东西刹那之间都不可以离开，可离开的话，就不是道了。道在哪里呢？不要向外找，就在你那儿，道不是修来的，它不增不减，只是你没有认到而已，不迷，你就在道中间。不管在中国或在印度，都有相同的思想，所谓"东方有圣人出焉，西方有圣人出焉，此心同，此理同"。把《中庸》的道理拿来融会贯通，就比较容易了解"非性性有"的道理。

接下来，"循诸性起"，学佛修道要怎么修呢？依性起修，从自己的心性上开始起修，修行的意思就是修整自己的心理行为。循诸性起的意思就是《中庸》上所说："天命之谓性，率性之谓道，修道之谓教。"先要明心见性，认识生命本有的自性，才能率性，才能自在。禅宗的五祖告诉六祖："不识本心，学法无益。"没有明心见性以前，不论你修什么法，不管是显教、密教，都没有用。必须明了认识了圆觉自性，循诸性起，依性起修，最后成佛。

成佛是什么境界？"无取无证"，学佛很难吧！你还以为真有所得呀！一般世间凡夫学佛修道都是以有所得之心在修，那么，不修行不做功夫行吗？搞不好落入畜生、地狱之中。《心经》也告诉我们："不生不灭，不垢不净，不增不减。"你修了一万年，不增，没有多一点；你不修它，它少了没有？没有，不减。上天堂，它没有变成纯净一点；下地狱，它也没有变得污秽一点；不垢不净。下地狱受苦，谁在受苦？自性晓得在受苦；上天堂享福，谁在享福？也是自性知道在享福。我们一般人都在苦、乐、忧、喜的感受中，苦、乐是属于生理的感受，忧、喜是属于心理的感受。舍，都把它空掉，若能把苦、乐、忧、喜的感受都空掉，那就是不苦不乐，就是极乐。《心经》接下来讲："是故空中无色，无受想行识，无……"一路无到底，最后，无智亦无得，等于《圆觉经》这里所讲的"无取无证"。

注意！我们听了以后不要吹牛唷！刚才所讲的是成佛境界，我没有成佛，没有悟到圆觉境界，不要看了《圆觉经》，懂了一点道理，会背几句，就在外面乱讲什么无取无证，佛法不用修了。你没有证得而乱说，就是犯妄语戒，未得言得，未证言证，这罪很重，是无间地狱的罪，在密宗来说是金刚地狱的罪，我们不可以做佛法的大骗子。

"于实相中，实无菩萨及诸众生。"实相就是见道的真正境界，相就是现象、境界。"相"在中国文化里用得很多，《金刚经》讲："无我相、无人相、无众生相、无寿者相。"《心经》讲："是诸法空相"，这些都是相。我们学佛经常听到说不要著相，凡是看得到的人、事、物都是相，看不到的思想、观念也是相，拜佛像也是相。那么，拜佛像不是也著相了吗？这是什么道理？因为拜佛像而对三世诸佛起恭敬心，由此领悟自性，真正受益得利的是自己，礼拜的是自己。

不只是拜佛像，很多出家人或在家人喜欢拜经，一句一拜，或一字一拜。以前有位大和尚拜《法华经》，一字一拜，拜了八九年，有一天时节因缘到了，拜到一个字——屎，突然发现不对，我拜佛可以，为什么要拜大便？这一下大彻大悟了。这是拜佛经的功德。还有一位和尚拜《心经》，也拜了好几年，有一天拜到"无眼耳鼻舌身意"，不对呀！摸摸自己的脸，脸上明明有眼睛、耳朵、鼻子，为什么《心经》说没有？这一下悟道了。

所以，不拜偶像，拜的是佛法。但是，你真把它当相来拜也对，真把它当佛来拜也对，等于我们游子想到父母的样子就难过，一样的道理，以上所讲的是"相"的问题。

接下来再讲实相的问题。成佛是智慧的成就，但是，智慧仍然无法表达佛法高深的含义，所以，保留原音不翻译叫作"般若"。般若有五种意义，分为五种般若：（一）实相般若。（二）境界般若。（三）文字般若。（四）方便般若。（五）眷属般若。这五种般若都是般若的范围，包含了世间及出世间所有的学问知识，直接翻译为智慧并不很贴切。

什么是实相般若呢？就是悟了"圆觉自性，非性性有，循诸性起，无取无证"。到了无取无证，就是到了成佛的境界，也就是实相无相，没有境界的境界，就是道之本体。接下来的是起用，起用就不是无相了，而是有相有境界。

什么是境界般若？菩萨有菩萨的境界，罗汉有罗汉的境界，做一天功夫有一天功夫的境界，不修行也有不修行的糊涂境界，这就是境界般若。

文字般若？悟了道，智慧开了，文字学问自然就好了。以前在我家乡，有位打鱼的渔夫，一个大字也不认识，忽然跑去出家，拜佛拜了九年，在大殿的石头上，都拜出了印子来。后来不拜了，跑去睡觉，一睡又是睡了好几年。醒来以后，又会写文章，又会作诗。他的诗真好，我早年读书，开始喜欢的诗就是他的。另外在四川一个寺庙的方丈，也是个怪人，现在家乡，叫作杨剃头，帮人家剃头，嘴里念念有词，但是，不晓得他说些什么。他自己不肯剃度，但是，也没有家眷，大家晓得他是悟了道的。人家拿佛经上的问题问他，他都答得出来。甚至，有些读书人故意拿小说上的问题问他，他也照样告诉你这句话在哪本书上第几页第几行。人家再问他："师父啊！你没有读过书，你怎么知道？"他就瞪起眼睛骂人："格老子！我没有读过书，你们不是读了那么多书？你们读书就是给我读的呀！"这是什么道理？"非性性有"，一切众生的心性都相通，这就是文字般若。

那方便般若呢？方便就是各种方法，包括各种科学、技术、学问、气功、外道、魔道等等，你懂得越多，你的方便就越多。

眷属般若呢？布施、持戒、忍辱、精进、禅定这些属于眷属般若，属于行的部分，属于道德方面。

为了解释"实相"，我们讲了那么多。现在，再转回来。"于实相中，实无菩萨及诸众生。"真正得了道，到了无取无证，或者说无修无证，也就是十地菩萨的无学位，一切了不可得，此中无众生，无菩萨，亦无佛。

"何以故？"什么原因呢？"菩萨、众生皆是幻化"，一切有成就的菩萨与一切凡夫众生，在一个大原则之下而言，都是幻化。什么是幻？原来没有的东西把它想成有，就是幻，所以叫幻想。电影、电视是不是幻？不是，那是影。以历史的眼光来看，我们现在聚在这里也是幻化，为什么呢？一千年以后，一万年以后，我们还在吗？这个大楼还在吗？我们是幻化，菩萨也是幻化，菩萨悠然而来，悠然而去，这是幻化。《金刚经》上说："如来者，无所从来，亦无所去"，这也是幻化。真如，如真，好像真的，幻化。

"幻化灭故"，真正到了空的境界，就是幻化皆灭。所以，我们注意唷！不管打坐也好，念佛也好，修密也好，一切所有的众生都靠不住，都会变化，所有一切众生都是幻化。必须要达到连空都空掉，幻化灭了，无取无证，毕竟空，才算是大彻大悟。

佛怕大家听不懂，又作了一个比喻，"譬如眼根，不自见眼，性自平等，无平等者。"我们活了一辈子，哪一位看过自己的眼睛，或者看过自己的脸，看过没有？看过？那是在镜子里看到过。对不起，那是假的，镜子上的影像是交叉反射的，学过物理就知道，它是左右颠倒相反的。眼睛能够看到别人，但是，看不到自己。做人也是一样，人总是看到别人的缺点，看不起别人，喜欢批评别人，却不晓得反省自己。看不到自己的缺点，这是众生的愚蠢，所以，学佛要少看别人的缺失，多看自己的过错。佛为什么作这个比喻呢？因为我们的心也跟眼睛一样，认不到自己，心在哪里？自己找不到。修行的道理也是如此，把心收回来，反观自己，也就是《心经》上所说："观自在菩萨行深般若波罗蜜多时，照见五蕴皆空。"这是佛以眼不自见眼作比喻的秘密，因为心就是佛，而一般众生拼命向外找佛，所以无法明心见性。

佛在这一节里，最后作了一个结论，讲了一句名言："性自平等，无平等者。"一切众生的自性本来都一样平等，佛与众生都一样平等，说得更彻底一点，甚至也没有一个叫平等的东西。平等的观念是释迦牟尼佛先提出来的，因为世界上的人或者东西就其相而言没有平等的。其实，人世间的百态若真平等了，那就不好玩了。城市里的楼房都是一样高，你我也一样高，一个长相，你穷我也穷，都穿清一色的衣服，戴同一模式的眼镜，这样好吗？形形色色才叫世间，但就在这本体之性及种种差别相中，它就是平等的，因此佛法又说"性相平等"，性是指本体，相是指现象，就是用，体与用平等，本体与现象平等，为什么呢？因为体与相都是空，没有一个平等的形象存在，若是弄出一个全部齐一的平等形象，那又不平等了。若论平等的观念，一般政治上所讲的平等，只限于人权的平等，释迦牟尼佛所讲的平等，则不只限于人与人之间的平等，一切众生平等，连猫、狗、蚂蚁、苍蝇、蚊子等等一切众生与我们均一切平等，凡是有生命的均一切平等。

"众生迷倒，未能除灭一切幻化，于灭未灭妄功用中，便显差别，若得如来寂灭随顺，实无寂灭及寂灭者。"

因为一切众生自己迷惘，观念颠倒，所以不能除灭一切心理、生理上的幻化境界，不能清净。在这里特别请诸位用功修行的人，注意下面一句："于灭未灭妄功用中，便显差别。"大家都在做各种功夫，都在修道，其中会遇到很多境界，而这些境界都是人妄想所造成的，这也是一种"迷倒"，甚至有人得到一点清净的境界，便以为悟道了，这正是大妄想。"于灭未灭妄功用中"，在应该灭掉而没有灭掉的妄想境界中，等于各位打坐，想要空掉妄念，于空而未空之间，有时候，觉得功夫不错，一点妄念都没有，真的没有吗？你知不知道没有妄念？知道，这个"知道"不是妄念吗？那么，你说不知道，对不起，那是昏沉。

"妄功用"这句话说得很严重，意思说你所有的一切修行，包括打坐、念佛、持咒、观想等等，都是"妄功用"，等于说妄用功夫，都没有用。很多学佛修道的人碰在一起，会问："你学佛、修道、打坐几年了？"有些人很得意地说："二十几年了。"好像很了不起，功夫很高。对不起，这些所有的功夫都没有用。你说功夫好、境界好，那应该真实不变的呀！否则就是像佛所说的"妄",假的。因为你的功夫再好,假如不再继续修持的话,就没有了,就变去了,可见这并不真实。再说,每一个好境界来的时候,你应该如如不动,你做得到吗?所以说,你所修行的有为法,都是不真实的,都是你的妄想所变化出来的,佛称之为"妄功用"。

虽然是在妄功用中,其中却也有所差别,就拿罗汉境界来说,罗汉有四果,四种不同的果位,与四种禅定层次互相配合。无论是修禅宗或密宗,学大乘及小乘,都离不开此四禅八定的原则。现在到了末法时代,不管是在家或出家,能够达到初禅的人,几乎没有。初禅就是由系心一缘达到离生喜乐,配合智慧等其他条件,有成就以后,才是初果罗汉。千万不要看不起小乘,一般人连初果罗汉都达不到。也千万不要以为会打坐就是禅了,那只是练习进入初禅的最初步骤而已,密宗及道家讲究打通气脉,但不要以为打通气脉就可以成佛了,那也只是为进入初禅铺路而已。十地菩萨的每一地与四禅八定都互相配合。打坐不是禅,下了座以后,在行住坐卧中,在喜怒哀乐中,在清静忙乱中,能够系心一缘,无往而不定,无时而不定,无处而不定,这才叫作定,请问哪一位做到了?

"若得如来寂灭随顺,实无寂灭及寂灭者"。"寂灭"二字是"涅槃"的义译,寂灭是简易的翻译,详细地翻应该是"圆满清静寂灭净乐"。寂是寂静,灭是灭除烦恼妄想,寂灭不是死亡的代名词。注意!不要误以为寂灭就是什么都没有了,而是绝对的寂静,进入不生不灭中去。"若得如来寂灭随顺",假如有人言下顿悟,随即顺势进入寂灭成佛的境界中,到此则"实无寂灭及寂灭者"。

什么是涅槃？不是死后才叫涅槃，本来就是空的，本来就是寂灭的，本来就是没有妄想可以灭的，本来就是清净的。并不是说你修道有成就以后，才得到涅槃。什么时候才是成佛涅槃的境界？就是现在，没有过去，也没有未来，永远只有一个现在，而现在也没有。若能把握现在的一刹那就在寂灭中，现在就是在涅槃境界中，当下即是，不须另外求个清净寂灭，想求个清净寂灭，已经不清净寂灭了。好！假如你拿这个道理跟人家讲，好像很懂得佛法，好像悟了道似的！那么，你就犯了大妄语戒，因为你没有证得，千万不要乱说啊！

"善男子，一切众生从无始来，由妄想我及爱我者，曾不自知念念生灭，故起憎爱，耽著五欲。"

刚才所讲"当下寂灭"是见道的道理，现在佛接着所讲的是修道的道理。见道以后，还要修道，禅宗五祖告诉六祖："不见本性，修法无益。"见道以后，依性起修。

一切众生从无始来，"无始"是佛教哲学里特别的名称，无论东方或西方的文化，都在追求一个大问题，宇宙如何开始？人从哪里来？西方文化说是上帝创造的。佛教把宇宙的开始称为"无始"，无始就是没有开始，例如一个圆，任何一点都是起点。有关宇宙的来源和人种的来源，是个大问题，科学家还在探索之中；达尔文说人是由猿猴进化而来的，我可不同意，我的老祖宗可不是猿猴。佛经里提到地球的人类是由光音天飞下来的，在地上抓地味吃，吃多了就飞不回去了。

我们的生命最初是由妄想而来，妄想有个我，悟道就是把这个妄想的我瓦解掉。一般众生因为有妄想，所以有我，因为有我，所以有你，有他，然后就我爱你，你爱我，爱来爱去。以前我到大学授课，同学们逼着我讲恋爱哲学，我说我不懂，后来被逼着没有办法，我说：爱是自私的，因为我爱你才爱你，我不爱你就不爱你，你说这是不是自私？爱是绝对自私的，爱是占有的，爱是痛苦的根源，爱是烦恼的根本。总而言之，爱是由我而来，我是由妄想而来。所以，佛说一切众生从无始来，由妄想而有我，以及有我就有我爱，而我爱就是自私的占有。你看！每个人生下来都在抓、抓，抓了一辈子，最后抓到殡仪馆，终究抓不住了，"抓"换个佛学名词就是"执著"。

好了！佛讲到这里，有个重要问题来了，各位想不想得圆觉境界？请各位现在好好把眼睛闭起来听讲，好好体会佛说的"念念生灭"，好好找一找自己心中的佛。各位现在眼睛闭着，觉得有个会听话的东西，会思想的东西，这就是念，也是这个念形成了假我，念佛的念是这个念，不是嘴巴念。佛说这个念，念念生灭，像一股流水，自己不知道自己念念在生灭中，你把这个现象看清楚了，把这念念生灭切断了，变成不生灭，你就有希望了，你就可以学佛了。

念念生灭不停，就形成了假我，产生妄想，产生了执著，产生了邪见，邪见就是不正确的思想见解，"故起憎爱"，因此就产生了喜爱与讨厌。所以，年轻人谈恋爱，我爱你，爱不到就恨，变成我恨你，若是这样，爱是很可怕的。爱也好，憎也好，它就是念念生灭的心理作用。所谓圆觉境界就是切断了念念生灭的作用，过去的念已经过去了，未来的念不去引发它，中间永远维持这个"空"，寂灭现前。看不清楚这个现象，切不断念念生灭，就耽著五欲去了。

"若遇善友，教令开悟净圆觉性，发明起灭，即知此生性自劳虑。"

佛说假如碰到善知识，由于善知识教授法的高明，当下顿悟，明心见性，便能明了自己本有的"净圆觉性"。对于原本的自性勉强加上形容词，叫作"净"，清净；"圆"，圆满寂灭；"觉"，也就是菩提、觉悟。此净圆觉性是诸佛菩萨与一切众生平等无别的同一根性。

这里所说的善友是指善知识，在中国文化里师友并称，老师给学生回信，往往自称"友生"或"愚兄"，这是老师对学生的谦虚。但是，我常常发现学生给老师写信，最后来个"愚生"，他的意思很好，我是愚笨的学生。可是，这么一来，究竟他是老师还是学生，就搞不清楚了。学生就是学生，不要随便加个愚字，愚字在中国古礼来说，是长辈的自称，例如哥哥给弟弟写信，用"愚兄"；舅舅写信给外甥，用"愚舅"也可以。

"发明起灭"，发现明白了自己念头的起起灭灭，我们的思想、感情、情绪、感觉这些都属于生灭法，我们的起心动念都在生灭中，生了又灭，灭了又生。而佛法的目标极致是不生不灭，但是，一般学佛打坐做功夫的人，都是以生灭法来求成佛，佛是不生不灭的，净圆觉性是不垢不净、不生不灭、不增不减的。如果以生灭心去求不生不灭的圆觉境界，刚好背道而驰，这是很滑稽的事。

佛说你明白了自己心念起灭的现象，即知"此生性自劳虑"，就知道这一生都是自寻烦恼，换句话说，等于中国的一句古话："天下本无事，庸人自扰之。"

"若复有人，劳虑永断，得法界净，即彼净解，为自障碍，故于圆觉而不自在，此名凡夫随顺觉性。"

假如有人"劳虑永断"，什么叫劳虑永断？就是把感情、感觉、思想这些尘劳思虑全部切断，呈现一片空灵，就是《金刚经》上所讲的"过去心不可得，现在心不可得，未来心不可得"。这一段清净的境界，叫作法界净。

"法界"是《华严经》常用的名词，有四种法界：（一）理法界。道理、学问也是一种法界。（二）事法界。事实、科技、功夫属于事法界。（三）事理无碍法界。有这种理就有这种事实，有这种事实就有这种理，懂了佛法的道理，那么功夫就要做到，做不到那就有碍。而有此事必有此理，若不懂此理，那是学问不够；有此理必有此事，若没见过此事，那是经验不够。有很多人将自己不懂的事或没见过的事，就轻易判定为迷信。但是"知之为知之，不知为不知"，不能随便将不知道的事说成没有，这是我们做人做学问应有的态度。（四）事事无碍法界。所谓事事无碍法界，必须六通具足，超越了物理世界，超越了感觉、知觉的现状。

另外还有"一真法界"，此"一真法界"包含了以上四种法界。为什么叫一真法界呢？我们分析世界上所有的宗教，包括东方的道教、佛教、伊斯兰教、印度教，以及西方的基督教、天主教等等，对于人生的看法都带有悲哀的、痛苦的、遗憾的、罪恶的色彩。但是，一到了《华严经》的一真法界，所有的痛苦、悲哀、罪恶都没有了，《华严经》看此世界是至真、至善、至美，所谓"一花一世界，一叶一如来"。

"即彼净解，为自障碍"。有些修行做功夫的人到达了清净的境界，没有杂念妄想，但是，见解不透彻，认为清净才是道，认为不清净、不空则不是佛法，于是，自己把自己给障碍住了，"故于圆觉而不自在"，对于不垢不净的圆觉自性没有认识清楚，执著于空，执著于清净，不能自在，不能算是大彻大悟。我常常告诉修道的朋友，你们在山上打坐很有道，很清净；但一下山来，我招待你到夜总会、歌厅、舞厅走一趟，保证你那莲花座的花瓣一瓣一瓣地掉下来。可以出尘却不能入世，可以入佛却不能入魔，就有所障碍了，不算真解脱。什么才是圆觉自在的境界呢？那必须如《维摩经》上所讲的"烦恼即菩提"，无论在任何脏乱、烦恼、痛苦的环境里，都一样清净、快乐。做不到这一点的人，叫作"凡夫随顺觉性"，这是普通一般凡夫的见解，只要一提到佛，就想到圣洁、庄严、清净的那一面去了，如此只是具备了宗教的信仰、佛学的兴趣、完美的情操，至于什么是真正的佛法，则一无所知。大部分的人都以自己的见解来解释注解佛法，我认为佛是这样，我认为入定是这样，都没有用心去参究，没有用功去实证。

"善男子，一切菩萨见解为碍，虽断解碍，犹住见觉，觉碍为碍而不自在，此名菩萨未入地者随顺觉性。"

刚才所讲的是凡夫，现在所讲的是菩萨。菩萨是见了道的人，在理上已见到一部分，在事上、功夫上也已修到了某一阶段。菩萨的全文叫菩提萨埵，是觉悟有情的意思，自己悟了道以后，对一切众生大慈大悲，所谓菩萨者乃最大的多情人也，换句话说，菩萨也是烦恼中人。什么是菩萨的烦恼？慈悲是菩萨的烦恼，了不起的菩萨愿意承担天下人的烦恼，他愿意解决别人的烦恼，这是大菩萨的境界。菩萨以前古代也翻成"大士"或"开士"，这是意译，指的是有道之士，得道之士。

佛在这里说菩萨也有障碍，菩萨的障碍在哪里？"见解为碍"。什么叫见解？见就是观点，主观的成见；解就是理解、注解。有些菩萨虽然有某些程度的解脱，甚至不被烦恼困住，不被妄想困住，不被生死困住，这些都困不住他，解脱了。解脱的道理就是中国俗语所说的："跳出三界外，不在五行中。"三界是欲界、色界、无色界，五行是金、木、水、火、土，在佛学来说，就是地、水、火、风、空五大。但却被自己的见解把自己障碍住了，就算在见解上得到了解脱，"犹住见觉"。悟道的观念却忘不掉，停留在道的境界中，就如苏东坡描写庐山的诗：

不识庐山真面目，只缘身在此山中。

还是看不清楚自己。举个例子，如学者们，一看就知道是读书人的样子，商人就有商人的样子，军人就有军人的样子。我常说：假如学者没有书卷气，军人没有粗暴气，商人没有铜臭气，这是第一等人。这就是"犹住见觉"的道理，自认为学问好，表现出一副很潇洒、很有学问的样子，如此定了型，便是被困，被自己的思想、观念束缚，被自认为得意的事左右。

佛在这里说：得道的菩萨被道困住了，所以说："觉碍为碍而不自在"，自己总觉得自己觉悟了，看别人总觉得不对劲。等于刚刚学佛的人。一看到人就合掌，然后满口佛话，见人就问你吃不吃素呀？没有吃素！唉唷！阿弥陀佛！好像不吃素就罪大恶极似的，这个也不对，那个也不对。我平常最怕碰到这种人，令我毛骨悚然。但是，这种人也有个好处，就是佛教界常说的话："学佛一年，佛在眼前。"这些人就是学佛一年的境界，到处都是佛。"学佛二年，佛在大殿。"佛离得远一点了，他身上的佛气也少一点了。"学佛三年，佛在西天。"嗯！差不多解脱了，越学得久，佛离得越远了。至于在座有些同学学佛学了十几年，那就"佛在无边"了！（众笑）这是笑话，但是，你也不要把它当成笑话。什么叫解脱？不要以觉碍为碍，那就得自在了。学道而没有道的味道，觉得自己非常平凡，即使成了佛也很平实，你看在《金刚经》里，释迦牟尼佛也跟大家一起去化缘吃饭，吃完饭，收衣钵，自己还去洗碗，把衣服折叠好，然后洗洗脚，敷座而坐，把座位上的灰尘擦一擦，这就是释迦牟尼佛的行径，多平实。千万记住，平实就是道，平实就是佛法，千万不要把自己搞得一身佛气，怪里怪气的，弄得与平常人不一样，那就不平实，那就有点入魔了。

"觉碍为碍"的道理，有句禅宗的话可作为注解，叫作"悟迹未除"。虽然悟了道，但是，所悟的痕迹自己空不掉，因此而不得自在。这种情形叫作没有登地的菩萨，也叫作因地菩萨，一切众生都是因地菩萨，在座诸位都是因地菩萨，不是果位菩萨，为什么不是呢？因为功德不圆满，智慧不圆满。

接着，佛又再说：

"善男子，有照有觉，俱名障碍，是故菩萨常觉不住，照与照者，同时寂灭。"

这一段是讲修行做功夫的方法与境界。这里提出一个问题——"照"与"觉"。照与觉是修行用功的心理状态。觉包括感觉和知觉。例如身体上气脉的变化，气走到那里，如何通啦！这是感觉状态，不要被感觉骗了，并不是说这样不对，而是说你的心不要被这种感觉牵着走，不要以为有了这些感觉，就很怎么了，就很了不起，这些是生灭法，有起有灭，会变化去的。第二个是知觉状态，例如，打坐有时觉得很清静，好像空了，觉得很安详自在。这种宁静、空灵、安详的知觉状态，每种宗教都有，例如基督徒受洗，在教堂里一跪，非常诚恳地祷告，感受到"圣灵降体"，这也是中国人所讲"诚则灵"的道理，是我们的觉照起了作用。

那么，"照"是什么呢？我们做功夫说观照，"照"字上面加一个"观"，观与照一样不一样呢？《心经》一开头就说："观自在菩萨行深般若波罗蜜多时，照见五蕴皆空。"观是观，照是照，两者不同。观不是用眼睛看，例如你打坐时，晓得自己的念头起起伏伏，来来去去，这是观。又如念佛的时候，南无阿弥陀佛，南无阿弥陀佛，唉！明天早上八点钟要起床，闹钟忘了上发条，糟了！我念佛怎么想到别的地方去了？阿弥陀佛，阿弥陀佛，不过，想想也没有关系，嗳呀！又错了。这是观的境界。功夫到达了"照"，就不用观，如同太阳出来了，全体没有杂想，没有妄念，宋明理学家称之为"清明在躬"，这是照的境界。观与照的道理在唯识学《瑜伽师地论》里，叫作"寻"与"伺"，观有寻找的意味；伺是不须寻找，在那里等着、照着。

"有照有觉"就是当你在打坐念佛时，一边在念，一边心里在看着念头，看有无杂念，但是，这还只是觉照的初步。做功夫真达到觉照的境界，在梦中都还在觉照；真修行人在梦中的起心动念，与平常醒着一样清楚，而且能做得了主。白天不敢乱想，白天不敢想坏事，到了梦中都出来了，就做不了主了，这样的修行是没有用的。即使在梦中能够做得了主，还得更进一步，做到无梦的境界，在睡眠中还能知道心性的根本，这才是有照有觉的境界。能够达到这个境地，只是菩萨境界的初步，以圆觉自性来讲，有照有觉还是障碍，是故"菩萨常觉不住，照与照者，同时寂灭"。所以，真正登地以上的大菩萨常觉不住。常觉，永远在清醒中，这个觉就是菩提，菩提就是觉悟。假如你永远有个觉，动都不敢动，一动就不觉了，那就是有住，而不是不住，真的菩萨境界是常觉不住，不住在觉的境界中，也不抱着一个觉照的境界，有一个觉照的境界就有所住了。禅宗的六祖因《金刚经》里的一句"应无所住而生其心"而悟道。"应无所住而生其心"是修行的一个方法，如果以圆觉的境界来讲，应该改为"本无所住而生其心"，悟了道以后，就是本无所住了，此心本无所住，物来则应，过去不留。"照与照者"，第一个照是能照，下面的照者是所照，例如妄念是所照。能照与所照，同时寂灭，同时都空了，这才是得道的境界。

"譬如有人，自断其首，首已断故，无能断者，则以碍心自灭诸碍，碍已断灭，无灭碍者。"

你说什么叫作空呢？你说打起坐来，有个清静，有个空，还有个境界，那就糟了，那是意识形态妄想所造成的，搞鬼的就有个鬼境界，玩神的就有个神境界，修道的就有个道境界，求空的就有个空境界，这些都是自己的心意识所造出来的。那么，什么才是真的空呢？——寂灭。佛有个比喻，自己把自己的头一刀砍断了，就再也没有人想说要砍什么头了。真正的空是无量无边，没有境界。很多人打坐不能入定，都想去掉妄想，越搞越忙，都是自作障碍，自认为有个空，拼命做功夫求空。其实，我们的自性本来就是空，不用再求个空，我们的自性本来就在定中，如如不动，从来没有动过。"则以碍心自灭诸碍"，一切唯心所造，一切唯心解脱，把自己的障碍心拿掉，自然就没有障碍。"碍已断灭，无灭碍者"，问题解决了，就一切没事了，也没有另一个不受障碍的境界。

"修多罗教如标月指，若复见月，了知所标，毕竟非月，一切如来种种言说，开示菩萨，亦复如是。"

修多罗教是指佛所说的一切经藏，佛说他所讲的一切经典如同指出月亮在哪里的标记，假如我们看见了月亮，知道了月亮在哪里，那么，这只指出月亮的手指就不需要了，因为指头不是月亮。在《楞严经》里，佛也说了八个字"以指指月，指非是月"。不要把指头当成月亮了，佛经只是指头，指出真理在哪里，不要把佛经所讲的道理抓住不放。在《金刚经》上说："我所说法，如筏喻者。"我所说的法，如过河的船，已经上了岸，不要把船背着走，"过河须用筏，到岸不须舟。"一切如来种种的开示言说，就像指月的手指以及渡河的船一样，只是工具而已。

"此名菩萨已入地者随顺觉性。"

假如有人因佛的指示而悟到上述境界了，这种情形叫作已登地菩萨的随顺觉性，这是正统的菩萨境界，不过，还是没有到家。

"善男子，一切障碍即究竟觉，得念失念，无非解脱；成法破法，皆名涅槃；智慧愚痴通为般若；菩萨外道所成就法，同是菩提；无明真知，无异境界；诸戒定慧及淫怒痴，俱是梵行；众生国土，同一法性；地狱天宫，皆为净土；有性无性，齐成佛道；一切烦恼，毕竟解脱；法界海慧，照了诸相，犹如虚空；此名如来随顺觉性。"

现在要讲的是佛地、如来地——成佛的境界。这也是中国禅宗如来禅的境界，当然不是祖师禅。这一段经文的文字极其优美，同时也涵盖了一部《维摩诘经》，整部《维摩诘经》的道理都在这一段里。

在谈到成佛的境界之前，我们先大略讨论一下宗教的问题。任何一个人先天自然的都有宗教的情分，因为人生下来，在整个生命的过程之中，都会有解决不了的问题。大的就整个人类文化而言，无论东方或西方，几千年来始终无法解开"人从哪里来"以及"宇宙如何开始"之谜。现在的太空科学如此发达，其目的就是为了探求宇宙的来源。小的就每一个人而言，人生有许多不如意的事情，人生下来就是一个有问题的东西，生命本身的问题就很大。当人碰到问题时，到最后都有一个共同的心理，如韩愈所讲："人穷则呼天，痛极则呼父母。"人在走投无路、无可奈何之际，总要找个依赖；人类的依赖性是天生的，这也是人性脆弱的一面，由此自然而然想寻找一个可以依靠的神，这就是宗教的来源。

所谓宗教，在于使人的思想、情绪有所信赖，有所寄托，而且这个宗教可以掌握你的思想和情绪。再进一步来探究宗教的哲学，就要问这个我所信赖、依托者，它究竟存在不存在？这是大问题。一般的宗教都把这个所信赖、依托者人格化以及神格化、超人化，因为人的力量不够，所以信赖一个超越人的神。于是，人放弃了自我，人丧失了自我。那么，如果神存在，这个神又从哪里来的呢？探究这个问题同样是宗教哲学的课题。接着我们又要问：我为什么要信他？我所信赖的对或不对呢？万一不对，那又怎么办？这些都值得研究。研究到最后，一切问题都清楚了，见到了生命的本来，见到了宇宙的本来，这叫作"佛"，或译为"佛陀"，佛陀是觉悟的意思，就是把宇宙人生等一切问题都弄清楚了。

几千年前，这位把一切问题都彻底解决的人，叫作释迦牟尼佛。他开始也和我们一样，对于人生问题、生命问题充满着疑惑，从小就思索这些人生之中生、老、病、死等等问题，而且小时所受的教育比一般人好，他接受的是宫廷教育，集中了最优秀的老师，传授了最精华的学识，再加上他天生禀赋优异，所以，在十几岁就精通各种天文、数学等学问。他是独子，在当时不用竞选就可以当皇帝，但是，以他的智慧看来，一个国家社会没有真正三十年的太平，人类无法过安乐的日子，所以皇帝他不想干。

为了追求探索人生无法解决的烦恼问题，他十九岁舍弃了王位，跑去出家。但是，在出家之前，他尽了他的义务，娶了妻子，生了儿子，然后才出家。这点要特别留意，释迦牟尼佛的作为并没有违反家庭的孝道。

当他大彻大悟之后，得到了答案，了解了宇宙、人生的道理，宇宙人生一切的事物乃无主宰，并不是阎王主宰了你的生命，也不是上帝主宰你的命运，但是也非自然，不是唯物所变化。一切万有的生命和事物乃因缘所生。什么叫作因缘呢？"因"是前面的一个动机；只要前面一动，连锁的关系就来了，就是缘。因缘的连锁关系如何来的呢？自己来的，无主宰，不是他力，也非自然。

因缘又分为亲因缘和疏因缘的差别，什么是亲因缘呢？自己的起心动念所作所为，例如一粒麦子，在那里摆久了，它自动会起变化，非他力。但是，与他力也互相关联，亲因缘是由过去的时间、空间和自我的累积，所带来的种子，这其间的关系还很复杂。种子生现行，现行又变成未来的种子，循环不已。什么是疏因缘？增上缘与所缘缘以及等无间缘是属于疏因缘，例如我们生命的来源，必须由男性的精虫和女性的卵子相结合，再加上精神体三缘合和而成，此三缘是亲因缘，精虫和卵子中所带来父母的遗传是增上缘。遗传的因素对我们生命的影响也很大，人的思想、行为动作都会和父亲或母亲相像。有些人的个性则与父母亲完全相反，譬如父母很老实，生的孩子很调皮，这是否与遗传无关？不，这是遗传的反动，因为老实的人也有调皮的一面，只是他压抑不敢发出来，到了下一代就发出来了。一个人生下来以后，其思想个性慢慢也受到学校教育、家庭教育、社会风气的影响，这些因素乃属于增上缘。还有一个所缘缘，现在的生命由于过去的种子生现行，前生所累积的习性和父母的遗传以及所受到的教育和当代社会思潮的影响，种种因素加起来，形成了主观的思想意识，再产生新的思想和行为，与别的人和事物发生牵连，互相影响，这就是所缘缘。这些现状又变成种子衍生下去，如此循环不断，这也就是轮回的道理。种子生现行，现行生种子，永远没有间断地转，叫等无间缘。

我们的生命就是这样不停地转下去，如果要了生脱死，不受这连锁性的生命力量所束缚，必须要切断了此因缘的作用。

如同我们的思想永远没有停止过，睡时仍然在思在想，所以睡觉都会做梦，没有一个人真正睡着过，有些人以为没有梦，其实是醒来以后忘记了。那么，死亡以后会不会思想？一样在思想，那是另外一种境界。如果把我们的思想从中截断，叫作"三际托空"，过去的思想已经成为过去，不复存在了；未来的思想还没有来，当然也不存在；现在呢？也没有一个现在，刚说现在，现在立刻变成过去了。宇宙间没有过去，也没有未来，只有现在，永远都是现在，但是，现在也无法把握，它不断地流逝，这种现象，我们暂且称之为"空"。释迦牟尼佛了解了宇宙生命中这个道理，毕竟无主宰，非自然，"因缘所生法，我说即是空"。空是它的本体，因缘所起是它的作用，称为"缘起性空，性空缘起"。例如我讲话，必须有缘起，要有我的生命、思想、身体、呼吸系统、声带、嘴、舌、牙齿等等许多因素凑合才能发出声音，这叫"因缘所生法"。说完就没有了，故言"我说即是空"。

释迦牟尼佛解决了这个问题，大彻大悟，生命得到自在。他得到了一个结论："人即是佛"，"心、佛、众生三无差别"。他在菩提树下，夜睹明星而悟道，说："奇哉！一切众生皆具如来智慧德相，只因妄想执著，不能证得。"奇怪啊！真奇怪！每一个人都是佛，不只是人，每一个有知觉的生命，包括动物，都具备了和佛一样的智慧功能，那么，一般众生为什么不是佛呢？只因为自己的思想把自己障碍住了，把自己虚妄不实的思想当成真的，紧抓着不放，所以不能证到佛的境界。佛悟道所讲的话，我们简单地说就是：唉呀！修行搞了半天，原来我是道。此时悟了道的释迦牟尼佛原想涅槃，所谓涅槃就是把生命回归到原来的地方，例如把冰溶化为水。但是，大梵天的天主请求佛不要涅槃，还要弘法度众生啊！释迦牟尼佛说："止！止！吾法妙难思。"好了！不要说了！不要说了！我所了解到的道理，不可思议，无法表达，每个人都是佛，叫我讲什么呢？

释迦牟尼佛由三十二岁开始出来宣扬这个道理，当时在印度所受的打击非常大。佛说无主宰，非自然，他们以为释迦牟尼佛是无神论者。其实，他们搞错了，释迦牟尼佛并没有否定神的存在，只是他把神与人视为同一生命，平等无二，神与人同一本体。他提倡人要找到这个所有生命共同的本体，找到了这个生命的本体，叫作无上正等正觉，也叫作阿耨多罗三藐三菩提。所以，佛法不是迷信，而是大智慧的成就。释迦牟尼佛从开始说法，一直到了晚年却说："我说法四十九年，未曾说过一字。"这是什么道理呢？缘起性空，一切现象、一切境界的本体都是空的，若谈到本体，那真是不可说，说一个"空"已经不对了，因为它"无我相、无人相、无众生相、无寿者相"，无所执著，这是佛的境界。他还怕人们不相信，在《金刚经》中再三强调"如来是真语者、实语者、如语者、不诳语者、不异语者"。

好了，我们现在再回过来看《圆觉经》这段经文。这段很难懂，也很难解释，所以才先说了一段序文以为解说的背景。

第一句话，"一切障碍即究竟觉"。什么是障碍？贪、瞋、痴、慢、疑、妄想、感情、情绪、知觉这些都是障碍，障碍就是冤家，冤家就是障碍，起心动念皆是。佛说这些障碍就是究竟觉，这些障碍用不着清除，翻过来就是了，你也可以由贪、瞋、痴而悟道，它是一体的两面。

"得念失念，无非解脱"。不要以为守住清净一念就是道，清净的境界掉了就以为糟了。道是不垢不净，清净是道，不清净也是道，这才叫解脱。若只守住一个清净的境界，认为这才是道，这还叫解脱吗？

"成法破法，皆名涅槃"。很多人想修道成佛，拼命打坐，千方百计设法打通气脉，感觉到这里发热了，那里气又动了，心里沾沾自喜，好像很有功夫，成佛有望。而假如打坐很久，没有反应，就开始懊恼，是不是我业力深重？大概成佛没有什么指望，还是算了吧！不要以为功夫就是道，对不起！功夫是功夫，不是道。功夫是可以修得起来的，既然可以修得起来的东西，自然就有毁坏之时，功夫不修就没有了，是不是？注意！道是不增不减。你多坐一天，道也不增一分，你少坐一天，道也不减一分。什么叫"成法破法，皆名涅槃"？举个例子：盖房子，拆房子，皆是虚空。盖了房子，虚空在哪里？把墙打个洞，虚空又出来了，虚空还是虚空。《楞伽经》不也提到："无有涅槃佛，无有佛涅槃。"

"智慧愚痴通为般若"。聪明人与傻瓜都一样有智慧，而且，笨蛋讲的话，聪明人不一定讲得出来，不相信，你笨笨看，愚痴之人也有般若，并且没有短少。

"菩萨外道所成就法，同是菩提"。真正的佛法并不排斥、仇视其他的宗教，《金刚经》上说："一切圣贤皆以无为法而有差别。"每一位教主都悟了道，只是所见的程度有深浅而已。

"无明真如无异境界"。不管你有没有成佛，有没有悟道，境界都一样，没有悟道的人也一样在佛境界中，只是不知道而已。

"诸戒定慧及淫怒痴俱是梵行"。悟了道以后才晓得戒定慧是把淫怒痴转过来，戒定慧与淫怒痴乃同一体性。什么是梵行？就是清净行。你说贪瞋痴不清净，嘿！佛却在这里说贪瞋痴是梵行呢！不过你不要看了这句话，就去乱搞，这是佛说的，这是佛的境界，你不是佛，你没有悟道，不要乱来啊！

"众生国土同一法性"。众生是一切有知觉的生命，国土指的是没有知觉的物质世界。换句话说，精神世界与物质世界是同一本体来的。

"地狱天宫皆为净土"。什么是净土呢？《维摩诘经》告诉我们："心净则国土净。"学净土的人要注意，南无南无拼命买飞机票，想到极乐世界，什么时候出境呢？躺进棺材之时才能去呀！如果是这样，我们常常听到：唉呀！我什么都不想，只想往生西方。那不是求早死吗？净土在哪里？就在这里，一念之间，只要心净，处处皆是净土。

"有性无性齐成佛道"。一切众生，不管有灵性或无灵性，都本已成佛。佛道是什么？觉性也。你明白了，就悟了道，就那么简单。

"一切烦恼毕竟解脱"。烦恼本身就是解脱，烦恼本身停留不住，不信你看看哪一个烦恼能一直烦你一年、十年、二十年、一辈子？再不然，你去留一个烦恼看看，能留多久？一个小时都留不住。留得住的话，还算是本事呢！很多人找我说：我好烦恼，怎么办？我说：有一个好办法，再去找多一点烦恼的事来烦一烦。他说：我没有办法。好，烦不下去，只好放下，放下就成功了。

"法界海慧，照了诸相，犹如虚空"。我们的智慧如同大海一样，充满整个法界，充满整个虚空；"照了诸相"，对于外界的一切现象，以及内心的现象，都能清清楚楚地知觉明了。

"此名如来随顺觉性"。到了这个境界就叫作佛。看完了这一段，只好一笑，原来凡夫就是佛。有位禅师悟了道，说："鼻孔原来是向下。"还有一位禅师悟了道，人家问他：你悟到什么？他说："师姑原来是女人做的。"这一段就是最高的佛境界，如此如此。

接下来，佛讲用功的方法，而且是成佛最好，最快的方法。

"善男子，但诸菩萨及末世众生，居一切时，不起妄念；于诸妄心亦不息灭；住妄想境，不加了知；于无了知，不辨真实。"

这一段是大乘道平时修持的法门。在修持这个法门之前，先要认定"心即是佛"。一般人学佛修道都在希求一个东西，都向心的外面去找，因此，犯了一个最大的毛病——不敢承认"此心就是佛"，这是众生的大病所在。人总是把佛、菩萨的境界幻想成非常高不可及，深不可测，所谓"高推圣境"。人都受幻想或回忆的宰制，就是不愿面对眼前的现实。如果能够很平实地认清平等的心就是佛，那又何必汲汲外求呢？

若能认清这个道理，那么便能"居一切时，不起妄念"，在任何时间，不起虚妄的幻想，此心就是那么平静就好了。假如真能做到了，这就是菩萨道，不须再念什么咒，或是观想、拜佛。这时就如苍雪大师所说的："南台静坐一炉香，终日凝然万虑亡。不是息心除妄想，只缘无事可思量。"什么是佛呢？心即是佛。什么是道？平常心即是道。如何平常呢？平常就是不加任何的方法。"不是息心除妄想，只缘无事可思量"，非常平实，这是真正的观心法门，正修行之路，这也就是禅，如来禅所标榜的法门。

但是，你说我做不到，还是有妄想怎么办？"于诸妄心亦不息灭"，妄想来了就让它来嘛！妄想自己会走，用不着急急忙忙拿个扫把去赶走他，他自来还自去。我在《楞严大义今释》上写了十七首诗，透露了用功的方法，其中一首：

> 秋风落叶乱为堆，扫尽还来千百回。
> 一笑罢休闲处坐，任他着地自成灰。

我们的妄念像秋天的落叶一样，到处飘，到处落，想要去空他，想要去扫他，那就差了。你把第一个妄念去掉了，第二个妄念又来了，你把旧的树叶扫干净了，新的树叶又掉下来，这样你一天到晚忙不完。"一笑罢休闲处坐"，不如我不扫了，不管了，"任他着地自成灰"。妄想用不着你去空他，他自然就空掉了。唐代的诗人杜甫有两句诗，可以拿来形容妄想自性空：

自去自来梁上燕，相亲相近水中鸥。

佛告诉我们第二步，"于诸妄心亦不息灭"，什么道理呢？因为你很平静坐在那里，妄想来时，自己都知道。既然知道了，此时，妄想早已跑掉了。你能够知道妄想的那个"知"，他没有动过，他是"居一切时不起妄念"的。

接下来，佛告诉我们第三步，"住妄想境不加了知"。我们学佛的人往往认为妄想是不对的，妄想来，我总要看住他，没有妄想才是道。佛说你错了，例如我现在讲话是不是妄想？是妄想。不要怕妄想，妄想就妄想。妄想来的时候，不要再去研究这是无明啊！因缘啊！业力啊！"不加了知"。

第四步，"于无了知，不辨真实。"你就傻乎乎地坐在那里，听也听到了，看也看到了，很平安，很自在，坦然而住，这样就好了。你不要再去分辨这是不是清净境界？这是不是空？这样不晓得对不对？那么简单，应该不是吧？自己又骗起自己来了。

什么是佛？心即是佛；什么是道？平常心就是道；就这么简单。一切众生何以不能明白？因为不肯平常。一个真正了不起的人，一定是很平凡的。真正的平凡，才是真正的伟大。一般人学佛修道何以不能成就呢？只因不肯平常。各位看看学佛的人好忙哦！这里拜佛，那里听经；又是供养，又是磕头；又是放生，又是捐献；忙得连自己家人都不顾。结果，什么都没有，当然没有，因为太忙了，太不平常了。

"彼诸众生闻是法门，信解受持，不生惊畏，是则名为随顺觉性。"

佛说假如将来的众生听到我讲的这个法门，信，相信"心即是佛"、"平常心就是道"；解，也理解到了；受，接受；持，照这样修持。你说我有时做不到，忙时，开车时，做生意时，办公时，都要用精神，动妄想，怎么办？此时如何修持？"住妄想境，不加了知。"这是入世的修持。等事情办完了，则"居一切时，不起妄念。"好了，出世法与入世法都讲了。你不要听了以后认为这样才是佛法，那我吃了十二年的素，不是白吃了？又起妄想，又起后悔。吃素就吃素，吃素与佛法有什么关系？那是你培养自己的慈悲心、清净心，很好。但是，可不要认为吃素就会得道。你能如此"信解受持，不生惊畏"，这样就有资格学佛了，是则名为随顺觉性，随而顺入菩提觉性。

"善男子，汝等当知如是众生，已曾供养百千万亿恒河沙诸佛及大菩萨，植众德本，佛说是人名为成就一切种智。"

佛说假如有人听了我刚才所讲的修行正路，能够"信解受持，不生惊畏"，此人过去生过去世曾经供养百千万亿位的佛和菩萨，已经种下了许多的功德，今天才会有这样的智慧和信心。"佛说是人名为成就一切种智"，此人以后将会通达真空妙有一切法门和一切学问。那么，在其他的佛学上，也有不同的说法。明心见性悟了道的人，称为得根本智。得根本智的人还要修，不算学佛完成，还要学佛法、外道法、魔法、世间法等等一切法，如此成就一切差别智。根本智也可以权作一切种智看，只要了解了自心，就可以开发一切智慧。

"尔时，世尊欲重宣此义，而说偈言："

这个时候，释迦牟尼佛要把自己所讲的话，再扼要总结，作成可以歌颂的偈语。

"清净慧当知：圆满菩提性，无取亦无证，无菩萨众生。觉与未觉时，渐次有差别，众生为解碍，菩萨未离觉。入地永寂灭，不住一切相，大觉悉圆满，名为遍随顺。末世诸众生，心不生虚妄，佛说如是人，现世即菩萨。供养恒沙佛，功德已圆满，虽有多方便，皆名随顺智。"

"清净慧当知"，清净慧菩萨，你应该了解。清净慧菩萨的名字就代表了这个法门，我们的心智本来清净，不用再去求个清净。不管你打坐不打坐，在任何时间、任何地方都是清净的。你懂得了清净，自然开发了智慧，此名为清净慧。

"圆满菩提性"，明心见性、大彻大悟以后，到达了大圆满的菩提觉性。这是什么境界呢？

"无取亦无证"，什么都没有，无所得。佛法是空的，什么都抓不住，你们拼命要抓，阿弥陀佛，阿弥陀佛，阿弥陀佛能让你抓得住呀？念佛不是嘴里叫佛。心念一清净，阿弥陀佛无量寿光本来就在这里，念佛，念佛，念就是佛，心即是佛。

"无菩萨众生"，到这个时候，就明白无佛道可成，亦无众生可度，每一个人都是佛。佛一生下来就说："天上天下，唯我独尊。"这个"我"不是佛的我，是我们每一个人的我，我就是佛。那么，你说我就是佛了，你要听我的，那你是混蛋！真正佛不是这样。佛是无取无证，但是，天下的众生都在有取有证。人一生下来就开始，从吃开始，然后抓钱、抓名，什么都要，最后两手一摊，进了棺材，什么都带不走。要懂得"无取亦无证，无菩萨众生"。

"觉与未觉时"，悟与未悟之间有所差别。有人说我悟了，我已经看破红尘。

"渐次有差别"，所以吃素、拜佛、修道。你说他看破了没有？嘿！又在取。在修心的进度上，悟得彻不彻底？是有所差别。差别在哪里呢？

"众生为解碍"，一般众生被自己的知识、观念、见解所障碍住了，所以不能认识自己的心，不能悟入佛境界。例如有些人认为自己打坐坐不好，就以为成佛没希望了。佛在心不在腿呀！又如许多人发觉自己妄念很多，认为是业力重啦！就不敢打坐，不能学佛啰！这些都是因为自己不正确的观念、见解，把自己障碍住了。

"菩萨未离觉"，见了道的菩萨为什么没有成佛呢？因为还怕自己的清净境界搞掉了，始终还在觉悟的境界里，把道的境界保持得太厉害了。

"入地永寂灭"，真正登了果地的菩萨就不同了。菩萨的等级可分为十地，十个程序。到了十地菩萨则永远寂灭，什么是寂灭呢？就是清净慧。永远在清净中，自然有智慧，而且慧如泉涌，此是无师智，无师自通，一通百通。

"不住一切相"，不执著一切事物、现象、境界等等，心无所住。

"大觉悉圆满"，真成了佛，则觉性圆满遍一切处。

"名为遍随顺"，此时无论是出世法、入世法、魔法，以及外道法皆是佛法，圆融无碍。

"末世诸众生"，未来末世的一切众生。

"心不生虚妄"，随时保持平常心，不去幻想，坦然而住，这就是观心法门，这就是正修行之路。

"佛说如是人"，佛说如果有人能做到平常心即是道。

"现世即菩萨"，此人就是现在世因地上的菩萨。

"供养恒沙佛"，他于过去生已经供养了无数的佛。

"功德已圆满"，功德已经圆满了。

"虽有多方便"，虽然佛法中有很多不同的方法。

"皆名随顺智"，这些不同的方法都是为了引导众生走上觉悟菩提之路。

第七章 威德自在菩萨

"于是威德自在菩萨在大众中，即从座起，顶礼佛足，右绕三匝，长跪叉手而白佛言："

接下来是威德自在菩萨上场。真正的威德是道德的成就，而不是权势大、地位高。密宗里有大威德金刚的修法，在此不讲。威德自在菩萨的含义是德性的成就，自然解脱自在而威仪庄严。他从座位上站起来，行礼如仪，向释迦牟尼佛提出问题。他提什么问题呢？

"大悲世尊，广为我等分别如是随顺觉性，令诸菩萨觉心光明，承佛圆音，不因修习而得善利。"

他说感谢佛大慈大悲广为我们分析说明如何学佛而成佛，从任何一条路都可以随顺进入佛的境界，使我们修习菩萨道的人晓得心就是佛，进入自心光明境界。承蒙您老人家圆满清净的音声教化，使我们明了不须劳苦修行就可以得到真正佛法的利益。

这是威德自在菩萨的赞叹之词，先恭维一番，然后再将主题提出。

"世尊，譬如大城，外有四门，随方来者，非止一路，一切菩萨庄严佛国及成菩提，非一方便。惟愿世尊广为我等宣说一切方便渐次，并修行人总有几种？令此会菩萨及末世众生求大乘者，速得开悟，游戏如来大寂灭海。"

佛啊！您所说随顺觉性的道理，譬如一个大城有四个大门，可以从东方进城，也可以从西方进城；可以从南方进城，也可以从北方进城；不只一条道路。一切菩萨成就的方法各有不同，各种庄严佛国亦有所不同，成就菩提的方法，不止一种。您所说"心即是佛"的道理太高了，大家不敢相信，而且也认识不到呀！

希望佛大慈大悲再为我们再开个广大的法门，告诉我们成佛渐修的方法，以及修行人一共有几种，使我们这些参加法会的菩萨以及未来求大乘道的众生，能够快快悟道，然后，游戏于如来大寂灭海。

悟了道的菩萨们一切都在游戏中，宣扬佛法度众生也只不过是游戏而已，此乃大自由、大自在也。

"作是语已，五体投地，如是三请，终而复始。"

话讲完了，跪下来拜，如是三请，终而复始。

"尔时，世尊告威德自在菩萨言：善哉！善哉！善男子，汝等乃能为诸菩萨及末世众生，问于如来如是方便，汝今谛听，当为汝说。"

此时，佛告诉威德自在菩萨说：好的！好的！你们能够发心为了一切大乘道的菩萨，以及将来的众生，问我成佛的各种方法。你们好好仔细地听，我为你们说明。

"于是威德自在菩萨奉教欢喜，及诸大众默然而听。"

于是威德自在菩萨非常欢喜，在座大众静默聆听。

"善男子，无上妙觉遍诸十方，出生如来与一切法，同体平等，于诸修行，实无有二。"

无上妙觉就是阿耨多罗三藐三菩提，至高无上正等正觉，在此不用梵音，译为无上妙觉。佛法没有秘密，真正的大道没有秘密，所谓的密宗只是一种方法而已，道是天下的公道，遍诸十方，无所不在。天下的真理昭昭彰彰，人人都可以认识得到，学佛就是悟得真理，真理是什么呢？就是悟到"心即是佛"。悟到了"心即是佛"的真理，就可以了解到不管是悟与未悟都一样平等，成佛与未成佛一样平等，在生命的本体上而言，成佛并没有多一分，不成佛也没有少一分。佛说你问我修行的方法有几种？实无有二。真理只有一个，所以许多佛教寺庙的大门或大殿上写着"不二法门"。

"方便随顺，其数无量，圆摄所归，循性差别，当有三种。"

佛说若是一定要加以分门别类，这其中的数量太多了，但是依众生性向的差别，归纳起来有三种。哪三种呢？

"善男子，若诸菩萨悟净圆觉，以净觉心，取静为行，由澄诸念，觉识烦动，静慧发生，身心客尘，从此永灭。"

第一类的人，属于大菩萨的种性，"悟净圆觉"，他悟到了心就是净土，此心本来清净，本来就是"不生不灭，不垢不净，不增不减"，你的心从来就没有醒醒过。就是有醒醒，坏事想过，但是，它沾不住的。心同虚空一样，有乌云密布的时候，但是，下过雨以后，还是干净的。不管天晴也好，阴雨也好，虚空仍是虚空，毫无障碍。学佛要先悟到此心本来清净，本来圆满。这个很难唷！虽然很难，但是，也很容易。如何容易？只要你悟到"平常心就是道"，就可以了。此心本来清净，好好的，何必另外再求个清净？但是，有些人喜欢。

"以净觉心，取静为行。"很多人认为内心清净才叫修行，把自己的念头静在那里，用什么方法静呢？"由澄诸念"，什么是澄呢？把一杯浑水静止摆在那里，摆久了，水中的杂质慢慢沉淀下去，水就澄清了。所以，很多人一打坐静下来，妄念反而特别多，怎么办呢？不理它，如同那杯水慢慢就澄清了。

念头澄清了以后怎么样呢？"觉识烦动"，又起个妄念，很讨厌。你不要讨厌它，释迦牟尼佛已讲过"于诸妄心亦不息灭"，不要讨厌人家，它来也蛮好嘛！认清妄想是第六意识在动，不要讨厌它，慢慢你就晓得每一个妄想与你都不相干，如此用功下去，需要时间，时间就叫功夫。所谓功夫，就是方法加上时间，加上练习，加实验，然后得到成果。

"静慧发生"，不断地静下去，于是另外开发一个境界，"身心客尘，从此永灭。"我们的妄想都是客，来了会走，留不住，你的主人则没有动过。例如各位坐在这里，我讲的话，各位都听进去了，这个话是客，属于外来的。什么是主人呢？你听到了，觉得有道理，我懂了，这个是主人，他没有动过。我们心理上的动态是心理的客尘。什么是生理的客尘呢？打坐腿发麻、发胀，气脉通啰！这里动了！那里跳了！这些是属身体上的客尘，知道就好，不理它。你不理它，一切不管，慢慢就过了！可是，一般人都被生理上的客尘拉着走，哦！气脉通了，不得了了！于是，便玩弄气脉、功夫去了，心也就无法真正静下来，这样修行怎么会有成果呢？

"便能内发寂静轻安，由寂静故，十方世界诸如来心，于中显现，如镜中像。"

身心客尘澄清了以后怎么样呢？"便能内发寂静轻安"，注意！这个"内"不是指身体内部，此内是不分内外之内，不以身体为标准，所以，中国的禅宗称身体叫"色壳子"，或叫"臭皮囊"。你慢慢静下去，身心澄清了以后，由寂静而发生轻安，身体轻灵，心理清明安详，生理上的酸、胀、麻、痛都没有了，内心宁静平安。其实念佛也可以达到轻安，但是，我看到你们打念佛七，走着念，坐着念，一天忙死了。走着念、坐着念，没错，但是，要慢慢地念，不能急着像赶集一样。只要方法对的话，也可发生轻安，头顶清凉。

轻安只是第一步，还有其他很多境界。佛说："由寂静故，十方世界诸如来心，于中显现，如镜中像。"因为寂静到极点，十方世界诸佛的心在你心中显现。为什么诸佛之心会在你心中显现呢？因为"心佛众生三无差别"。

"此方便者，名奢摩他。"

这个方法称为奢摩他，奢摩他翻译成中文是"止"的意思，这是真正的大止观，不是小止观，《小止观》、《六妙门》中的最后一步"净"，是这里的第一步。

关于这一段"寂静"与"轻安"的止——奢摩他，再作补充说明。求止的方法有很多种，例如守窍、炼气、念佛、观想等等，都是把心念专一止于一点上，这些修法也属于奢摩他，但是，这是属于小乘的奢摩他。这些修法有四个原则，第一步是求得"专一"，止于一点。第二步骤是"离戏"，离开了"空"的境界，离开了"有"的境界，离开了"非空非有"的境界，离开了"即空即有"的境界，这叫"离戏"，离开了戏论，戏论就是说笑话。达到了"空"的境界，不要以为了不起，不要以为"空"就是道；"空"是戏论、笑话，"有"、"非空非有"、"即空即有"这些境界都一样是笑话。离开了这些笑话，算不算"寂静"？还没有。接下来，第三步是"一味"，在静中，在动中，始终如一，始终不变，不受外界环境的干扰，也不受内心情绪的干扰。第四步是"无修无证"，不须用心做功夫，也不认为证得什么道。到此阶段，才是"寂静"，无事而不定，无时而不定，无处而不定，这才是大乘的止。

再说"轻安"的情形，初步的轻安，由头顶发生清凉，然后下降遍及全身。清凉以后，便是得暖。得暖不是发烫、发热，得暖是有温暖的感受，但不是发烧。得暖是全身的肌肉、骨节、经脉都柔软了，所以，打坐入定的人，不可以拉他，不可以碰他。得"暖"以后，再进一步是得"顶"，自己的精神可以与天地相往来，与宇宙合一。到了这个阶段，已经不是气脉通不通的问题，气脉只是初步而已。再下来是"忍"，把一切忍住截止，所有烦恼妄想，以及忧、悲、苦、乐都切断了，但不叫作"空"，如果还有一个"空"的境界，那是戏论。经典上说大乘菩萨可以得"无生法忍"，没有生起动的作用。再进一步是"世第一法"，在这个世界上是第一等。"暖"、"顶"、"忍"、"世第一法"叫作四加行，修任何一个法门，乃至外道法门，在功夫境界的阶段上，都有四加行的作用。四加行都成就了，才是大乘真正的"轻安"。

修行打坐种种的法门，都是在修止的阶段，止是定的因，定是止的果。但是，一般人的修止，初步的止都止不住。禅宗临济祖师临终时留下一首偈子：

> 沿流不止问如何，真照无边说似它。
> 离相离名人不稟，吹毛用了急须磨。

我们的心念像流水一样永远在流，杂念妄想停不住，怎么办？杂念妄想不要怕，它像空中的灰尘，只要心静下来，你知道杂念妄想很多的那个"知"，就是《心经》所谓"照见五蕴皆空"的照，这个"知"它本身没有杂念妄想，它犹如虚空无量无边，这个"知"没有形相，没有名称，叫它是佛也可以，叫它是道也可以，叫它是"圆觉"都可以，可是一般人都认不到。即使你认到了，悟了，不要以为到了就没事了，吹毛用了急须磨，吹毛是指非常锐利的宝剑，拔下一根毫毛放在剑锋上，吹一口气，毫毛就断了。还要注意修行，我们的心念用过了就要丢，随时在止中，随时在定中。

"善男子，若诸菩萨悟净圆觉，以净觉心，知觉心性及与根尘，皆因幻化，即起诸幻，以除幻者，变化诸幻，而开幻众，由起幻故，便能内发大悲轻安。"

刚才讲止，现在讲观。讲到止观，其实，止中有观，观中有止。一般的修行方法中，如道家的守窍，守丹田，都是求止。又如念阿弥陀佛、阿弥陀佛，念到一心不乱，这也是修止。而观在哪里呢？当你在念阿弥陀佛、阿弥陀佛，唉呀！糟糕！我又乱想。你知道在乱想，这就是观。所以，止与观是同时，换句话说，不止不能真观，有止才有观，有观才有止，止与观的作用在一起。但是，其中有所差别，例如念佛，念到一心不乱，这是止；能不能真念到一心不乱？这就靠观了。观是什么？观是慧的因，慧是观的果，般若智慧是观行的成果，观修到了，般若就出来了，得大智慧成就，成佛了。

我常告诉诸位，你们修行，有一本书叫作《六妙门》，不晓得你们读过没有？修止观有六个步骤，一数，二随，三止，四观，五还，六净。据我个人几十年看来，许许多多的人修了几十年，都还在那里数息，我坐了几个钟头了，数了多少息了，几百下了，几千下了，干什么呢？你在学会计，还是当出纳？而且，很多人在数呼吸的时候，还拼命想把呼吸的气留在丹田，留得住吗？你去解剖尸体看看丹田有气吗？

为什么要数息呢？你心静不下来，不能得止。一上座，先听自己的呼吸，一，二，三……等到自己的呼吸由粗变细，再静下去，耳朵听不见自己的呼吸了，只有感觉来去，乃至感觉到鼻子都没有气了，胸部也不动了，只有小肚子轻轻地很久动一下，这样才叫"息"。到达了这个地步，不要数了，换第二步"随"，随着这个息定下去。第三步"止"，把呼吸都停掉，这时才没有杂念，内发的寂静轻安就来了。得止以后要起"观"，不起观，那是外道定。观是用智慧观察，转入修慧的境界。观行成就了以后，第五步是"还"，还我本来面目，空也不住，有也不住。最后到达"净"，心净则国土净，修持到此地步，所谓"不移一步到西方，端坐西方在目前"，这才是真正唯心净土。

为什么提这些？现在《圆觉经》准备讲观，我顺便告诉大家修观的道理。修止是定学，修观是慧学，希望大家有个初步的概念，才能了解本经的重要。

接下来，我们看《圆觉经》原文。注意！《圆觉经》这里所讲的观，不是普通的观，而是大菩萨境界的观。

"若诸菩萨悟净圆觉"，证悟到了自心净土的圆满觉性。"悟净圆觉"很难解释得清楚，希望有心修持者多多努力，自己去证悟，否则，讲得再好，仍是隔靴搔痒。悟净圆觉是菩萨见道的境界，见道以后才能修道，道都没有见到，你修个什么？所以禅宗的五祖告诉六祖："不见本性，修法无益。"

佛说菩萨悟净圆觉以后，见道以后，"以净觉心"，什么是净觉心？就是现代人很喜欢提的禅宗六祖的那首偈子：

> 菩提本无树，明镜亦非台。
> 本来无一物，何处惹尘埃？

这个境界就是净觉心。

讲到这里，请诸位小心！现代人喜欢说大话，一讲到禅就提六祖的这首偈子，好像自己就是六祖似的。其实，各位不要忽视六祖的师兄神秀那首偈子，那首偈子并没有错，那是真讲实际修行的功夫：

> 身是菩提树，心如明镜台。
> 时时勤拂拭，勿使惹尘埃。

这正是修行的境界，平时用功，随时拿把扫帚，把自己的内心扫干净，纤尘不染，这是真修行。做到这步功夫以后，再进一步，可以谈到六祖的那首偈子，把心如明镜的境界还要打破，就是"菩提本无树，明镜亦非台，本来无一物，何处惹尘埃"，这是佛菩萨的境界，这是智慧成就的境界。普通人没有达到，未证言证，未悟言悟，这是撒谎，犯大妄语戒，罪过非常大，万万不可。

到达了悟净圆觉，心如明镜以后，"以净觉心，知觉心性及与根尘，皆因幻化"。由前面修定的境界，到达真正净觉的心境，自然了解知觉自己的本心本性，和眼、耳、鼻、舌、身、意六根，以及色、声、香、味、触、法六尘，这些都是幻化。幻化并不是没有，例如看电视、看电影，我们所看到的影像就是幻化。修行到达了这个境界，才知道宇宙万象以及我们的生命、身体、思想、感情、知觉这些都是幻化。由幻化所生的东西，无法永恒存生。例如我们人类的历史，几千年来、几百年来的人事物到哪里去了？你看《三国演义》开章那阕词：

滚滚长江东逝水，浪花淘尽英雄，是非成败转头空，青山依旧在，几度夕阳红。

这是多美的文学境界，也是最好的佛经，不用佛学名词描写人生的幻化，多美！又如《红楼梦》的"眼看他起高楼，眼看他楼塌了"。人生一切都是幻化，眼睛所看到的都是幻化，我们自己也是幻化，今日之我已非昨日之我，诸行无常。

"即起诸幻，以除幻者"。修行到一切如梦如幻的时候，真空中要生出妙有来，所谓"性空缘起"，在空的境界里自己起观，观出东西来。修行真到达了此一地步，可以在一念之间，把自己变成千手千眼观世音菩萨，不只是想，而是真的，别人看到的不是你，而是千手千眼观世音菩萨。比如，以前一位能海法师，到西藏学密宗，回来以后，开了一个密宗黄教的道场，修大威德金刚，大威德金刚是文殊菩萨的化身，三个头，一个头有三只眼，三十六只手，每只手上各拿一件法器，十八只脚，脚下踏着男人、女人、死人、老虎……什么都有，行者一弹指刹那之间，要把自己观想成大威德金刚。能海法师经常昼夜不分在大殿中修法。有一天晚上，有人进殿一看，能海法师不见了，大殿里多了一尊大威德金刚。这就是"即起诸幻"的故事。

为什么要"即起诸幻"呢？"以除幻者"，以幻除幻，以楔出楔。例如念佛，为什么要念阿弥陀佛？因为念头太多，用念佛号来除掉念头，其实，阿弥陀佛这句佛号也是妄念，以妄念除妄念。

"变化诸幻，而开幻众"。修行必须"性空缘起，缘起性空"，空中可以生起妙有，妙有又须化空。空有之间，任运自在，"变化诸幻"。我们是幻众，不信，八十年后一定没有你了。像释迦牟尼佛就是"变化诸幻，而开幻众"，讲了那么多佛法，留下了不少经典，他自己也是幻化，他的确来过人间，但是，后来又消失了。

"由起幻故，便能内发大悲轻安"。因为菩萨明白众生是幻众，所有一切均是幻化，不执著幻化，不为幻化所困，而能起幻。救度众生，这是幻行，大慈大悲之心。菩萨之慈悲即是菩萨之烦恼，但是，他在烦恼中有其不烦恼的一面，因为他知道这些都是幻化。

"一切菩萨从此起行，渐次增进，彼观幻者，非同幻故，非同幻观，皆是幻故，幻相永灭。"

佛说一切大乘道的菩萨从此幻观开始修，渐次增进，一步一步慢慢地进步。"彼观幻者，非同幻故"，这个能够知道幻化的，能够起幻观的，与幻化并不相同。例如牙痛，疼痛的感觉是幻，但是，那个能知道疼痛的并不痛，疼痛与他毫不相干，要从这里去体会，注意！这是传大法唷！

"非同幻观，皆是幻故，幻相永灭"。再进一步，把那个能知道的也把他拿掉，因此一切幻相永灭。

讲到幻相，现代的社会中，精神病人越来越多。19世纪的绝症是肺病，20世纪的绝症是癌症，未来21世纪的绝症是精神病。尤其搞修道、打坐的，很容易走上精神病，因为在打坐中看到东西了，一不小心就精神分裂去了。正统学佛的就要记住佛在《金刚经》所讲的："凡所有相皆是虚妄，若见诸相非相，即见如来。"现在《圆觉经》所讲与《金刚经》所讲的，一模一样，表达方式不同。学佛千万不要著相，不要被幻相牵着走，越平实，越通俗，越好。

"是诸菩萨所圆妙行，如土长苗，此方便者，名三摩钵提。"

这些菩萨所修的如梦如幻观行，渐次增进，慢慢有所成果，这个方法叫作三摩钵提。三摩钵提就是止观等持、定慧等持。

"善男子，若诸菩萨悟净圆觉，以净觉心，不取幻化，及诸静相。"

佛说学大乘道的菩萨们悟到了我们的心本来是清净的，本来在圆觉中。以此净觉心，不取幻化，不被外界的幻境所骗，也不要以为我打起坐来，内心空洞洞的很宁静，哦！这就对了，这就是佛。打起坐来很清净，不打坐就没了，这是生灭法。修之则有，不修则无，这是靠不住的。佛法是"不生不灭，不增不减，不垢不净"。如果在增一点、减一点上面搞，就偏差了，有些人一入佛堂，看到佛像，就觉得好清净，哈！你被佛堂的幻化所骗了。打坐念佛非得在佛堂，然后面对着佛像，再点个檀香，这样才清净，这是取幻化、取静相。不要以为在佛堂才有佛法，到了厕所就没有佛法；念佛一定要在佛堂念，在厕所就不敢念了，万一你坐在马桶上，突然要死了怎么办？不垢不净，佛法遍一切处。

"了知身心皆为罣碍，无知觉明，不依诸碍，永得超过碍无碍境，受用世界及与身心。"

"了知身心皆为罣碍"，我们修道之所以不能成功，就是被身心所障碍住了，打坐刚有一点境界，腿就不对劲了，屁股也坐不住了，这是身的障碍。再来就是心的障碍，思想杂乱，念头来来去去，静不下来。所以佛叫我们修梦幻观，不取动相，也不取静相，彻底明白身心就是我们的大障碍。

"无知觉明"，这四个字可真妙了，这一句在文词上不通，无知与觉明是相互矛盾的，却摆在一起，这是有其道理的。无知与觉明是同样一个东西，没有悟道以前是无明，是无知，我们天天在用，能思想，能感觉，能造业，我们用了一辈子，还不知道他是什么东西。悟道以后，你就明白他是空的、幻的，"不依诸碍"，不在身体上，也不在心念上，"永得超过碍无碍境"，永远超越身心的障碍，也超越无碍——空的境界。到此地步，有什么效果呢？"受用世界及与身心"，此时可以享受物质世界的一切，也可以转过来享受自己的身心。我们一般人活在世上，都被物质所用，都被身体所用，都被我们的思想、情绪、欲望所用，是不是这样？我们学佛修道，要反过来，善用身心。

"相在尘域，如器中锽，声出于外，烦恼涅槃不相留碍。"

这个时候，活在世间，一样讲话，一样吃饭，一样做事，但是心中无事，"如器中锽，声出于外"，他同普通人一样，有血有肉，有喜怒哀乐，而内心是空的。此时，烦恼也空，涅槃也空，烦恼涅槃不相留碍。

"便能内发寂灭轻安，妙觉随顺寂灭境界，自他身心所不能及，众生寿命皆为浮想。此方便者，名为禅那。"

如果能够以净觉心，不取幻化及诸静相，同时解脱身心障碍，便能内发寂灭轻安，一切烦恼妄想寂灭了，"生灭灭已，寂灭最乐"。"妙觉随顺寂灭境界"，无处不寂灭不清净，无时不寂灭清净，"自他身心所不能及"，自己以及他人的身心所不能及，已经超越了人世间，此时，"众生寿命皆为浮想"，如同《金刚经》所说："无我相，无人相，无众生相，无寿者相。""此方便者，名为禅那"，如此身心解脱了，这叫作禅。注意！这样才是真正禅宗的境界，不是一句话听懂了，一本书看懂了，云淡风轻便是禅，那毫不相干，云也不淡，风也不轻，身心都是障碍，没有用，那是狂禅、口头禅。

"善男子，此三法门，皆是圆觉亲近随顺，十方如来因此成佛，十方菩萨种种方便，一切同异，皆依如是三种事业，若得圆证，即成圆觉。"

此三法门是哪三个法门？第一是讲修止，第二是讲修观，第三是讲修禅。这三种法门都是成佛最容易、最方便的方法，十方世界的佛都因此法门成佛。十方世界的菩萨有种种许多的修行方法，其中有相同的，也有不同的，皆依如是三种事业，都是从"止"、"观"、"禅"这三种事业变出来的。为什么叫事业呢？成佛也是一件事，也是造业，造什么业？造善业，造成佛之业。若能圆满证得了，就成佛了。

"善男子，假使有人修于圣道，教化成就百千万亿阿罗汉、辟支佛果，不如有人闻此圆觉无碍法门，一刹那顷，随顺修习。"

佛说假如有人学佛、修行、做功德，修于圣道。不只自己修，还能够教化别人，帮助百千万亿人修成了阿罗汉果和辟支佛果，辟支佛又称缘觉佛或独觉佛，可以无师自通。像这类阿罗汉及辟支佛转生在人世间的并不少，到处都有，不过，一般人看不出来，要靠各位的智慧去找。虽然教化百千万亿人成就了阿罗汉果及辟支佛果，此功德多大啊！但是，"不如有人闻此圆觉无碍法门"，所以，诸位比他们还高，不过，光听到没有用，还要修。"一刹那顷，随顺修习"，听到以后要相信，马上依照佛所说的方法去做，这样的话，功德比前述的人还要大。

最后，佛作结论。

"尔时，世尊欲重宣此义，而说偈言："

此时，佛重新以偈语再说一遍。

"威德汝当知：无上大觉心，本际无二相，随顺诸方便，其数即无量。如来总开示，便有三种类：寂静奢摩他，如镜照诸像。如幻三摩地，如苗渐增长。禅那唯寂灭，如彼器中锽。三种妙法门，皆是觉随顺。十方诸如来，及诸大菩萨，因此得成道，三事圆证故，名究竟涅槃。"

"威德汝当知"，威德菩萨你应该知道。

"无上大觉心"，一切众生本有的无上佛性。

"本际无二相"，在本体上，诸佛菩萨以及每一个众生都一样，并无差别。

"随顺诸方便"，随顺各种众生的修持方法。

"其数即无量"，其数量无限。

"如来总开示"，佛将其总归纳起来。

"便有三种类"，有三个种类。

"寂静奢摩他"，第一种是修止的方法。

"如镜照诸像"，修止的方法要把自己心念拂拭干净，犹如明镜一样。

"如幻三摩地"，第二种是修观，观世间一切如梦如幻，以幻除幻。

"如苗渐增长"，幻观成就就是真空生妙有，性空缘起，所修妙行，如土中长苗，渐渐增长。

"禅那唯寂灭"，第三种是修禅，一切寂灭，一切放下。

"如彼器中锽"，修禅要像发声的乐器，中心是空的。

"三种妙法门"，总归纳成此修止、修观、修禅三种法门。

"皆是觉随顺"，这三种法门都是成佛最容易、最方便的方法。

"十方诸如来"，十方世界一切佛。

"及诸大菩萨"，以及诸大菩萨。

"因此得成道"，都依此三种法门而成道。

"三事圆证故"，这三种方法都修成功了。

"名究竟涅槃"，就成佛。

第八章 辨音菩萨

成佛之道有几种修行方法
修止、修观、修禅那如何搭配
如何选择适合自己的修行方法

"于是辨音菩萨在大众中，即从座起，顶礼佛足，右绕三匝，长跪叉手而白佛言：……"

现在是辨音菩萨出来提问题。辨音菩萨比文殊菩萨、普贤菩萨在程度上差一点，对我们而言，容易学一点了。他问什么呢？

"大悲世尊，如是法门，甚为稀有。"

先来两句恭维话。大慈大悲的佛啊！你所讲的法门世上少有啊！难听难闻啊！

"世尊，此诸方便，一切菩萨于圆觉门，有几修习？"

辨音菩萨问：世尊，一切菩萨要走上圆觉之路、成佛之道，有几种修行的方法？

"愿为大众及末世众生方便开示，令悟实相。"

希望您为大家及未来末世的众生方便开示，让大家大彻大悟，证到成佛的境界——实相般若，也就是智慧的成就。

"作是语已，五体投地，如是三请，终而复始。"

至诚请法，行礼如仪。

"尔时，世尊告辨音菩萨言：善哉！善哉！善男子，汝等乃能为诸大众及末世众生，问于如来如是修习，汝今谛听，当为汝说。"

这是佛的答话，也是一番客气的话。你们好好仔细听，我来为你们讲。

"时辨音菩萨奉教欢喜，及诸大众默然而听。"

这都一样，不赘。

"善男子，一切如来圆觉清净，本无修习及修习者，一切菩萨及末世众生，依于未觉幻力修习，尔时，便有二十五种清净定轮。"

佛说一切如来的本性圆觉清净，本来就不须你去修的，修也修不起来，也没有一个修习的人，谁来修？没有办法去修。明心见性的本性，是本来就有的，不是你修成了才出现本性，你修也多不起来，不修也少不了。所以《心经》上讲："不生不灭，不垢不净，不增不减。"譬如虚空，地球的表层还怕原子弹，虚空则不怕，不管你怎么炸，虚空还是虚空。自性同虚空一样，所以说本无修习及修习者。

有没有可以修的方法呢？——有。什么方法？依于"未觉幻力修习"，修行是幻法，幻人修幻法。换句话说，学佛修行靠什么来学？靠我们的妄想来学，没有妄想怎么学？因为我们都是靠幻法来修，此时，便产生了二十五种修行的方法。

"若诸菩萨唯取极静，由静力故，永断烦恼，究竟成就，不起于座，便入涅槃，此菩萨者，名单修奢摩他。"

佛现在告诉我们第一条路。"唯取极静"，只求静，由静的力量也可以"永断烦恼"，证得阿罗汉果。有人喜欢在山上搭个茅蓬专修，长坐不卧，胁不至席，《圆觉经》在这里说："不起于座，便入涅槃"，叫作"单修奢摩他"，这样也可以有所成就。

"若诸菩萨唯观如幻，以佛力故，变化世界，种种作用，备行菩萨清净妙行，于陀罗尼不失寂念及诸静慧，此菩萨者，名单修三摩钵提。"

这里提到"唯观如幻"，我们学佛经常讲一切如梦如幻，普遍都把梦与幻当成比喻，形容人生如梦。实际上，梦幻是一个实在的境界，如果你仔细研究，这里面就有方法。其实，一般人所讲人生如梦，那是在痛苦、烦恼时，偶尔的感叹而已，并没有真把人生当作是梦。在佛法里有梦成就的修法，控制自己的梦，要自己做梦就能做梦，要不做梦就不做梦。要把自己的精神训练到这个地步，很不容易，一般人都做不到，做不了主。经过正式修持的人，是可以做到的。做到了以后，要修转变梦，梦到水，把水变成花，你能不能做到？在梦中知道自己在做梦，这一步已经很难了。

有人喜谈修心养性，白天做人做事都能控制自己，就是理智超过了情绪，要发脾气不发了，要讲这句话不讲了，这样已经很不容易。学佛的人尽管说戒，身口意都要守戒，戒就是理性地管理自己、控制自己。理论这么讲，但是，一到节骨眼，要说的还是说了，要发的脾气还是发了。发了脾气以后，唉呀！惭愧，忏悔，不过，并没有真惭愧，也没有真忏悔，只是口头说说而已。假如你白天能够做主，能够随时在念佛中，在梦中就不见得靠得住了。一般人在梦中不能做主，也不知道有梦。若能在梦中能够做主，修行则有点像样了。再进一步，开眼做梦，开眼做梦并不须另外做了，现在眼前的生活就像在梦中似的，对于现实生活中的喜、怒、哀、乐，以及是、非、善、恶，这些与你都不相干。然后，再把梦幻境界空掉，此时，看整个世界则是清净、光明，不是说说理论而已，必须这样修行才有把握。

我刚才讲的是"梦"话，《圆觉经》这里讲的是"幻"，梦与幻不一样。梦是睡眠时理性不做主所产生的。幻则指清醒时，例如沙漠的海市蜃楼。佛法中有修梦成就法，也有修幻成就法。如现代的催眠术，也是梦幻修法所演变出来的，如果修梦幻法不当，很容易走入催眠境界，也很容易变成精神分裂。现代年轻人很喜欢搞打坐，学各种修法，结果，很多人搞得神经兮兮，很可怜！

佛说有些菩萨只修幻观法门，得到佛的感应，自他的力量合一，心物的力量合一，可以"变化世界"，也就是说有神通了，产生种种作用。菩萨为什么玩弄这个神通呢？下面一句话："备行菩萨清净妙行"，为了实现菩萨道，济世救人。但是，要注意"清净妙行"这四个字。我们的普通人做好事并不清净，无论如何都有夹带的心理，帮助了别人，心里总有一点得意、自喜，虽说不希望回报，但是，心里还是觉得自己帮助了他。在菩萨道来说，这已经犯了戒，免不了贡高我慢，不是清净妙行。以菩萨道来看普通人行善，那是在造业，造什么业？造他生来世福报之业，这福报之业也让你不得解脱，也很可怕。

真正的菩萨行是"清净妙行"，心里不留一丝痕迹，所谓三轮体空，例如我有钱，这个人痛苦需要钱，你给他钱，帮助了他；施者空，受者空，所施之物也空；无所谓我给你，这个东西也不是我的，财物是属于这个世界的，金钱是流动的，今天在我这里，明天就流到你那里去了，你的我的差不多。好事是做了，但是，在内心里，做与没有做一样，始终是清净的。中国人讲"救人一命，胜造七级浮屠"，救人一条命的功德比盖一座庙塔的功德还大，假如你救了人一命，真这么想而沾沾自喜的话，那就不是清净妙行了。做了就做了，管他七级浮屠还是八级浮屠。

"于陀罗尼，不失寂念及诸静慧"。注意！刚才以上所讲的梦幻观、变化世界、清净妙行等等，这些是有为法，有所作，有所为。真正的佛法是无为法，假如在此有为法中，丧失了无为法，忘失了本心、本性、本源，就成了外道。所以，佛说："于陀罗尼，不失寂念及诸静慧。"对于佛法的总体、总纲，清净智慧的无为之体，没有忘失。

这样修持的菩萨，叫作单修三摩钵提，三摩钵提也有人翻译为三摩提，最简单的中文叫三昧，翻成中文叫正受，定慧等持之意。一边是定力，一边是慧力，智慧与妄念有别，智慧是圣道，妄念是凡夫道，智慧的发挥是动相，在修如幻观的动相中仍须保持定力，所以要定慧等持。

"若诸菩萨唯灭诸幻，不取作用，独断烦恼，烦恼断尽，便证实相，此菩萨者，名单修禅那。"

《金刚经》上说："一切有为法，如梦幻泡影，如露亦如电，应作如是观。"说明我们生活的世界如梦幻般地不实在，佛经以泡、影、露、电、水中月、空中花、镜中相、芭蕉、阳焰、海市蜃楼来作比喻。除了梦幻观的修法外，另外就是透过理性的认知，了解我们的人生是虚幻不实的，妻子、儿女、家庭、事业等等都靠不住。真正的修持不是什么观、什么法，而是大智度，用智慧观察一切如梦如幻。

"若诸菩萨唯灭诸幻"，这个幻怎么灭呢？不是你想办法去灭它，知道这一切是幻以后，不去执著，不去沾染，过去就过去了，要来的就让它来，反正是假的嘛！不要太认真，不受这些现象欺骗。"不取作用"，就是《金刚经》所讲："应无所住而生其心"，就像吃饭一样，吃过了就过了。"独断烦恼"，因为不执著，人生便没有烦恼，过去心不可得，现在心不可得，未来心不可得，但是，烦恼断得了吗？李白的诗：

抽刀断水水更流，举杯浇愁愁更愁。

不容易啊！烦恼的根——习气还在，而且人喜欢自寻烦恼，不找些烦恼来烦，活不下去的，尤其是文人，喜欢为赋新词强说愁，喜欢讲究情调，而所谓的情调其实也是找烦恼。这是什么道理呢？习气问题，烦恼没有断尽。独断烦恼是初步，再进一步要"烦恼断尽，便证实相"，什么实相？般若实相，实相无相，圆满清净。走这样修行路线的菩萨叫单修禅那，禅那不是禅定，正确的翻译叫正思惟，用思想观察来修，真正学佛是要用头脑的，要用思想，要用智慧，观察清楚，思考清楚，不是南无南无就算了的。南无了半天，越来越迷糊，越来越笨，那不是学佛教，那是学笨教了。

"若诸菩萨先取至静，以静慧心，照诸幻者，便于是中，起菩萨行，此菩萨者，名先修奢摩他，后修三摩钵提。"

这又是一种修法，《圆觉经》是大乘法门。中国流行大乘佛教，但是，大乘佛教流行了以后，一般学佛者，在家也好，出家也好，就没有东西抓了，不晓得怎么开始修，因此有净土宗的产生，至少要抓一个东西，走路要抓个手杖，阿弥陀佛就是手杖。事实上，小乘的修法不只念佛一个，有十念法，念佛、念法、念僧、念天、念戒、念施、念死、念身、念休息、念安般，等于有十根手杖。净土宗的念佛，念阿弥陀佛，只是念佛法门中的一部分而已，真正的念佛是念十方三世一切诸佛，不过，念阿弥陀佛就比较简单了，这是一条修行之路。其他，当时释迦牟尼佛所亲传的有为法，有所依归而快速的修法，一般人都忽略了。所以，我常感叹佛法的没落，从东汉以后到隋唐以前，学佛证果的人很多，唐朝以后，大乘佛法一流行，尤其是禅宗，讲理论玩嘴巴的人多，真修行的人少，所以，越到后来，证果者越少。

所以，我常常讲要学佛，跟佛走——我们的真正老师释迦牟尼。阿弥陀佛是释迦牟尼佛介绍的，大家只念阿弥陀佛，把释迦牟尼佛丢开了，甚至有些道场连释迦牟尼佛都不供了。现在，我们要回转来跟释迦牟尼佛学，有些寺庙花了钱买《大藏经》，自己不看，供养书虫去了，多可怜！再说，释迦牟尼佛在世时的弟子，跟着他三天、五天、七天，甚至当场证阿罗汉果的人很多，为什么我们做不到？为什么不去研究？这道理在哪里呢？第一，最重要的，我也经常讲，那就是修习白骨观。只要一修白骨观，马上迅速成就。白骨观也包括了念佛法门。其次，就是修安般，修出入息，像有神通的目连尊者也都主动传授安般法门。所以，最近六七年来我一直在提倡修白骨观。

"若诸菩萨先取至静"，如何先取至静呢？如何能达到静呢？大家学打坐，有谁真达到静呢？恐怕没有，越坐越闹倒是真的。唉唷！脚痛，头胀，妄念又来了。为什么不能达到静？因为没有方法，修行的法门没有专一，真专一，这一切都没有了。例如念佛也一样，心心念念在佛号上，阿弥陀佛，念到阿就定住了，两个小时以后才念出弥字，中间没有杂念，也没有身体的感觉，那才算是念佛专一了。

告诉各位，这些都是法门，就看你们的智慧够不够。假如学密宗，这是要隆重传法，送上供养的。一上来！阿——弄上半个钟头，再来弥——，又是半个钟头，这样热闹了半天，传法完毕，五体投地磕头！这样你们就会珍惜重视，喔！上师传了大法。人就是喜欢自欺、欺人、被人欺。我现在那么明白跟你们讲，你若等闲视之，那就错了。我不喜欢搞这一套，我认为道是天下之公道，都讲了，再来就靠各位的智慧了。智慧不够，什么经都听，有什么用？

刚才讲专一，专一到极点，把杂念、妄想都打下去了，把念佛这一念停住了，或者某一个观念停住了，这样才达到静。《圆觉经》看起来好像很容易懂，佛法就是如此。我问你，至静你做到了？其实，中国的老子也讲过至静："致虚极，守静笃。""夫物芸芸，各复归其根；归根曰静，是谓复命。"生命的根本是静，静到了极点，才能够把握住生命的真谛，才能够恢复生命的本能。无论念佛也好，修止观也好，要先专一，才能修到静，静还不算，要达到"至静"，但是，我们有几个人真修到静？真修到静，则忘掉身体了，也的确可以祛病，因为静到极点，病也空了，受也空了，苦的感受也没有了。很多人打起坐来，这里痛，那里痛，都在苦受之中，哪里静得了？真静的话，病苦也静了，烦恼也静了，妄想也静了。

明代的憨山大师在五台山修行，住在溪边，溪水冲激，如万马奔腾，吵得不得了，定不下去，他一气，一气是我讲的，不大好听，意思就是烦死了，这样一吵就定不下去，这叫修行啊？干脆就在桥上打坐，一天，忽然之间，万籁俱寂，什么声音都没有了，这也是入定，入什么定？静的定。

现在《圆觉经》提到至静，憨山大师当时这个境界算不算至静呢？不算。那么，怎样才算至静呢？这就要到《楞严经》去找了，《楞严经》里有观世音菩萨的音声入定法门，"初于闻中，入流亡所，所入既寂，动静二相，了然不生。"听一切声音，听自己念佛的声音也好，听汽车的声音也好，听自己的呼吸也好，听！听！听到"入流亡所"，进入法性之流，"亡所"，所听的声音听不见了，"所入既寂"，声音寂灭了，清净到极点，然后，动相，一切的声音；静相，没有声音；"动静二相，了然不生"，了然无碍，一念不生。以上我只是作简单的解释，详细讲的话，不只如此。

这样才接近于《圆觉经》的至静。真到达至静的话，也就是《楞严经》所谓的："净极光通达，寂照含虚空，却来观世间，犹如梦中事。"所以，《圆觉经》在这里讲"以静慧心，照诸幻者，便于是中，起菩萨行。"静极了，出现了般若智慧之光，自然证到了一切都是梦幻，便于这里，起菩萨行。走这条路线的菩萨，叫作"先修奢摩他"，先修止，"后修三摩钵提"，再修幻观的成就。

"若诸菩萨以静慧故，证至静性，便断烦恼，永出生死，此菩萨者，名先修奢摩他，后修禅那。"

这是另外一种路线的修法，由静而发慧。讲到静，一般人都会想到打坐，打坐只是修静的一种练习，打坐本身并不一定是静。真正的静必须忘掉了身体，忘掉了感受，心念不动了。其实心念不动这个话是不对的，应该说心念静下来了。心念静下来，忘掉了身体，忘掉了感觉，并不是无知。什么都不知那是昏沉，大昏沉！平常打坐所谓气脉发动，感觉舒服不舒服，这些是生理的反应，有此反应，已经不是静了，那是慢慢向静的路上走。静到后来，身体的感觉都没有了，静到什么样子呢？只能勉强以"万里晴空"作比方，没有一点云，没有一丝妄念，这才是静的境界。话讲起来很简单，有人一生，甚至好几生，能不能修到还是个问题。但也不一定，也有人一下子就到了，这也不是这一生修来的，那是过去前几辈子累积而来。

这样静下来，到家了没有？没有。下面有句话："证至静性"，这怎么解释呢？学过唯识就懂得了，证至静性就是唯识所讲的证自证分，或称证自证量，什么叫"证自证分"呢？我们刚才拿"万里晴空"作比方，万里晴空，一点云都没有，这晴空哪里来的呢？还不是自己的心量变出来的，晴空是个境界，还要更进一步，证到能够变出万里晴空境界的是什么东西，这个时候证到了，悟到了，才可以断烦恼，所谓顿断烦恼，就是跳出了生死。

走这种修持路线的菩萨，叫作"先修奢摩他"，先修止，"后修禅那"。唐宋以来的禅宗大都是走这种路线。下面又是另一种路线：

"若诸菩萨以寂静慧，复现幻力，种种变现，度诸众生，后断烦恼，而入寂灭，此菩萨者，先修奢摩他，次修三摩钵提，后修禅那。"

西藏密宗的黄教就是走这种修持路线。西藏的达赖和班禅，乃至蒙古的章嘉活佛，都是属于黄教宗喀巴大师的法系，所依据的经典是宗喀巴大师的《菩提道次第广论》和《密宗道次第广论》。

这种路线怎么修呢？先修寂静慧。修寂静慧之前，还有所准备的，详细的修法过程在《菩提道次第广论》里网罗最多。修寂静慧，先要了解教理，三藏十二部的教理都要清楚。现在很多人学密宗，我觉得蛮好玩。真正学密宗的话，差不多七八岁就出家接受教育，专门研究佛学，到了二十几岁要接受考试，必须把一万多卷的《大藏经》都读过了，要深思佛经的教理，然后加以考试，就是说佛学的学问成就了，慢慢才开始修加行，先修拜佛、忏悔等等，到了中年，才正式修学观法，而能够有所成就，已经四五十岁、五六十岁了。这是密宗正统的修法，不是拿点水在头上滴一滴，灌了顶了，会念个咒子，哦！我学了密宗了，开玩笑！真正学密要先了解教理，《菩提道次第广论》有句话："周遍寻思"，用自己的智慧去研究、去思想、去参究，每一个理都要懂，周遍寻思，每一个理都要想透，而且要很精密，不能遗漏。再经过修证，这样才能发起寂静当中的智慧。

寂静慧有了基础之后，再修观想。修观想也不容易，譬如你修红观音也好，绿度母也好，喜乐金刚也好，你坐在这里，或走在路上，随时感觉到菩萨就在前面，在意境上完全看得见，乃至身心与菩萨完全合一。当然，自己知道，进一步，使别人也看到你有特殊的现象，这是"复现幻力"，达到幻观成就，心力的作用呈现出来，那么，自己也感觉到各种境界的变化，别人也感觉到你有各种境界的变化，此所谓"种种变现，度诸众生。"

以密宗来讲，到这一步是初步的成就，叫作"生起次第"，本来没有的，在空地上，建起房子来，这是心力坚固所造成的，产生种种变现，近于神通，这是属于缘起，也是妙有。由此再转入圆满次第，本来无中生有，等到有修成了，再归到无，再把它空掉，彻底的空了。这是宗喀巴大师所创黄教走的路线。

最后，"后断烦恼，而入寂灭"。把有法再归到空。什么是烦恼？就是教理所讲的见思惑。思想上、观念上、理上、情绪上所有的无明都断完了，入到寂灭境界。

这样一类的修法，"先修奢摩他"，先修止；"次修三摩钵提"，次修观；"后修禅那"，进入涅槃。

"若诸菩萨以至静力，断烦恼已，后起菩萨清净妙行，度诸众生，此菩萨者，名先修奢摩他，中修禅那，后修三摩钵提。"

这个路线是先修至静，至静的方法那就很多了，譬如念佛、止观等等，八万四千法门都可以达到至静的境界，不修密宗"有"的观想，一路静下去，静到极点，也可以断除烦恼，也可以断除见思惑的习气，证到果位。然后，再出山，行菩萨道，度化众生，中国很多禅宗祖师走这个路线。

例如牛头山法融禅师就是如此。法融禅师是四祖道信的弟子，他的法系与五祖的弟子神秀和尚（六祖慧能的师兄）的法系影响唐代的文化很大。法融禅师在牛头山住茅蓬，万缘放下，专修禅定。修到什么程度呢？百鸟衔花供养，功夫定力当然很高。

这个时候，中国禅宗四祖道信禅师已经退休了，云游四海，来到牛头山一看，晓得山里有个修道人，于是，想入山看看。到了山中的寺庙，就问："师父，请问这山里有修道的人吧？"有位和尚回答他："我们出家人哪个不是修道的人？"四祖说："啊？那你说哪个是修道的人？"这个和尚再不敢说话了，旁边一位和尚说："在后山有个和尚，一天到晚只管打坐，见到人也不起来，也不合掌，我们叫他懒融，莫非这个人就是您所说的修道人。"

四祖就进后山去了，看到法融禅师坐在那儿，四祖来到，法融视若无睹，不理不睬。四祖明明知道他在观心修定，却故意问他："在此做什么？"法融答："观心。"四祖再问他："观是何人？心是何物？"这下子法融答不出来了，于是赶紧起立行礼，问四祖说："请问大德从哪里来？"四祖答说："贫道居无定所，或东或西。"法融就问四祖："请问你认识道信禅师吗？"四祖说："你怎么问他呢？"法融说："我久仰他的大名，想去参访。"道信大师说："贫道就是。"法融闻之大喜。

山中很清静，此时道信大师却问法融说："这里是否有清静休息的地方？"四祖怪，法融也怪，他说："有啊！后山有个小庵。"他们来到庵所，周围都是老虎、狼、熊之类野兽的足迹。四祖看了，作了恐怖的样子，法融对四祖道信说："大师，您还有这个吗？"意思说您得了道，还会怕老虎呀！四祖也不说话，过了一会儿，就在法融打坐的石头上写一个"佛"字，然后就坐上去了。法融看了很紧张，赶紧合掌道："阿弥陀佛！罪过！"四祖说："你还有这个吗？"法融后来就在四祖门下悟道。

法融悟了道以后，下山说法办道场，自己亲自出去化缘，天天挑米来回走八十里路，供养三百位出家人修行。你看！法融禅师在还没有悟道以前，只管学懒法——打坐，所以叫懒融。悟了道以后，就不同了，自己下山去背负米粮，让别人去懒去修行，这就叫作"披上袈裟事更多"，度众生是很痛苦的事，那是完全牺牲自我，成全他人。

走这个路线的菩萨，叫作"先修奢摩他"，先修止；"中修禅那，后修三摩钵提"，断一切烦恼。断一切烦恼以后，才敢到这个世间来，这个世间是充满着烦恼的，自己没有能断金刚般若波罗蜜是不敢入世的。

"若诸菩萨以至静力，心断烦恼，复度众生，建立世界，此菩萨者，名先修奢摩他，齐修三摩钵提禅那。"

以我的看法，走这种入世菩萨路线的人很少，像中国的圣人孔夫子就是走这个路线。孔子传道与曾子，曾子著《大学》，所谓"知止而后有定，定而后能静，静而后能安，安而后能虑，虑而后能得"。就是《圆觉经》这里所讲的"至静力"。但是，静到什么程度？功夫到什么程度？有问题。若说完全没有功夫也不对，的确也有功夫，也能心断烦恼，达到圣贤境界。但是，没有去掉烦恼的根，非最高菩萨境界，不够圆满。

这一类的菩萨们，以入世为主，以救众生为主，以修功德为主，建立人道世界，讲究做人的道理，形成孔孟学说，影响中国几千年。一般佛教所讲修行是走出世路线，而儒家则专走入世路线，以入世度众生为主，这一类的菩萨名为"先修奢摩他"，先修止，再"齐修三摩钵提禅那"。

讲到这里，要了解孔子的大乘道，要到哪里去找呢？不要以为读了《论语》就了解了孔子，没那么简单。真要了解的话，要到《礼记》和《易经》的系传去找，这里面有孔子的形而上道。而他的入世之道，则要看懂《春秋》了。

"若诸菩萨以至静力，资发变化，后断烦恼，此菩萨者，名齐修奢摩他三摩钵提，后修禅那。"

由静的功夫入手，静到极点，达到神通变化境界。普通一般人喜欢神通，为神通而修道，但是，却达不到真神通，有也是二号神通，就是神经啦！我看了几十年，玩神通的人最后都没有好下场，都很糟糕！

真的神通是什么呢？有一个原则，请大家记住，通由定发，你看这几段都提到三个字——至静力，静定到了极点，到了身心皆忘的境地。你坐在那里，眼睛闭起来看光呀！看影子呀！那还是这个肉眼在看，这个身子都没有忘掉啊！所以，看久了，神经就崩溃了。真的神通根本就不用这些，那是心性自力的功能，不须动念就来了；要动念，哪叫神通啊？

"以至静力，资发变化"，注意这个"资"，资者助也，由至静力的帮助，使心性道体的作用增强，由体起用，行菩萨道，然后再舍用归体，"后断烦恼"，返本还源。此菩萨者，走这样修行路线的人，"名齐修奢摩他三摩钵提"，同时修止修观，"后修禅那"。这一类人并不是找个清静的地方住茅棚专修，而就在行上修，不谈出世或入世。这些人到哪里找呢？这要看你有无慧眼了。依我几十年人生经验看，多得很，有些人明明是菩萨行，但是，打死他也不会承认，看起来很普通，你也看不出他有没有神通，他的静定不在外形打坐中。

"若诸菩萨以至静力，用资寂灭，后起作用，变化世界，此菩萨者，名齐修奢摩他禅那，后修三摩钵提。"

这种菩萨比较不容易举例，他的静定功夫已经到了，但是，不走神通的路线，而马上转入寂灭涅槃的境界，然后，再由体起作用，变化世界，转变现实世界，这是大菩萨的境界。《华严经》上佛说十地以上的菩萨才有资格转生为治世的帝王以及大魔王，其中的道理很深。目前可以说没有一个帝王可以转变这个世界，以未来的趋势来看，不可忽视科学的力量，一个新的理论出现，马上可以使整个世界改观，在科学上的成就也是最高的智慧，也是菩萨，并不简单！不要以为慈眉善目坐在那里不动才是菩萨。

这一类菩萨很难举例，"名齐修奢摩他禅那"，齐修止静寂灭，"后修三摩钵提"，再修观行起用，变化世界。我刚才所说的科学成就，就是三摩钵提，来自于幻想，再加上实验，实验成功了就是科学。我在此预言，今后的菩萨大都将出现于科学界，不如此不能转变这个世界。我们现在的世界不是靠敲敲木鱼、打打坐所能改变，这是时代趋势，各位拭目以待吧！

"若诸菩萨以变化力，种种随顺，而取至静，此菩萨者，名先修三摩钵提，后修奢摩他。"

变化力有两种，一种是如来的变化力，就是说这个法界内，包括我们这个世界，一切万有都是如来神力所变化出来。在《华严经》上讲，这个宇宙万有的生命都是毗卢遮那佛所变化，包括释迦牟尼佛、阿弥陀佛都是他的化生，我们也是他的化生。道理是什么呢？本体只有一个，"心、佛、众生三无差别"，心、佛、众生同一自性，同一自体，如来代表了本体，什么叫如来呢？《金刚经》上说："无所从来亦无所去，是名如来。"如来是本体，并非如宗教徒所幻想的种种神化，要懂这个理。

第二种变化力乃是宇宙万有的变化，物理变化和化学变化，质量与能量的互变等等，例如我们把米饭吃下去，就化成热能，维持生命。同时，万有时时刻刻皆在变化中，印度佛学称为无常，中国文化则产生《易经》的学说，佛学译为"变化力"，中国文化则称为"造化"，这种变化力丝毫没有神秘的色彩，我们学佛不要误解了。

"种种随顺，而取至静"。我们盘腿打坐不是想求静吗？那是笨办法。若是有智慧的大菩萨，随此世间法，可以处处得静，例如看见佛像，当你第一眼触及佛像时，于此刹那间，保持不动，不起第二念，就可以静下去。以变化力，种种随顺，而取至静，所以看流水也可以定，听声音也可以定。

懂得这个道理的人，叫作先修三摩钵提，先修观，后修止，后修奢摩他。先观察清楚，观察什么呢？要了解所谓静不静的关键，在于你自己的内心，而不是外在变化的动乱的环境。譬如我讲了一个多小时的话，有一句话留住吗？没有一句话留住。你听过就没有了，它没有扰乱你的静唷！你本来就那么静，你不静就听不见了；你听见了，可见你很静，就在这个地方去体会"种种随顺，而取至静"。

"若诸菩萨以变化力，种种境界而取寂灭，此菩萨者，名先修三摩钵提，后修禅那。"

这一段讲的是在种种境界上都可以悟道，这一类的例子很多。随便举个例子，有一个楼子和尚，为什么叫楼子和尚？这个和尚修行了几十年不能悟道，有一天到街上去，经过歌楼，鞋绊断了，蹲下来系鞋绊，听到楼上的歌女（现代叫歌星）唱"你既无心我便休"，这下子他大彻大悟了，悟到本来无心，自然就放下了。因此，他悟了道以后，就叫楼子和尚。所以说种种境界而取寂灭，歌女唱的是情歌，唱的人没有悟道，听的人悟进去了。

金圣叹批《西厢记》，他说如果把《西厢记》当成淫书，此人非下十八层地狱不可，《西厢记》完全是道书，可以令人大彻大悟的书，一点也没错。会看的人，《红楼梦》《西厢记》《金瓶梅》就是道书，都可以因此大彻大悟。不会看的人，看佛经也会入地狱，真的唷！

此菩萨者，名先修三摩钵提，后修禅那。

"若诸菩萨以变化力，而作佛事，安住寂静，而断烦恼，此菩萨者，名先修三摩钵提，中修奢摩他，后修禅那。"

以变化力，而作佛事，济颠和尚就是走这个路线。《济公传》是小说，故事编得非常好，把南北朝梁武帝的故事以及其他高僧的故事都编进去，所以非常热闹。真正的济颠和尚是爱喝酒，爱玩神通，但不是小说中所写的那个样子。他是名士派，没有那么疯，文学境界高，他的诗留传下来的不多，其中有一句说："愿化西湖作酒池，一浪来时吞一口。"他一生疯疯癫癫，爱喝酒，以变化力，而作佛事，临终时作了一首偈子：

六十年来狼藉，东壁打倒西壁。

于今收拾归来，依旧水连天碧。

六十年来吊儿郎当不正经，东方世界、西方世界都参透了，如今要走了，依旧水连天碧，赤条条来去无牵挂。

罗汉堂内塑有济公像，拿着酒杯喝酒，很传神，以前每天都要在酒杯内供酒，早上倒下去，下午就没有了。后来给一个方丈骂了，对着济颠的像骂："你活着不正经，现在还不正经，从今以后要守戒，不准喝酒！"以后就不再供养酒了。济颠和尚走的就是这个修行路线。

"若诸菩萨以变化力，无碍作用，断烦恼故，安住至静，此菩萨者，名先修三摩钵提，中修禅那，后修奢摩他。"

变化力不一定指的是神通，变化力也是中国道家所讲的

"造化"，我们现在的生命都在自然的造化中，每一分每一秒都在变化中，这也就是"无常"，但是，这"无常"的现象也有是自己的心力所造成的。所谓变化力也是心力的作用，例如儒家所提出来的"变化气质"，变化气质是靠自力在变化，不是靠他力。

这里所讲"若菩萨以变化力，无碍作用，断烦恼故，安住至静"，这一路的修法是以理论入手，道理明白了，晓得变化本来无主宰，非自然，不是有一个佛菩萨或是上帝或是阎王主宰你的，都是自己的心力、业力的作用。了解了这个道理，任他自然地变化，不妨碍他的作用，无著无依，无碍无作，不著相，不依求，不去障碍他，不去造作他，听其自然。如此修持，便可以断烦恼，达到安住至静的境界。为什么如此可断烦恼呢？因为烦恼的自性本空，假如你用一个方法去断除烦恼，这一个方法本身就变成烦恼，能断与所断之间，都是心起了障碍，违反了自然变化的道理。

这种修持的方法叫作先修三摩钵提，先修观，也就是心经所讲"照见五蕴皆空"，先从理入手，"照"住一切变化，一切变化皆空，不去管他。中修禅那，道理弄清楚了以后，自然宁静下来了，再修持禅那。后修奢摩他，最后到达如来大止，大寂灭海。

"若诸菩萨以变化力，方便作用，至静寂灭，二俱随顺，此菩萨者，名先修三摩钵提，齐修奢摩他禅那。"

刚才讲的是以变化力，无碍作用，听其自然，不假方便。

现在讲的是以变化力，方便作用，可以借用方便。例如念佛也好，持咒也好，这些都是方便而已，不是目的，其目的是至静寂灭，最后到达二俱随顺。如何二俱随顺呢？使用任何一个方法之后，就是静。所有的方法都是生灭心，到最后，前念已灭，后念不起，就是空，就是寂灭。

这样的修行原则叫作先修三摩钵提，先修观；齐修奢摩他禅那，止与禅定同时到达。

"若诸菩萨以变化力，种种起用，资于至静，后断烦恼，此菩萨者，名齐修三摩钵提奢摩他，后修禅那。"

这又是一种修法。在理上清楚了一切唯心所造以后，并不一定到山上住茅蓬清修，就在人世间应用之际，种种作用，观察清楚自己的起心动念，自体本空。由理帮忙了功夫，见地清楚了，功用自然就到了，自然到达了至静的境界。静极了，自然顿断烦恼。

这一类的大乘修法叫作齐修三摩钵提奢摩他，在理上观察清楚，功夫也就到了，也就止了，观与止同时齐修，最后自然到达禅定的境界。

"若诸菩萨以变化力，资于寂灭，后住清净无作静虑，此菩萨者，名齐修三摩钵提禅那，后修奢摩他。"

这一种的修行路线犹如禅宗的悟后起修，就是《楞严经》所提的"理则顿悟，乘悟并销；事非顿除，因次第尽"。先在理上通达变化力，理通顿悟以后，自然见到涅槃寂灭的自性境界。后住清净无作静虑，这是悟后起修，修定。

这样的修法叫作齐修三摩钵提禅那，同时修观及禅，后修奢摩他，后修止。

"若诸菩萨以寂灭力，而起至静，住于清净，此菩萨者，名先修禅那，后修奢摩他。"

以上讲的是变化力，接下来讲的是寂灭力。寂灭力是本来的功能，我们的心本来就是寂灭的，不必另外去求个寂灭，人的生命本来在寂灭中，不须造作修持。借此寂灭力，而起至静，此心自然放下，住于清静，不须另假方便修行。

这个修行方法叫作先修禅那，先证到自性的寂灭，然后自然住于至静清净中，住于止的境界中。

"若诸菩萨以寂灭力，而起作用，于一切境，寂用随顺，此菩萨者，名先修禅那，后修三摩钵提。"

讲到寂灭力，我们可以举禅宗二祖神光大师的例子来说明。大家都认为禅宗讲顿悟成佛，其实，没有那么简单。二祖神光在出家以前，学问非常好，在东海讲《易经》，学生很多。后来他觉得《易经》不彻底，看了《大般若经》以后，决定出家。出家以后，在香山修持九年，专修禅定。二祖神光听说达摩大师来到嵩山，就去见他。但是，达摩祖师一直没有理他。《指月录》上记载很简单，只说"祖常端坐面壁，莫闻诲励"。其实，神光在达摩祖师那里待了很久，有一天发了狠心，在雪地上合掌站立，等达摩祖师开示。语录上说积雪过膝，这个时候达摩祖师才开口问他：干什么啊？神光悲从中来，流着泪说：请老和尚慈悲，开示甘露法门。神光在雪地上站了那么久，那么诚心，以现代的我们来说，应该好好地鼓励鼓励，爱的教育嘛！结果，不是这样，达摩祖师把神光大骂一顿：就凭你恭敬合个掌，在雪地上站一站，就想要求得无上大法？没有用的，只是徒劳勤苦而已。你看！神光被骂得多惨！一般人早就掉头走了，说不定还捅你一刀。神光听了以后，抽取戒刀，把自己的手臂砍下来，放在达摩祖师前面，以此供养。这下子达摩祖师才问他：你学佛想求个什么？神光说：我心不安，求师父替我安心。各位注意，神光在香山修行了九年，心还不能安，这就是说只具有寂灭力，但是，不敢起作用，一起作用，心就不安。

等到二祖悟了道以后，明白万法本自寂灭，起作用亦无妨，随用随消，就像这一段所讲的"以寂灭力，而起作用，于一切境，寂用随顺"。在任何境界上都能寂用随顺，都能安心。这种大乘的修法叫作先修禅那，后修三摩钵提。

"若诸菩萨以寂灭力，种种自性安于静虑，而起变化，此菩萨者，名先修禅那，中修奢摩他，后修三摩钵提。"

这种修法是先了解自性本来寂灭，不须另求寂灭。种种自性是指一切事、一切理、一切物。在任何事理上，在任何作为上，知道自性本空，因此自然安于静定中，定久了，自然智慧神通具足，而起变化。这一类的菩萨叫作先修禅那，中修奢摩他，修止，后修三摩钵提，后起观行。

"若诸菩萨以寂灭力，无作自性起于作用，清净境界，归于静虑，此菩萨者，名先修禅那，中修三摩钵提，后修奢摩他。"

在理上了解一切法本来寂灭，本来无作，作而不作，因此，敢入世，敢行菩萨道。很多人学佛以后，变得很拘束，为什么？因为修空嘛！既然修空，为什么要那么拘束？所作皆空，明白了这个道理，一切作为皆在清净境界中，最后归于静虑、止的路线。这样的菩萨叫作先修禅那，中修三摩钵提，中间修观；后修奢摩他，最后修止。

"若诸菩萨以寂灭力，种种清净而住静虑，起于变化，此菩萨者，名先修禅那，齐修奢摩他三摩钵提。"

先在理上明了自体本来寂灭，本来清净，不必另外再求清净，因而住于静虑、止的境界上，渐渐生起智慧神通变化。这一类的修法，叫作先修禅那，齐修奢摩他三摩钵提，同时修止观。

"若诸菩萨以寂灭力，资于至静，而起变化，此菩萨者，名齐修禅那奢摩他，后修三摩钵提。"

认识自性本来寂灭，认识就是见地，见到了道的境界，因此帮助自己达到至静，静极了而起变化。这样的修法叫作齐修禅那及止，后修观。

"若诸菩萨以寂灭力，资于变化，而起至静清明境慧，此菩萨者，名齐修禅那三摩钵提，后修奢摩他。"

知道了自性本自涅槃，本自寂灭，由此见地，自然生起慧力，而达到至静清明的境界。这一类的修法叫作齐修禅那及观行，后修止。

"若诸菩萨以圆觉慧，圆合一切，于诸性相，无离觉性，此菩萨者，名为圆修三种自性清净随顺。"

假如这个菩萨智慧特别高，以圆满觉性，明白世间法及出世间法，一切形而上及形而下都不离于佛法。一切法皆不生不灭，不增不减，不垢不净，无所不在，无所在，在在处处都可以成佛，圆合一切，一切皆归于圆满。

于诸性相，性是指形而上的道体，相是形而下的形相。要如何见到形而上的道体呢？透过般若来悟到自性。般若分为：（一）实相般若。此是般若的体，也就是形而上的道，明心见性就是指认识这个实相般若。（二）境界般若。不管涅槃也好，菩提也好，都是讲一个东西，但是，境界不同。（三）文字般若。真见了道，智慧开发了，言语文字思想自然高明，这是智慧的境界。（四）方便般若。所谓方便就是般若道体起用的方法、法门，应用有不同，随众生心，应所知量，这也是随见道以后自然发生。（五）眷属般若。只要见了道，布施、持戒、忍辱、精进、禅定等都跟着来，八万四千细行，样样都达到至善。这五种般若，我们以前讲过了，再一次在这里提醒各位。透过了般若，悟到了自性。那么，实相般若是怎么样呢？

"空"。因此，后世把般若宗称为性宗，性宗以毕竟空为宗旨。

相是现象，透过现象来认识菩提叫作法相宗。法相讲的是"有"，有法可依，有法可循。法相的有也叫胜义有，什么叫胜义有呢？这不是我们普通一般人所说的有，那是凡夫的妄有，不真实的。

性宗讲的是毕竟空，相宗讲的是胜义有。那么，到底是空还是有呢？空也好，有也好，还都是方便，如果拿圆觉境界来讲，都是方便。禅宗的最高境界，所谓："离四句、绝百非。"哪四句呢？空，有，非空非有，即空即有；凡著了一边都不是。这些都是说法的方便，言语文字表达的方便，非究竟，不可以执著。明心见性，性从哪里见？无可见处。真无可见处？性从相上见，起用才可以知道他是怎么样一个东西。用过了自然便休，相空了自然见性。于诸性相，无离觉性，不管性宗所讲的空的道理，或是相宗所讲的有的道理，空也好，有也好，都不离于圆觉自性。

走这种路线的方法称为圆修三种自性清净随顺，这是大乘的最高境界，禅那、止、观三者一体，三者清净无碍，也就是《华严经》所讲事事无碍法界。

"善男子，是名菩萨二十五轮，一切菩萨修行如是。若诸菩萨及末世众生，依此轮者，当持梵行，寂静思惟，求哀忏悔，经三七日，于二十五轮，各安标记，至心求哀，随手结取，依结开示，便知顿渐。一念疑悔，即不成就。"

佛经很有意思，你说佛法是科学呢？还是宗教呢？例如

《楞严经》讲到明心见性的问题，有七处征心，八还辨见，非常科学，非常合乎逻辑，但是，到了中间讲到修行的问题，佛告诉我们要念一个楞严咒，还要布置一个坛场，这不能拿科学来解释了。《圆觉经》也是这样，以上所讲的道理都非常透彻，非常解脱，分析得非常清楚，非常科学。但是，到了这里，就是宗教了。

佛说你懂了这二十五种修行法门以后，不过，注意哦！这是修行大乘道的法门，小乘的人能不能走这个路线？你观察自己的能力了。这二十五轮怎么修呢？他有个方法告诉我们。

佛说若有菩萨以及未来末世的众生要依此方法来修的话，先有个准备工作——当持梵行，先修清净行，清净行就是持戒，中国文化所谓的斋戒沐浴就是梵行。斋不是吃素，斋是斋心，也叫作心斋，严格地反省自己、克制自己，达到庄严、圣洁、清净。持就是拿着不能放掉，为什么叫修持呢？就是有个方法可依，而且不能放弃。持此梵行、戒行、清净行以后，还要寂静思惟，求哀忏悔。让自己安静下来，忏悔过去种种的罪过。

如此专修二十一天以后，在二十五种方法上各作标记，一个标记代表一种方法。诚心拜佛，抽取其中一个；抽到哪一种，就按照哪一种方法去修。一念疑悔，即不成就。中间没有一点怀疑，绝对信，纯宗教。

不管你抽到哪一轮，不管你走哪一种路线，最后的结果都是一样，归元性无二，方便有多门。假如你不用这个方法抽取其中一种，自己选一种修可以不可以呢？可以，你有这种自信力也可以成就，但是，也要注意最后一句话："一念疑悔，即不成就。"

"尔时，世尊欲重宣此义，而说偈言："

佛最后用偈子作结论，把要点再重复说一遍。

"辨音汝当知：一切诸菩萨，无碍清净觉，皆依禅定生，所谓奢摩他，三摩提禅那，三法渐次修，有二十五种。十方诸如来，三世修行者，无不因此法，而得成菩提，唯除顿觉人，并法不随顺。一切诸菩萨，及末世众生，常当持此轮，随顺勤修习，依佛大悲力，不久证涅槃。"

"辨音汝当知"，辨音菩萨你应该知道。

"一切诸菩萨"，任何过去、现在、未来一切的大乘菩萨们。

"无碍清净觉"，每一个人本来都是清净无碍的，有所谓障碍都是自己找的。

"皆依禅定生"，为了清除自己所生的障碍，必须依靠修行，如何修呢？有三个纲要。

"所谓奢摩他"，有所谓至静止的原则。

"三摩提禅那"，变化观的原则及寂灭禅定的原则。

"三法渐次修"，三种原则相互搭配。

"有二十五种"，共有二十五种方法。

"十方诸如来"，十方上下一切佛。

"三世修行者"，过去现在未来一切修行人。

"无不因此法"，没有不走这二十五条路线。

"而得成菩提"，而成佛道。

"唯除顿觉人"，除此之外，尚有顿悟法门，除了顿悟之人。

"并法不随顺"，一法都不要，直接明心见性。

"一切诸菩萨"，佛吩咐一切菩萨。

"及末世众生"，以及末世的众生。

"常当持此轮"，应该持此二十五轮的修法。

"随顺勤修习"，随着这些法门勤奋修习。

"依佛大悲力"，依靠佛的大悲力。

"不久证涅槃"，不久即可证得涅槃。

第九章 净诸业障菩萨

本性清净因何染污

什么是我相

什么是人相

什么是众生相

什么是寿者相

如何做到法解脱

"于是净诸业障菩萨在大众中，即从座起，顶礼佛足，右绕三匝，长跪叉手而白佛言：……"

现在要讲的是净诸业障菩萨。此菩萨的名号"净诸业障"四个字，已经点出了此篇的重点所在。学佛的重心是净诸业障，能够彻底净诸业障就是佛。如果以这个观点来看，一切佛法的修持，无论大小乘，都是净诸业障。

业是佛法所特别提出的，业包括了三世时间，过去、现在、未来，也包括了十方无尽的空间，所谓宇宙就是无限的空间和无限的时间。在这时空中形成了国土世间、器世间、有情世间。我们所在的地球就是器世间，也是国土世间，另外属于有灵性的众生就是有情世间。这些世间都是业力所形成的，业力的根源是心力，世间是由众生共同的业力所形成。每个人的遭遇不同、个性不同、思想不同、感受不同，那是众生的别业。别业之中亦有共业，例如生在同一时代，同一地区，同一环境，共业是一样。

业又有善业与恶业之分，世间的人类是恶业多，善业少。

> 往昔所造诸恶业，皆由无始贪瞋痴，
>
> 从身语意之所生，一切我今皆忏悔。

这是《华严经》中的一首偈子，忏悔是净诸业障的第一步。忏悔是由两个观念组成的，忏的意思是对以前所做的错事感到难过、惭愧，悔是警策自己以后不要再犯了，也就是孔子说颜回的话——不贰过。孔子说颜回了不起，所有学生中只有颜回做到"不迁怒，不贰过"。这就是菩萨道。一个人有了痛苦烦恼，不把自己的痛苦烦恼加到别人身上，就是不迁怒。平常我们心里烦的时候，谁找你谈话，他一定倒霉，你一定没有好的心情对他，你一定没有好的言语对他，这种心理行为叫作迁怒，这是我们最容易犯的过错。不贰过，犯了一次过错，下次决不再犯，可是，我们很难做到。孔子所提的"不迁怒，不贰过"，就是净诸业障的办法。

"大悲世尊，为我等辈广说如是不思议事，一切如来因地行相，令诸大众得未曾有，睹见调御，历恒沙劫勤苦境界，一切功用，犹如一念，我等菩萨，深自庆慰。"

净诸业障菩萨首先赞叹佛，大慈大悲的佛能够为我们这些人讲这样不可思议的法门。一切如来因地行相，这是点题。佛告诉我们一切成佛的基础，所谓基础也就是最高的，我经常讲："最初的就是最后的"，学佛如此，做人也是如此，最平凡的也就是最高深的。所以，如来因地行相就是成佛最高的结果。

"令诸大众得未曾有"，"得未曾有"是佛经文学的创作，过去不曾有过，第一次接触到。

"睹见调御"，看见什么呢？看见调御师，调御师就是佛的别号。调是调伏，调教。御是驾御。佛是大调御师，大教育家。

"历恒沙劫勤苦境界"。佛何以有此成就呢？不是一生所能成就，历恒沙劫勤苦境界。恒沙劫是无数劫，多到如恒河的沙数，不可数，不知有多少。劫，还不止一生，劫有大劫小劫之分，在此不多说明，我们把它简化，代表生生世世。要怎么样才能修成佛呢？历恒沙劫勤苦境界。任何一个人的成就都不简单，都要从穷苦中来，都要从劳苦中站起来。很顺利起来的人，结果都很快下去，因为基础不牢固。修行人更是如此，所以这里赞叹佛是历恒沙劫勤苦修行而来，不是偶然成功。但是，那么多的勤苦境界靠什么修持呢？靠一心，心志坚定，一切功用，犹如一念。

成佛须历恒沙劫勤苦境界。我们听了，觉得害怕。我以前年轻的时候，不管是基督教、天主教、伊斯兰教、佛教都去研究过，觉得很好，都是劝人为善。但是，要我去修，不干！为什么？成佛要经三大阿僧祇劫，我的命没那么长，来生的事谁知道呢？来生还有没有我呢？那么，办个出境证，念个阿弥陀佛，死后到西方极乐世界去留学。但是，觉得天上人间渺茫无凭，不干。后来，碰到禅宗，直指人心，顿悟成佛，即身成就，好，这个好，这下干了。人家说你现在也学这个呀？这个好啊！非学不可，甚至到处拉人去学。但是，教理明明说成佛须经三大阿僧祇劫，与禅宗所说的顿悟成佛，不是冲突吗？而且成佛要经三大阿僧祇劫那么久的时间，听了也令人害怕。不要紧，"一切功用，犹如一念。"这句话就把你救回来了。一切唯心，这一念之间包括了十方三世。人在快乐的时候，一百年犹如一刹那；在痛苦的时候，过一分钟如一年。因此，李长者告诉我们："十世古今始终不离于当念，无边刹境自他不隔于毫端。"时间与空间都在一念之间。

我等菩萨，深自庆慰。净诸业障菩萨说我们这些学大乘道的菩萨们，听了这段话非常高兴。这段话非常重要，也是点题。

"世尊，若此觉性，本性清净，因何染污？使诸众生迷闷不入。"

接着净诸业障菩萨提问题。在《楞严经》中，富楼那也提过这样的问题，这是个大问题。众生本来是佛，自性本来都是清净光明，为什么又变脏了？为什么我们现在不是佛？这个原因何在，我们不懂。

"唯愿如来广为我等开悟法性，令此大众及末世众生，作将来眼。"

请求佛慈悲方便，为我们开示悟入诸佛之法性，证得清净之自性。使我们以及末世的众生具有正法的眼睛，这个眼睛是智慧之眼，能够认识真正的佛法。

"说是语已，五体投地，如是三请，终而复始。"

这段我们不重复解释了。

"尔时，世尊告净诸业障菩萨言：善哉！善哉！善男子，汝等乃能为诸大众及末世众生，咨问如来如是方便。汝今谛听，当为汝说。"

这段重复的话，也不再解释了。

"时净诸业障菩萨奉教欢喜，及诸大众默然而听。"

此时净诸业障菩萨非常高兴，在座大众都静默聆听。

"善男子，一切众生从无始来，妄想执有我人众生及与寿命，认四颠倒，实为我体，由此便生憎爱二境，于虚妄体重执虚妄，二妄相依，生妄业道。有妄业故，妄见流转，厌流转者，妄见涅槃。"

我们注意这一段佛的答话。刚才净诸业障菩萨问佛说：本性清净，因何染污？众生本来是佛，为什么变成众生呢？注意！佛在这里并没有正面回答这个问题。佛在《楞严经》的回答是："觉明为咎"，无明从哪里来的？觉明所生。这个答案好像没有答一样。那么，佛在《圆觉经》总该好好回答这个问题了吧！嘿！谁知他老人家却轻轻带过，不做正面答复。

这种不做正面答复叫作置答，也是佛的一种教育法。置答并不是答不出来，答出来的话，你们永远去搞思想去了，不会修证佛法。他要众生大家个个成佛，只要你自己亲自证到佛的境界，答案自然就出来了。

一切众生从无始来。无始是佛学的名词。这个宇宙从何时开始？尽管目前科学如此发达，到现在仍然没有答案。无始就是没有开始，宇宙是循环性的，犹如一个圆圈，任何一点都是起点，同时也是终点。那么，无始究竟是什么时间呢？如何确定呢？佛刚才已经告诉你了，"一切功用，犹如一念"。就在你的一念之间。

妄想执有我人众生及与寿命。所谓妄想就是虚妄不实的思想心念，它是偶然的，暂时的，因缘所生的。我们天生自然就认为有一个我，有了我就有你，就有他，就有人，有众生，众生就是社会、世界，乃至一切生物；还有寿命，希望活得长寿，最好不要死，永远活着。《金刚经》也是讲这四样，叫作："无人相，无我相，无众生相，无寿者相。"

认四颠倒，实为我体。这是第二重错误。四颠倒就是地、水、火、风四大类，认为身体的肌肉骨骼、血液内分泌、热能、呼吸等等是我的实体。

由此便生憎爱二境，于虚妄体重执虚妄。这是第三重错误。第一重错误是认为有一个我的存在，第二重错误是把现有生命的四大所构成的肉体认为是我，由这二重错误所加起来的矛盾，衍生出心理上的憎恨与喜爱。喜欢的就去占有，失去的时候就憎恨，人生就在这两种境界里打滚。在此虚妄不实的我相、人相、众生相、寿者相以及误认四大是我的错误之中，更加执著假相。

二妄相依，生妄业道。由于执著身心两种假相，相互为因，相互依傍，形成业力。有人问业力是不是宿命论？对，宿命论是根据业力而来。站在宿命论的立场来讲，人生的命运都有一定。很多人说学佛不应该相信宿命论，其实，宿命论也与佛法有关。命运是谁主使的？不是上帝，也不是阎王，也不是佛菩萨，是自己造成的，心造的，今生的果报是过去生的种子生现行，今生的生理行为及心理行为又变成来生的种子。所以说："欲知前生事，今生受者是；欲知来生事，今生作者是。"

命运就是业的道理。我们讲过业分为别业与共业，每个人的命运遭遇不同，这是别业。共业呢？我们所生的时代，这个时代是苦恼的时代，是战争的时代，尤其像我们这种年纪的中国人，碰到北伐战争，抗日战争以及各种各样的战乱，这一辈子就如此消磨过去了。在四十年前，我就跟同学讲，算了，我们这一辈子不用算命了，所有中国人的命我都算好了，八个字——"生于忧患，死于忧患"，当然这是指我们这一代。这是我们这一代的共业，这共业怎么来的？古人说："欲知世上刀兵劫，且听屠门夜半声。"我们的肚子吃掉了多少条生命，像台北市一天要吃掉多少条牛，多少只猪，多少只鸡、鸭，你统计过没有？你吃了人家，不用还账的呀？我们以前小时候经常去看人家杀猪杀牛，牛只要一到了屠宰场，眼泪就掉了出来，真灵光！牛就有这种灵感。猪老哥就不同了，上了刑场，还唔呀唔的。

杀生是很可怕的，所以，他们诸位菩萨们就吃素了。不过，吃素也杀了一半，植物也有生，无命有生。生与命有分别，万物都在生生不息。命再加上妄想，有灵性。真要做到不杀生很难，除非你的禅定功夫到达三禅天，可以不吃不喝不呼吸，否则，你呼吸也在杀生，空气中有细菌。严格说不杀生，太难了！我们只好姑且培养一点慈悲心。

二妄相依，生理的四大与心理的妄念，两者互相影响，我们整个人生都受它们影响。有时候，心理的理性告诉我们不要行动，但是，生理上的需要控制不住。有时候，生理很正常，心理受了刺激，也颠倒造业了。

有妄业故，妄见流转。这是第四重错误，产生不正确的观念、思想、见解，这叫妄见，误认为生命在轮回流转。于是，拼命修行想跳出轮回，想要达到涅槃境地。这样对不对呢？佛说你错了，这也是妄见，妄见涅槃；这也是大妄想、大贪心，把小贪心换成大贪心而已。《圆觉经》属大乘佛法，不讲小乘，所以这里说："厌流转者，妄见涅槃。"实际上我们的轮回不要紧，没有事，轮回也空，旋转跟我们有什么相关？像现在我们坐在这里，生命有没有流转？有。心脏在跳动，血液在流动，细胞不知死了多少，也不知生了多少。不过，你还是你，没有变过，也没有动过。

"由此不能入清净觉，非觉违拒诸能入者，有诸能入，非觉入故，是故动念及与息念，皆归迷闷。"

因此，凡夫不能入道，凡夫不能成佛，乃至包括声闻、缘觉、菩萨不能成佛，什么作障碍？妄想颠倒。由此不能入清净觉，不能恢复本来清净的自性。并非我们本来的觉性抗拒你悟道，假如你认为有个可以入道的方法，或者觉得有个空的境界，那就不对了，那就不是本来清净，那就已经不清净了，只要有一个境界存在就不是清净本觉。清净不是你修出来的，若有修有证就不是了。是故动念及与息念，皆归迷闷。注意！凡夫的动念是错，修道人想把妄念息灭剔除求个清净也是错。

"何以故，由有无始本起无明，为己主宰。"

那么，错在哪里呢？都是一念无明障碍住了，由无始劫来的无明作了自己的主宰，没有真正明白自己的本来自性。

"一切众生生无慧目，身心等性，皆是无明，譬如有人不自断命。"

一切众生自有生命以来，就没有真正的智慧。所以，学佛的成就不是功夫的成就，而是智慧的成就。身心等性，皆是无明。什么是无明？我们的生理以及心理，包括思想、观念、见解、感受，身心全体都是无明。动念是无明，息念也是无明，所以都不对。无明本身不能破无明，例如人自己不能做自己生命的主宰，不能决定自己想活多久就活多久，不能想了断自己的生命就了断自己的生命，说走就走，你办不到。

"是故当知：有爱我者，我与随顺，非随顺者，便生憎怨。为憎爱心，养无明故，相续求道，皆不成就。"

我们的身心都是无明，从误认为有一个我开始，有我就有你，你跟我就不一样，你是你，我是我。喜欢我的人，我就跟他交往，他对我很好，他很爱我，好吧！我就跟他结婚。他做事顺我的心，自然就升他的官。这就是有爱我者，我与随顺。非随顺者，便生憎怨，看不顺眼的人，或不如我意的人，就讨厌他。我曾经讲过所谓爱情都是自私的、自我的，我爱你那是因为"我"爱你，而且爱本身就是占有欲，你是属于我的；然后，爱不到就恨，或者相处久了，对方的缺点被发现了，看不顺眼了，彼此的想法不同，于是怨恨就来了。这就是人，是不是这样？

为憎爱心，养无明故。憎爱心从哪里来的？从无明而来。由无明产生的憎爱心，再养无明，再增加无明，连环相续，在此循环中求道，永远不能成佛。

"善男子，云何我相？谓诸众生心所证者。"

什么是我相呢？"谓诸众生心所证者"，就是我们心理上或观念上所认为、所知道、所证得的境界。譬如张开眼睛，我可以看见东西，我注意一下，我的身体有所感觉，就是这个"我"。这个"我"是什么？这是心的作用，心在哪里？不知道。大家闭起眼睛打坐，有个黑洞洞的境界，好像这就是我，这是我所证的。睡眠时，躺在床上，闭起眼睛，我要睡了，慢慢地睡着了，这也是我相。

"诸众生心所证者"所包含的意义很广，我们自己所认为如何如何，这都是我相的作用。我活着，我会思想，我有感觉，我有烦恼，这些都是我相，"诸众生心所证者"。再进一步对修行人来说，不管在家或出家，修行一天有一天的效果，唉呀！我昨天拜了佛，回去做了一个梦，梦到了菩萨，这本来是个梦，结果把梦抓得牢牢的，认为这就是效果，这就是我相。甚至于修行打坐做功夫，我今天好清净啊！一个念头都没有，我空了。你觉得空了，那是你心所证者，那是你的心所造出来的，这也是我相。

心所证者就是我相，三藏十二部所有佛经要我们破除的就是这个，譬如讲唯识的法相宗，把心的我相分为百法，《俱舍论》把心归纳为九十八个结，如果能解开此九十八个心结就成道了。

"善男子，譬如有人百骸调适，忽忘我身，四肢弦缓，摄养乖方，微加针艾，则知有我，是故证取方现我体。"

佛说譬如有一个人，身体非常健康，没有任何病痛，没有任何不舒服，则忘记了身体，忘记了我的存在。假如这个人身体不健康了，生病了，不舒服了，此时，"微加针艾"，用针灸治疗，在身体上扎一针，则知有我。由此证明身体内部，乃至皮肤外表，处处有我。"是故证取方现我体"，这是很好的一个证明，我在哪里？每一个细胞都有我。

其实，身体是身体，不是我，它只是个机器，可是，人会爱惜这个身体。佛在此说明一个道理，本来无我，我的存在只是一念之间，我们搞错了，认不清楚，以为处处有我，因此不能成道。学佛或是出家修行就是为了成道，成道就是证得无我，可是，世间的修行人天天打坐修行，搞了十几年，有没有我呢？那个我愈来愈大，因为他觉得我有功夫，别人都不如他，所以，这个"我"更大。

"善男子，其心乃至证于如来，毕竟了知清净涅槃，皆是我相。"

你看！佛说一切众生认为自己悟道，修道成功了，乃至证得如来境界，无所从来亦无所去，最后以为我已经空了，清净了，没有妄念了，涅槃了，寂灭了；有得道、悟道的观念，这正是我相。注意！《圆觉经》是了义经，了解尽管了解，很不容易到达。《圆觉经》说即使到达了这个境界，已经落于我相。照这样说来，修行要达到无我，几乎做不到。到了清净涅槃，一念不生，这正是我相呢！换句话说，这正是业力的根本呢！你看难不难？

"善男子，云何人相？谓诸众生心悟证者。善男子，悟有我者，不复认我，所悟非我，悟亦如是，悟已超过一切证者，悉为人相。"

什么叫作人相？人相的根本是我相，有了我相，就觉得我与你与他不同，人相是由我相所分化出来的。《圆觉经》说："谓诸众生心悟证者。"这又是另一句话。上面说过我相是"谓诸众生心所证者"，心所证者是我相，心所了解到的感受、思想等等。什么是人相呢？心悟证者，悟到了什么事，此悟心即是人相。

"悟有我者，不复认我，所悟非我，悟亦如是。"这四句话不太容易了解。悟到另外有一个我存在，离开这个肉体，另有一个灵明觉知的我存在，空空洞洞，清清楚楚，道家谓之"元神"，或者认为这就是"法身"，此时，不再认为肉体就是我。"所悟非我，悟亦如是"，其实，此所悟到灵明觉知的我也是假的，这也是我们一念所造成的。例如我们在梦中所觉得的我，这个我是假的。悟亦如是，所悟非我，所悟到的清净境界不是我，能悟之心也不是我。

"悟已超过一切证者，悉为人相"，认为自己已经悟了，而且认为自己超过一切圣贤，这个人不行，那个居士不行，那个法师也不行，那个活佛也不行，现在人都不行，古人呢？古人也不行，他们都错了，只有我对，这都是傲慢的心理，一副得道的样子，这都是人相。所以，很多学佛的人，一见面就是阿弥陀佛，满口佛话，一身佛气，著相著得厉害，一听到对方也学佛，好哦！信佛好哦！假如对方不学佛，则眉头一皱，好像罪大恶极似的，几乎所有的宗教徒都是这样，这都是我相、人相。

"善男子，其心乃至圆悟涅槃，俱是我者，心存少悟，备殚证理，皆名人相。"

佛说修行人已经明心见性，证到涅槃境界，若有一丝一毫我已成佛的念头存在，就是我相。"心存少悟，备殚证理"。心中存有一点点我已经悟道的心理，唉呀！这些众生好可怜哦！这是指真已经悟道了，可是悟迹未除。"备殚证理"，什么般若呀！唯识呀！无所不通，道理都懂，功夫也到了，如果有一点悟心未忘，"皆名人相"。好难啊！

"善男子，云何众生相？谓诸众生心，自证悟所不及者。"

有了我相，就有人相；有了人相，就有众生相。我相、人相、众生相都是差别心理、不平等心理。佛说众生平等，什么平等呢？性相平等，一切众生生命的根本都是一样的，以及生命的作用现象是一样的，但是一般凡夫不会觉得平等。不平等，就有众生相。

什么是众生相呢？"谓诸众生心，自证悟所不及者"。我相，"心所证者"；人相，"心悟证者"；众生相，"自证悟所不及者"。很清楚，条理分明，而且文字又优美，这就是佛经文学。"自证悟所不及者"，人了解自己容易，了解他人难，人所想到的都是自己，别人如何就不管了，所以，你所想不到的就是众生相。

"善男子，譬如有人作如是言：我是众生，则知彼人说众生者，非我非彼。云何非我？我是众生，则非是我。云何非彼？我是众生，非彼我故。"

接下来佛举个例子来说明众生相，譬如有一个人说："我是众生。"我们听了这句话，就知道他所说的众生，并不是指我，也不是指他，而是指许多人。"云何非我？我是众生，则非是我"。例如有人骂："这些众生多可恶！"我听了决不生气，因为他说的是众生不是我。"云何非彼？我是众生，非彼我故"。

为什么不是他呢？因为众生这个观念指的是群体，不是他也不是我。假如有人骂我："你这个家伙，混蛋！"我们两人非打架不可。假如有人自己骂自己说："我这个家伙混蛋！"你决不会生气，还笑呢！假如骂说："一切众生都混蛋！"你听了觉得无所谓。人就是如此，打了你，骂了你，非报复不可。打了别人，骂了别人，杀了别人，我们一点关系都没有。假如今天空难死了十几个人，唉呀！好可怜啃！可怜归可怜，饭还是照吃。如果死的是自己的亲人，饭就吃不下了，还鼻涕眼泪一大堆呢！

修行要在这个地方去体会，如何去得掉我执？如何空得掉我？人家骂你毁谤你，没有关系，但是，真要侵害你，割你的肉，那就受不了。有人学佛听到要布施，甚至有人跑到我面前说："老师啊！你是大善知识，我身口意供养你呀！"那牛吹得可大了，真哄死你了，我说："真的呀？""真的！""好！你身口意供养我，那么，你的身体是我的了，我现在拿一把刀，割一块肉下来，可以不可以？"唉！这些都是骗人的话，怎么做得到？所以，平常会骗人，学了佛以后，更会骗人，那是唬人大学毕业的，这就是众生。

"善男子，但诸众生了证了悟，皆为我人，而我人相所不及者，存有所了，名众生相。"

只要是一切众生在修行上认为有所证有所悟，都是我相人相。你觉得我已经空了，我已经得定了，我已经得戒了，我已经悟了，我所悟的就是至高无上的道，可惜你们不懂啊！这正是我相人相，贡高我慢。"而我人相所不及者"，你觉得空了、清净了，我悟了，你们众生可怜啊！可悲啊！"存有所了"，存有一丝得道的念头，应该度众生啊！今生不度来生度啊！只要有这种心理存生，不是妖魔，就是鬼怪。这种心理都是"我"在作怪，所谓众生相就是由我相来的，我相的第三重投影。

"善男子，云何寿命相？谓诸众生心照清净觉所了者，一切业智所不自见，犹如命根。"

现在讲到寿命相，《金刚经》称为寿者相，寿者相是我相的第四重投影。寿者相很严重，老实讲我们很多人学佛，都不是为了求道，你问他为什么打坐学佛？为了健康长寿，希望多活几年。佛法的目的并不在此，可是一般人学佛的目的，真正讲起来，还是寿者相。身体是假的，这个我知道，不过，我悟了道，法身是不生不死，永恒存在，这是寿者相。另外一种人则认为想要悟得此不生不死的法身，恐怕我不行，所以，我先办个手续，向西方阿弥陀佛国度申请留学，万一我修不成，中途要走了，阿弥陀佛！往生西方极乐世界，据说那边只有快乐没有痛苦，想要什么就有什么，又不要劳苦出力，一本万利，甚至，还不用本钱，只要你念一念就可以了，无本生意。这种心理还不是寿者相？想让自己活得舒服一点，活得长久一点，基本还是由我相来的，四相难除啊！

"云何寿命相？"什么是寿命相？"谓诸众生心照清净觉所了者"，这第四句话又不同了。什么是寿命相？"心照清净"，就是说你已经悟了道、得了道，照见五蕴皆空，什么都空了，照到清清净净的境界，一念不生，但是，知道这个清净就是本体，这就是道，这就是法身。"觉所了者"，觉悟到妄念都没有了，什么都空了，身心都空了，灵明觉知，一灵不昧，不管打坐不打坐，都在空的境界中，到达这个境界已经很高了，很少人能够到达这个境界。"一切业智所不自见，犹如命根。"一切众生由业力所生的智慧是看不见这个境界，好像命根是看不见一样。你说我们的命根在哪里？在心脏？心脏可以换掉，现在有换心手术。在生殖器官？也不是。在脑？不是。"一切业智所不自见"，自己还找不出来呢！真正的命根在哪里呢？身体不好的朋友请注意！真正的命根在心，一念之间。所以，求生意志力强的人，生命力强。其实，命根就是我相，这是关键，要研究清楚。

"善男子，若心照见一切觉者，皆为尘垢，觉所觉者，不离尘故，如汤销冰，无别有冰，知冰销者，存我觉我，亦复如是。"

佛说：如果你已经照见一切皆空，这一念灵明不昧之觉，也是尘垢，也是染污。能觉与所觉都是尘垢，能觉之知与所觉的清净境界，都是意识上的业力习气，你觉得一念放下，清清明明这就是道，其实，这正是我。道理在哪里？佛说"如汤销冰，无别有冰"，拿热水在冰上一浇，冰就溶化成水，冰就不存在了。这个比喻很好，我们凡夫把思想妄念抓得牢牢的，等于把水结成冰，修道的人天天求空求清净，认为这清净的境界就是道，明心见性了，这只是把冰化为水而已，还是妄想。你觉得空了，这清净境界就是大妄念。"存我觉我，亦复如是"，凡夫觉得有个我，罗汉觉得无我，认为空就是道，落在空中，一个半斤，一个八两，所以，不能成佛。

悟到空的境界，守着这个空的境界，可以修到长生不老的境界，例如道家用心念将精气神凝固住，的确可以长生不死，《楞严经》叫作坚固妄想。净土宗追求往生极乐世界，如何往生呢？要修到"一心不乱"，一心不乱是长寿佛的法门，这是秘诀，这是水结成冰的道理。但是，如此并不能成佛，没有圆觉，要把水变成冰就变成冰，要把冰变成水就变成水，一切自在，成佛有望。我不敢动念，想维持清水，不敢把水结冰，还不行。所以，叫你们好好修密法的生起次第与圆满次第，是有道理的，悟到的话，这是大圆觉境界。

"善男子，末世众生不了四相，虽经多劫勤苦修道，但名有为，终不能成一切圣果，是故名为正法末世。"

佛说将来的众生不了我相、人相、众生相、寿者相，虽多生多世勤苦修行，永远不会成佛，不能证得果位。为什么呢？因为后世的众生执著厉害，抓得很牢，尤其对于我相，越抓越牢，越来越坚固妄想。因此，后世成佛的人越来越少，不要说成佛，得罗汉果的人越来越少，此为正法末世。

未来的时代讲求速度，什么都要快，机器发达，人就懒了，人脑不用，用电脑，人慢慢要变成废物了，人都成"糊"了，人的智慧有多高，众生的业力就有多高，两者是相对的。你们好好用功修个长生不老，再过三十年后，看看我的话如何？那时候的生活已经不是我们此时的形态。变了就是变了，拉不回来，真是江水东流去不回啊！有些人说："老师啊！你要力挽狂澜啊！你要中流砥柱呀！"不要骗我了，你去挽挽看！你去站在中流砥柱看！挽不回也抵不住的，为什么？大势所趋，一点办法也没有，此所谓大势至菩萨也！挡不住，什么才挡得住？阿弥陀佛，阿弥陀佛才有办法。这其中的道理，自己去悟。

"何以故？认一切我为涅槃故，有证有悟名成就故。譬如有人认贼为子，其家财宝，终不成就。"

为什么不能成佛？你那清净境界、空境界、光明境界都是"我"所变的，我是什么变的？业所变的，业是心所变的，心是一念无明所变的，把这一念无明所变的我认为是涅槃，把我所变的清净认为是成佛的境界。有证有悟名成就故，一切众生都容易著相，只要有一点理解，有一点功夫，就傲慢得不得了，佛学叫作增上慢，我相更重，不学佛还好，一学佛，看人家都看不顺眼，唉呀！这个人愚痴啊！唉呀！这个人贪心好重啊！只要认为自己有所证有所悟有所成就，就是凡夫。譬如有人把贼当儿子在家养着，这家的财产迟早会没有了。我们认为一念不生清净境界就是道，这正是贼，这正是业力的根本，永远不能成就。

"何以故？有爱我者，亦爱涅槃，伏我爱根，为涅槃相。有憎我者，亦憎生死，不知爱者真生死故。别憎生死，名不解脱。"

为什么呢？佛在这里说得很清楚，众生不能成佛，是因为我相。有爱就有憎，爱不到就恨，爱有多深，恨就有多深。这个爱不只是指男女之间的爱，爱钱、爱吃，爱车子，爱宠物，爱旅游，爱钓鱼等等，其实，人最爱的是什么？自己。《圆觉经》在这里说："有爱我者，亦爱涅槃。"你说我什么都不爱，只爱修道，只爱清净，哈！这还是爱我，这是佛说的唷！想想看，你为什么爱修道？唉呀！世间都是假的，只有修行是真的，这还是做生意的心理，认为修道对你比较有利，而且这是我所喜欢的。"伏我爱根，为涅槃相"，你只是把世俗的观念压伏下去，觉得我已出家，我在修行，认为要清净，要涅槃，这样才对，这还不是我见？

因为爱的心理，想要求道，就发生另一种恨的心理——讨厌生死。你为什么修道？我为了生死修道，这个人已经是第一等了，普通人修道不是为了生死，而求长寿，其实也是为了生死，不过，只是要生不要死。人都怕死，为什么怕死？死了就什么都没有了。为什么怕生死呢？因为有我。不知爱恨真生死故，其实这个爱的心理就是生死的根本，为什么有生死？因为有爱，有求，有取。所以，了生死并不是了肉体的生死，而是自己心念的爱憎。"别憎生死，名不解脱"，你讨厌现实的人生，想要脱离生死，这叫作不解脱。照《圆觉经》这么说，哪一个学佛的人真解脱了没有，都走了错误的路子。

"云何当知法不解脱？"

以上讲的是"人"解脱的道理，接下来讲的是"法"解脱的道理。

"善男子，末世众生习菩提者，以已微证，为自清净，犹未能尽我相根本。"

佛说将来末世的众生，有学佛求道的人，以自己稍微有所悟解或修行达到的境界，以此些微的效果认为自己得道了，认为清净就是真理，犹未能尽我相根本，这还是我相啊！

"若复有人赞叹彼法，即生欢喜，便欲济度。若复诽谤彼所得者，便生瞋恨。则知我相坚固执持，潜伏藏识，游戏诸根，曾不间断。"

假如有人赞美他所证得的佛法，就心生欢喜，就要度他。很多学佛的人都认为不学佛的人好可怜啊！学了佛以后，满口慈悲啊！度众生啊！对不学佛的人或信仰其他宗教的人则看不顺眼，若听到有人说佛法不好，那更气得不得了！这都是爱憎之心，这都是我相根本。

"则知我相坚固执持"，人对我相抓得极牢，我见极深，不容易去得掉，"潜伏藏识"，生生世世潜伏在第八阿赖耶识里，逢境遇缘就爆发。"游戏诸根"，我相的根本存在于眼、耳、鼻、舌、身、意六根之中，"曾不间断"，事情一来，魔境一来，就发作了。魔境并不一定是坏事，魔者磨也，磨炼你，你过不去就是魔，你过得去就是佛了。

"善男子，彼修道者不除我相，是故不能入清净觉。"

其实，要学佛修道很简单——除我相，只要除我相就可以入清净觉；不除我相，就不能入清净觉海。

"善男子，若知我空，无毁我者。有我说法，我未断故。众生寿命，亦复如是。"

接下来佛对大乘菩萨说，假如已经证得了我本来空，人家怎么骂你、侮辱你都无所谓。其实，对修行人来说，人家骂你，侮辱你，折磨你，那是帮助你早点消灭罪业，早点清净，早点成道，应该感谢他。各位看看《寒山拾得问对》，好得很！"寒山问拾得曰：世间谤我、欺我、辱我、笑我、轻我、贱我、恶我、骗我，如何处治乎？拾得云：只是忍他、让他、由他、避他、耐他、敬他、不要理他，再待几年，你且看他。"接下来还有一段："有人骂老拙，老拙只说好，有人打老拙，老拙自睡倒。涕唾在面上，随他自干了。我也省力气，他也无烦恼。"哈！这就是我空，这才是无我。

"有我说法，我未断故"。如果讲经说法，还觉得我在说法，我是善知识，我在度众生，那就是我相未断。"众生寿命，亦复如是。"众生相、寿者相也是同理，不用多说了。

"善男子，末世众生说病为法，是故名为可怜愍者。虽勤精进，增益诸病，是故不能入清净觉。"

佛又进一步为菩萨们说，不是为我们说，我们还没有资

格。佛说其实只要"无我"就可以成道了，但是，我讲了一句
"无我"，末世众生听到"无我"，就死死抓住一个"无我"，这
本来是治病的药方，但是，众生抓住这味药拼命吃，这又变成
病了。所以，在《金刚经》上说："我所说法，如筏喻者，法
尚应舍，何况非法。"佛说我所说的法如过河的工具，利用竹
筏过河，上了岸，竹筏就不用了，就可以丢掉了。可是，众生
往往上了岸以后，还把船背着走，这不是疯子是什么？我们不
学佛还好，一学佛以后，什么八识啰！什么密法啰！越抓越
多，越抓越紧，是故名为可怜愍者，所以说众生真是可怜啊！
不要以为不学佛可怜，学佛以后更可怜啊！

"虽勤精进，增益诸病。"这话说得很严重，我们学佛本来
是为了治病，结果，众生死死抓住药方，把病情加重了，还多
生出其他病来，你说可怜不可怜？"是故不能入清净觉"，是故
不能成道。

"善男子，末世众生不了四相，以如来解及所行处，为
自修行，终不成就。"

佛说末世的众生去除不了四相，四相就是我相、人相、众
生相、寿者相。其实，这四相就是一相——"我相"。"以如来解
及所行处"，即使佛经可以倒背如流，佛学的理论与见解都清
楚，而且依照佛所说的方法修行，守戒修定做功夫叫作依教奉
行，"为自修行，终不成就。"这很严重哦！这话可是佛说的，
不是我说的。假如是我说的，有九个头都给人家打破了，这简
直是魔说嘛！照着佛说的去做还错了，为什么呢？著相，著什

么相？执著法相。

"或有众生，未得谓得，未证谓证。见胜进者，心生嫉妒。由彼众生未断我见，是故不能入清净觉。"

佛说世界上还有些人，未得谓得，未证谓证，尤其是现在，这类人多得很，无论禅宗或是密宗，大师级的人多得很，写书啦！演讲啦！看到这些现象，唉呀！没办法，要造孽就去吧！"见胜进者，心生嫉妒"，看到别人比他好，自然就嫉妒起来。人的嫉妒心理是天生的，每一个人都有，不只是女人嫉妒，男人也一样嫉妒，看到别人地位比他高或比他有钱，心里就不舒服。不要以为你没有嫉妒心理，有很多是自己检查不出来的，看到别人拜佛拜得勤，赶快起来吃饭嘛！实际上是怕人家多拜两下有功德。人如果不嫉妒的话，已经成道一半了，已经是菩萨了，已经是无我相了。要是没有这种心理的话，那才叫修行。为什么众生有这种心理？"未断我见"，都是因为有我的缘故，"是故不能入清净觉"。

"善男子，末世众生希望成道，无令求悟，唯益多闻，增长我见。"

佛再吩咐说，末世众生希望成道的话，不要一心想求开悟，尤其是所谓的禅宗盛行，这个也是禅，那个也是禅，人人都想开悟，结果，都误进去了，变成"唯益多闻"，道理懂得很多，越听越乱。增长我见，我见越来越大，每一个人的本事都大得很。我见包括了身见、边见、邪见、见取见，戒禁取见。所谓见就是思想观念，这是业力的根本。所谓修道成佛，就是修养到无我境界。

无我有两种意义，一是人无我，一是法无我。人无我又分为身无我与心无我。父母所生的身体是暂时合和而生，我们的肉体只是暂时借用而已，时间到了，就衰老坏去，这是身无我。心的无我，我们的思想每分每秒都不停留，如水中的波纹，如天空的浮云，随时变去。一般学佛修道的人，比较容易了解人无我，可是，在自己的修行方法上和修持境界上，认为有一个佛可成，有一个道可得，有一个希求的观念，认为道修成功了，有一个东西永远属于我的，认为我可以永生不灭，这属于我见，把平常的我见，换成佛法的我见，换汤不换药，还是落在我见之中，因此不能净诸业障，不能调伏烦恼，不能入清净觉海。那么，怎么办呢？请看下文。

"但当精进降伏烦恼，起大勇猛；未得令得，未断令断；贪瞋爱慢，谄曲嫉妒，对境不生；彼我恩爱，一切寂灭。佛说是人渐次成就，求善知识，不堕邪见。"

佛说要努力精进降伏自己心念思想的烦恼，烦就是扰乱，恼就是困扰，讨厌的意思。人生就是在困扰中过一辈子，人的一生都在烦恼中度过，甚至连做梦都还在烦恼，烦恼的根本就由我见来的。"起大勇猛"，就是发狠心。发狠心很难，现在学佛修道的人很多，哪有几个人真发狠心修行？无论念佛也好，持咒也好，打坐也好，哪有人精进勇猛？都把学佛当消遣，想到的时候，或是遇到挫折的时候，才念念佛、打打坐，都没有勇猛的切断的决心，世人都是"看得破，忍不过，想得到，做不来"，不是大勇猛的人做不到。

"未得令得，未断令断"。得什么呢？清净圆明。要"得"容易，要"断"可就难了。烦恼、我相、感情、习气断不了，很多人学打坐问如何断除妄念，其实，方法在你那里，你想断就断，那有什么方法？拿出勇猛心，说放下就放下。

断什么呢？贪心、瞋心、慢心，他没有说痴心唷！因为痴包括了整个，断不了就是痴，智慧不够，看不破，也忍不过。下面还有谄曲与嫉妒，谄就是献媚，俗称拍马屁；曲，不直，转弯，人是喜欢转弯的唷！人都喜欢说假话，直心是道场的人非常少。做人很难，不谄曲不转弯，太直的话又容易得罪人。人不只是对别人谄曲，也对自己谄曲；人不只是喜欢欺骗别人，也喜欢欺骗自己。你不要说我们修行人不谄曲不拍马屁，哼！才拍得厉害呢！哦！我最近特别用功，每天打坐坐了三次，拜佛拜了五百拜耶！这是不是对自己谄曲？

再来就是嫉妒，我们上次讲过，人的嫉妒心理非常可怕。人类这些贪、瞋、慢、谄曲、嫉妒的心理，是人性中最坏的一面，与生俱来，每一个人都有。乃至于这个人很清高，与社会都不来往，这是瞋心大，因为他讨厌这个世界，讨厌人家做坏事，讨厌人家追求名利。譬如有些人说你有钱又怎么样？你有地位又如何？我又不求你，有钱有地位是你家的事，这也是嫉妒，这也是慢心。把这些心理都拿掉，此心才能平静，如古人所讲的"人平不语，水平不流"。你说我打坐的时候很清净，这些心理都没有，不算本事！你到外面做事，与人接触一下看，《圆觉经》这里说要"对境不生"，碰到人家欺负你、侮辱你、取笑你，这个时候看你心动不动？你说我一个人住在山里头，在佛堂里烧个檀香，看的是菩萨，菩萨又不惹你，当然清净！什么是修行？要在这些地方下工夫。

"彼我恩爱，一切寂灭"。既没有恩，也没有爱。既没有怨，也没有恨。这是学佛第一步，这是学佛的基本修养，也是做人的基本修养，做到这些基本的修养，儒家叫作君子，道家叫作真人，佛家叫作菩萨。假如拿小乘道来讲，能够做到"精进降伏烦恼，起大勇猛，未得令得，未断令断；贪瞋爱慢，谄曲嫉妒，对境不生；彼我恩爱，一切寂灭"，已经到家了，那是罗汉境界。以大乘道来讲，还不够，还须"渐次成就"，再求进步，还要"求善知识，不堕邪见"。这是佛对净诸业障菩萨作最后吩咐，就是中国人所讲的求明师指点。是明师，不是名师；名师容易找，明师难啊！没有明师指点，容易堕入邪见，这也是由小乘道转入大乘道的关键。

"若有所求，别生憎爱，则不能入清净觉海。"

嘿！你看佛说话多有意思！刚才吩咐说求善知识，这里却又讲心里有所求就是烦恼，只要有一点想成佛成道的观念存在，已经不对了。只要有一点下意识有所求的观念，不是爱心就是憎心，喜欢就是贪爱，就是占有，就是我相。讨厌就是憎，就是怨恨，为什么讨厌？我不喜欢，还是我相。我讨厌这样的人生，所以喜欢学佛修道，这里就有了憎与爱。有了憎爱，就不能入清净觉海。学佛真难呵！

"尔时，世尊欲重宣此义而说偈言：……"

此时，佛准备重新归纳作结论。

"净业汝当知：一切诸众生，皆由执我爱，无始妄流转，未除四种相，不得成菩提，爱憎生于心，谄曲存诸念，是故多迷闷，不能入觉城。若能归吾刹，先去贪瞋痴，法爱不存心，渐次可成就，我身本不有，憎爱何由生？此人求善友，终不堕邪见，所求别生心，究竟非成就。"

"净业汝当知"，净诸业障菩萨你当知道。

"一切诸众生"，一切所有的众生。

"皆由执我爱"，都是因为执著我相。

"无始妄流转"，无始以来在生死轮回中流转。

"未除四种相"，未能去除我相、人相、众生相、寿者相。

"不得成菩提"，所以不能成佛。

"爱憎生于心"，心中有贪爱憎恨之心。

"谄曲存诸念"，谄曲也是自己内心所生起。

"是故多迷闷"，自己制造了许多烦恼，所有一切烦恼都是庸人自扰。

"不能入觉城"，所以不能成就。

"若能归吾刹"，如果能够归依清净庄严之佛土。

"先去贪瞋痴"，先去除自己内心贪瞋痴。

"法爱不存心"，连有法可得有道可成之心也去除。

"渐次可成就"，慢慢就可以成就。

"我身本不有"，如果明白本来没有我。

"憎爱何由生"，怎么会有憎爱之心呢？

"此人求善友"，再进一步求善知识指导。

"终不堕邪见"，才不至于堕入邪见之中，因为中间岔路很多呀！

"所求别生心"，还不能存有所求之心。

"究竟非成就"，否则就永远不能成佛。

第十章　普觉菩萨

谁是善知识

学佛应依何等行

行何等法

除去何病

如何发心

"于是普觉菩萨在大众中，即从座起，顶礼佛足，右绕三匝，长跪叉手而白佛言：……"

净诸业障菩萨之后，就是普觉菩萨；业障清净之后，就悟道了。《圆觉经》里菩萨出场的顺序就告诉了我们修行的方法。原文不再重复解释了。

"大悲世尊，快说禅病，令诸大众得未曾有，心意荡然，获大安隐。"

普觉菩萨提什么要求呢？佛在前面说过必须把贪嗔痴慢疑拿光了以后，才可以修行，才可以学禅。但是，真正学禅还有许多岔路。所以，普觉菩萨请求佛说禅病有哪些，也就是所谓的"走火入魔"。希望后世的修行人不会走入岔路，此心此意空荡荡，了无罣碍，得到真正的平安。

"世尊，末世众生，去佛渐远，贤圣隐伏，邪法增炽，使诸众生求何等人？依何等法？行何等行？除去何病？云何发心？令彼群盲，不堕邪见。”

接下来是申诉理由。普觉菩萨说佛啊！将来末世的众生，离开佛的时代越来越远，圣贤菩萨们都不容易被发现，旁门左道和邪魔歪道越来越多，使得想要学佛的人不知“求何等人？”学佛要依善知识，哪个是善知识呢？“依何等法？”是修止观好呢？还是参禅好呢？还是修密法好呢？还是学唯识对呢？持戒，持哪一种戒？菩萨戒？比丘戒？菩提心戒？“除去何病？”修习禅定会有哪些病？“云何发心？”发心并不是出钱，发心是发菩提心、道心，菩提心的用是大悲行，菩提心的体是觉悟。发心非常重要，学佛修道没有起大悲心，想要成就，那是不可能的。就我所知，一般学佛的人都是自私的，都没有真发心。

想想我们学佛，“求何等人？”哪一个是善知识？你分得出来吗？“依何等法？”你知道吗？“行何等行？”“除去何病？”都不知道。所以，普觉菩萨称为群盲，一群瞎子，然后，瞎子牵瞎子，以盲引盲，结果，都掉入水沟里去了。众生就是这么可怜，所以，普觉菩萨心生慈悲，希望佛指示一条大道，令彼群盲，不堕邪见。

“作是语已，五体投地，如是三请，终而复始。”

这是求佛说法的礼仪。

“尔时，世尊告普觉菩萨言：善哉！善哉！善男子，汝等乃能咨问如来如是修行，能施末世一切众生无畏道眼，令彼众生得成圣道，汝今谛听，当为汝说。”

此时，佛告诉普觉菩萨说：好的，好的，你们能够询问如何成就佛道的修行方法，给予末世一切众生智慧之眼，不再盲目修行，使一切众生得成圣道。你现在好好注意听，我来为你们说。

“时普觉菩萨奉教欢喜，及诸大众默然而听。”

此时普觉菩萨听了非常高兴，以及其他大众均默然而听。

“善男子，末世众生，将发大心，求善知识，欲修行者，当求一切正知见人，心不住相，不著声闻缘觉境界，虽现尘劳，心恒清净，示有诸过，赞叹梵行，不令众生入不律仪，求如是人，即得成就阿耨多罗三藐三菩提。”

佛说善男子，末世的众生“将发大心”。什么是大心呢？菩提心，菩萨心又名大心，换句话说，发大心的人就是菩萨，唯有菩萨才有资格称得上大心众生，大心就是抱大希望，打大妄想，在这里的大希望、大妄想是什么呢？就是成就阿耨多罗三藐三菩提，成就无上正等正觉。

那么，如何成就正等正觉呢？首先第一步就是求善知识，哪一个是善知识呢？接下来《圆觉经》在此描述了一个善知识的榜样。“欲修行者，当求一切正知见人。”正知很难，什么叫正知？我们晓得佛有十个名号，其中有一个叫正遍知，不但是正知，而且是遍知，天上天下无所不知，这才真叫作博士，这也是儒家所标榜的儒者——"一事不知，儒者之耻"。正见则更难了，正见是见道，证得菩提了，不只是见出世法，同时，也见世间法。

哪一位是正知正见的人？你看得出来吗？你分辨得出来吗？分辨不出，怎么办？佛说"心不住相"，心不住相，这可难了。我们每一个人都住相，出家人是出家相，我是在家相，男人是男相，女人是女相，当教授有文质彬彬的书生相，当军人有威武相，每一个人有每一个人不同的相，学佛修道的人最容易住相了，一副道貌岸然的样子就是住相，你学庙里菩萨低眉闭眼的样子，住相了。注意！要"心不住相"，心不被外形所限制住。

第二，这位善知识不走小路，不著声闻缘觉境界，声闻是小乘道罗汉境界，缘觉是独觉佛，也叫辟支佛，属中乘道；唯有走大乘道才有资格称善知识。

"虽现尘劳，心恒清净"。走大乘道的善知识，你不容易看得出来，因为他与一般人一样在尘劳烦恼中。但是，他的心却在清净中，这就是佛教的标志莲花的精神，出污泥而不染。

"示有诸过，赞叹梵行"。善知识并不是没有毛病，甚至比一般人更多。但是，你仔细探究他的行为，他的戒律清严，"赞叹梵行"，梵行就是清净之行。"不令众生入不律仪"，他教导众生讲究人格修养，守规矩，守戒律。"求如是人，即得成就阿耨多罗三藐三菩提"，找到这样的善知识，就可以大彻大悟。研究这一段可参考《维摩诘经》。

"末世众生，见如是人，应当供养，不惜身命。彼善知识，四威仪中，常现清净，乃至示现种种过患，心无憍慢，况复抟财妻子眷属。若善男子于彼善友，不起恶念，即能究竟成就正觉，心华发明，照十方刹。"

佛说后世的众生，假如找到了善知识，"应当供养"，如何供养呢？"不惜身命"，即使累死了，被整死了，都不在乎。如此为法忘躯，怎么做得到？各位看过西藏密宗的《密勒日巴传》吧！密勒日巴替师父盖房子，千辛万苦盖好以后，还被师父痛骂一顿，谁叫你盖在那里的？拆掉！密勒日巴只好一块一块拆下来，重新盖过。盖好以后，又被骂一顿，再拆掉，重新再盖。如此盖了四次，师父就是这样整他，他的师母看了不忍心，直哭。他走了没有？他就是不走。

其实，你看看中国的《高僧传》与禅宗语录，这些高僧悟道的经过都不简单，都不是那么容易。你看禅宗二祖神光去找达摩祖师，就砍下了一只手臂。各位晓不晓得云门祖师怎么悟道的？赔上了一条腿。云门去找睦州和尚的时候，睦州也是不理他，不让他进门。云门不死心，来了几次，跪在门口，睦州看到他就把门关起来。假如是我们的话，早就破口大骂了，云门没有，他是来求道的，他还在参禅呢！有一天云门想到一个方法，又来叫门。睦州开门见到云门，又准备把门关上，云门一个箭步上前，赶紧把一只脚伸进去，这下子你总关不了门吧！睦州禅师可绝了，硬是狠狠地把门关上去，结果，云门的脚断了，哎唷一叫，哈！开悟了。

什么是善知识？善知识很难办，善知识就有脾气，奉劝各位学佛尽管学，千万不要去找善知识，否则遭遇很惨，不小心一条腿就去掉了。佛法不一定在口头上，而是在行为上，他在行为上折磨你。禅宗祖师的嬉笑怒骂，那是他的教育法，有时整得让你真受不了。道理是什么呢？他告诉你，道在你自己那一边，不在佛那里，也不在善知识这里。善知识只是想办法把你所有的妄念都打断了，都憋住了，憋到你开悟为止。你看孔子的教育法也是这样，孔子对每一个学生的答案都不一样，问仁，对这个说是这样，对那个说是那样，用现代的观念来说，没有一个标准。孔子说他的教育法是"不愤不启，不悱不发"。逼着你发愤，你说我不会，我偏要弄会给你看，先刺激他发愤，然后再进一步启发他。不悱不发就是故意引起他的怀疑，让他自己去找答案。现代的教育则是鼓励鼓励，结果许多都鼓励坏了，成不了大器。

"彼善知识，四威仪中，常现清净"。所谓真正的善知识，在他的日常生活行、住、坐、卧当中，身心内外都是清净，也就是说随时随地都在清净中。

"乃至示现种种过患，心无憍慢"。善知识与我们普通人一样，很难分辨。中国人有句话说："英雄见惯亦常人"，法国的拿破仑也说他在妻子与老勤务兵面前，永远称不了英雄，说得极有道理。不要以为善知识就像庙里塑的菩萨一样，永远慈眉善目，永远红光满面，永远都是对的。善知识也是人，也是有过患。但是，尽管他有许多过患，然而，"心无憍慢"，他没有憍慢之心，永远慈悲，永远爱护人。

心无憍慢还有一层意思，就是说不要看到善知识有了过患，你就觉得善知识也不过如此，你就憍慢起来了。不要如此，你还是要谦卑，诚恳去学。像我一生，算算有九十多位老师，有读书的，有学武功的，有学道的，有学佛的；有男的，有女的，有老的，有少的。一生欠了九十多个账，现在一无所成，经常想到《红楼梦》上批评贾宝玉的两句话："负父母养育之恩，违师友规训之德。"

你说这些老师都对吗？也有不对的。人在三界中，就有三界中的烦恼。像我以前有位老师，他没有儿子，看到自己的朋友生了一个儿子，他高兴得眼泪都掉下来。在回家的路上，我跟老师说：老师！您还没有看开耶！我这个人向来调皮捣蛋。老师把我的手抓住，说：你认为我不应该动情？我说：对呀！老师问：你读过《中庸》没有？你背背看！在路上，我就把《中庸》背出来，背到"喜怒哀乐之未发，谓之中"。我停下来。老师说：你怎么不背下去？我说我懂了，老师笑了一笑。背到这里，我已经挨了一棒子。吃棒子，可不是拿棍子在头上敲。下一句："发而皆中节，谓之和。""致中和，天地位焉，万物育焉。"圣人也有情啊！菩萨大慈大悲就是多情人，怎么说是无情？后来，老师到了家，作了两句诗：

谁谓英雄不洒泪，人情儿女最关怀。

所以说善知识也有过错，不过，善知识还是善知识，如果要在鸡蛋里挑骨头，则天下无完人，我们要看老师的好，对父母也是一样。以前宋儒讲过"天下无不是的父母"，这句话我公开反对的，如果是在过去八十年前反对这句话，那不得了，一辈子不要想站起来做人了。天下是有不是的父母，但是，父母终究是父母，还是要孝顺。什么是孝道？孝道就是爱的还报。你看我们大便拉不出来，他要来挖；你吃不下去，他坐在旁边哭；你生病，他送你去看医生。你现在长大了，你只要像他以前对待你的一样对待他就行了。对师长也好，对父母也好，心无憍慢，这才是学佛。

"况复抟财妻子眷属"。善知识也是要吃饭过日子，也有妻子儿女，也是要钱。你看《密勒日巴传》，密勒日巴当初去见师父的时候，穷得不得了，没有钱去供养师父，只有一只跛脚的羊，他只好空手去了。见了师父，跪下来，师父说你拿供养来呀！密勒日巴说我只有身口意供养，只有我这个人，其他什么都没有。师父大骂："你不诚恳，家里还有只跛脚羊啊！你就是舍不得！""是！是！是！"他没有申辩，赶紧回去把那只跛脚羊拿过来。他原来的本意是把跛脚的羊送给师父，觉得对师父不恭敬。你看看这个师父，什么都要，把劳力刮来，把人家跛脚的羊也刮来。所以，善知识也会抟财，也有妻子儿女眷属，跟普通人一样。

"若善男子于彼善友，不起恶念"。如果你看了善知识这些毛病，不起恶念，不起任何坏的观念。佛说即能究竟成就正觉，立刻就成佛了。到了成佛的时候，"心华发明"，脉解心开，大彻大悟，身心内外一片光明，"照十方刹"。

你看这一段成佛的方法，没有一个什么法门，只教你如何学做人，自己要做成是一个求法的学生，自己要成器，因为佛法不在老师这里，而是在你自己那里。你如果能对一个泥巴做的菩萨起恭敬心，也一样会成道，何况是一个活人？但是，一般众生不要说对这个善知识不信，即使一个活菩萨在他前面，他也不信。因为众生我慢，永远不能成道。真的放下我慢的话，哪一个不是善知识？就如《阿弥陀经》所讲的极乐世界。那些鸟都在念佛、念法、念僧，那些花鸟都在开示你，其实是你自己在开示自己，心花发明，就成道了。

佛教在人类社会提出了师道的尊严，无论显教或密教都非常重视，所谓："一日从师，终生如父。"密宗有马鸣菩萨著的《事师仪轨五十颂》，凡是学佛要先学这个。做人弟子做不好的话，其他都不用谈了，人品有问题，还学什么佛？若是贡高我慢，那真是不堪造就。佛教为什么那么尊重师道？那是尊重法统，什么法统？正知见的存在。顺便告诉各位，要了解中国文化的师道，要看《礼记》，《礼记》的《儒行》篇，说明如何才有资格称得上知识分子，如同佛教的戒律，说得清清楚楚，其中提到记问之学不足以为人师，那么，怎么样才是师道呢？简单的分为两个观念，经师和人师。经师就是学问能够承先启后，人师可就难了，等于佛教的戒、定、慧样样俱足，大彻大悟，这才够得上善知识的标准。在此综合佛家与儒家的道理向大家介绍。

"善男子，彼善知识所证妙法，应离四病。"

上面讲的是如何事师，对待老师就是要恭敬，是要无条件地信仰。接下来讲的是为人之师本身的条件了，假如老师没有做到下面的几个条件，则不足以为人之师。这个条件并不是知识，如同《礼记》中所提到的"记问之学不足以为人师"。知识是知识，即使有再多的知识也没有用。

佛说真正的善知识所证的妙法，应该离开四种毛病，没有这四种毛病，才有资格称为善知识。

"云何四病？一者作病。若复有人，作如是言：我于本心作种种行，欲求圆觉。彼圆觉性，非作得故，说名为病。"

哪四种病呢？第一种是作病。什么是作病？就是认为圆觉成佛是造作出来的。我们的一切修行不是在造作吗？何以说造作是病呢？因为一切众生本来是佛，我们的自性本来就和佛的自性一样，何必还要修呢？所谓"不生不灭，不垢不净，不增不减"。你修个什么呢？再怎么修还是一样不增不减，修并未增加，不修亦未减少。认为有修有证，有佛可成，这是作病。

这是圆觉境界，不是一般人的境界，大家可不要听了以后，都不修行，都不造作，那不可以，我特地在此强调一句，因为诸位没有这个气派，没有这个胆识，没有这个智慧。假如诸位有的话，就不来搞《圆觉经》了。"丈夫自有冲天志，不向如来行处行。"

"我于本心作种种行"，我们所有的一切修行，都是本心第六意识的造作，以此有修有证求圆觉境界，求直指人心见性成佛的境界，永远达不到。为什么呢？佛说"彼圆觉性非作得故"，真正的清净圆明自性是本有的，不是造作出来的，不是修得起来的。所以说有所造作，有所修有所证，这是病态。

"二者任病，若复有人，作如是言：我等今者，不断生死，不求涅槃，涅槃生死，无起灭念，任彼一切随诸法性，欲求圆觉。彼圆觉性，非任有故，说名为病。"

第二种是任病，任者放任自然。中国的古人常讲学禅宗容易狂，所谓的狂就是任病，不做功夫。现代世界各国讲禅学的很多，其实，我们以前哪有听过什么"禅学"这个名词？学禅就是学禅，甚至连禅宗都很少提。现在处处都是禅学，可是，连个狂禅之流的人都没有。过去我们所看到狂禅之流的人，假如现在在这边的话，这一班人就不要谈禅学了。现在搞禅学者，对《指月录》《五灯会元》也许能倒背如流，但是，你要他盘腿打坐，则一点功夫都没有。他认为不需要做功夫呀！懂了就悟了，狂得不得了，上不见佛，下不见众生，这是狂禅之流，这是任病。

佛说"若复有人，作如是言，我等今者，不断生死，不求涅槃"，生死有什么可怕？死了就死了。但是，临死之前痛苦不痛苦呢？当然痛苦。我以前有一位老朋友，学问好，禅也学得好，临死前，我去看他。"怎么样呀？老哥，这个时候还痛不痛啊？""当然痛啊！""那你一辈子学佛……""那有什么关系？"他答复得很自然。他也真有这个气派，他的见地也不能说不到，可惜，没有下过禅定功夫。所以说任病也是不对。有些人认为不用断生死，也不需要求涅槃，因为"涅槃生死等空花"，那你去等等看吧！

"任彼一切随诸法性"，一切放下，任其自由自在，如果这样就可以圆觉成佛的话，永远不可能。因为"彼圆觉性，非任有故"。刚才讲过你有意去修成一个佛，不对；相反，不修而能成佛，也不对。

"三者止病，若复有人，作如是言：我今自心永息诸念，得一切性寂然平等，欲求圆觉。彼圆觉性，非止合故，说名为病。"

第三种止病是我们一般学佛最容易犯的，总认为学佛修行是把妄想杂念完全停止，认为妄念不能停止，就不能学佛。尤其大家都想把妄想止息了，"永息诸念"，什么都不动念了，那么就达到"寂然平等"，认为这就是空。有没有人做到呢？在修持上也有人做到，中国禅宗称之为"枯禅"，枯木是不能生花的，这是不对的，这是非常严重的错误。所以无论学显教也好，学密教也好，假如教理搞不清楚，一切修行都是徒劳无功，那真是"涅槃生死等空花"，成佛毫无希望了。

佛说如果以这样的观念来修行，要想成佛，"彼圆觉性，非止合故"，并不是说把妄念停止了，那就是圆觉自性。即使打坐坐得好，能够定千万年也没有用，《法华经》上讲"大通智胜佛，十劫坐道场"，一定定了十劫，够久了吧！结果如何呢？"佛法不现前，不得成佛道"。佛在这里说："彼圆觉性，非止合故，说名为病。"

"四者灭病，若复有人，作如是言：我今永断一切烦恼，身心毕竟空无所有，何况根尘虚妄境界，一切永寂，欲求圆觉。彼圆觉性，非寂相故，说名为病。"

第四种是灭病。止和灭有什么不同呢？止是用意志力硬是把它压住，犹如石头压草，根柢还在，石头下面不长草，但是往石头边长上去。灭是认为自己永断一切烦恼，永远没有烦恼了；"身心毕竟空无所有"，身体与心灵彻底空了，"何况根尘虚妄境界"，身体空了，心也空了，六根的作用没有了，外在的六尘也不相干了，也没有什么境界，"一切永寂"。这总该是佛境界了吧！释迦牟尼佛说这也不是，因为"彼圆觉性，非寂相故"。自性本来清净，你有一个寂灭相，那是你造出来的境界，不是自性清净。

以上所讲的是上上乘佛法，可以以此来检验自己在修行上是否犯了这些毛病。

"离四病者，则知清净。作是观者，名为正观。若他观者，名为邪观。"

佛说如果能够离开这四种病——作病、任病、止病、灭病，才真正知道自性本来清净，不假修证。要离开这四种病，好像很难，造作修行也不对，放任自在也不对，止息妄念也不对，灭尽烦恼也不对，那怎么办呢？不知诸位是否记得《圆觉经》前面讲过"居一切时，不起妄念；于诸妄心亦不息灭；住妄想境，不加了知；于无了知，不辨真实"。各位对这几句话多加体会，自然晓得怎么办，如人饮水，冷暖自知。再提示各位一句，这也是《圆觉经》前面讲过的，"知幻即离，不作方便；离幻即觉，亦无渐次。"你知道一切妄念、思想、感受，这些都是假的，痛苦是幻，快乐也是幻，"知幻即离"，知道这些是幻就不去管它。"不作方便"，这中间没有方法，用一个方法来离开妄想幻境，这一个方法本身也是幻，也是妄念。"离幻即觉"，离开了这些妄念、感受等等，就把知觉自性摆在那里，"亦无渐次"，这个中间没有第一步、第二步、第三步。很简单，平常心就是道，不用增加，也不用减少，不用吃补药，也不用吃泻药。

我们为什么不能证道？因为人都不肯平常，拼命好奇去求这个道，求那个法，花一万五千元买一个咒子，结果把自己给"咒"死了，何苦呢？佛说一切音声皆是陀罗尼，当年我在峨眉山闭关的时候，有魔障，庙里的师父拼命念咒子，没有用。我说算了，算了，不要念了，我念一个咒给你听。于是，我往桌子一拍，开始骂起来，三字经、六字经都骂出来了，好了，没事了。师父问我说你这是什么咒子？咒者咒也，我咒他嘛！万法唯心，心正念正，什么魔都怕你。你有所求，有邪心，即使念咒子，还是邪念，都抗不住魔的，这个道理要搞清楚。

"作是观者，名为正观"，你有这样的观念看法，就是正确的观念。"若他观者，名为邪观"，若有其他的观念见解，那是外道邪见。

"善男子，末世众生，欲修行者，应当尽命供养善友，事善知识。彼善知识欲来亲近，应断憍慢；若复远离，应断瞋恨。现逆顺境，犹如虚空，了知身心毕竟平等，与诸众生同体无异。如是修行，方入圆觉。”

如果要学真正的禅宗或真正的密宗，必须要依师，依善知识。依师之前，弟子要观察老师，老师也要观察弟子。佛说末世的众生，要想修行佛法，应当"尽命供养善友，事善知识"。善友就是善知识，古人说亦师亦友。可是以前是弟子侍候老师，现在时代不同了，反过来是老师侍候弟子，众生颠倒。

"彼善知识欲来亲近，应断憍慢"。只要你是块料子，够得上法器，善知识会来找你。善知识都想把自己所知道的东西传下去，一个有成就的人都想找一个好学生，问题在于你自己是不是法器。"应断憍慢"很重要，如果你有主观成见，认为不对，完全接受不了，那一点办法都没有。

"若复远离，应断瞋恨"。跟善知识相处得不好，他走了，不理你了，也不要瞋恨。一般人相处不来分开了，都会恨，就开始毁谤了，说老师这个不对，那个不对。

"现逆顺境，犹如虚空"。善知识往往故意示现顺境、逆境来磨练你，考验你。在顺境时，看你是否沉迷；在逆境时，看你是否能够忍受。在逆境时，是否能够维持平常心，不怨天，不尤人；在顺境时，也是一样，是否能够维持平常心，而不得意忘形。

"了知身心毕竟平等，与诸众生同体无异"，自己明了此心毕竟都是空的，与诸众生并无差别。"如是修行，方入圆觉"，这样修行，才能进入圆觉境界。

"善男子，末世众生，不得成道，由有无始自他憎爱一切种子，故未解脱。若复有人，观彼怨家，如己父母，心无有二，即除诸病，于诸法中，自他憎爱，亦复如是。"

佛说未来末世的众生，学佛不能成道，是由于无始以来以自我为中心，所产生的憎爱心理。一切种子包括很多，最基本的贪、瞋、痴、慢、疑五种思惑，所谓修行就是如何转化这些心理上的毛病。其次就是见惑，见惑是身见、边见、邪见、见取见、戒禁取见。见取见是自己主观的成见，戒禁取见是认为某件事不能做，做了就不能成道，见惑就是观念上的错误，而被这些错误的观念困惑住了，不能解脱。见思惑形成了心理思想上的一切种性，形成了现在的个性，必须要把见思惑转化，才能成就。见惑要在见道、明心见性以后才能断，才能转。"思惑"则在见道以后还不能断，必须靠修持，慢慢做功夫才能断。所以，我们深受内心爱憎之念的折磨，贪瞋痴慢疑很难断除。

佛为什么要提这一段？善事善知识很难，我常跟同学们说我不是善知识。但是，我晓得世上纵然有善知识，你们也学不好。为什么呢？一般人学的时候，都是以自己为中心，某某人讲的道理很合于我的想法。还有些同学跟我说：老师啊！你讲的思想跟我的一样哩！我说好，谢谢你啦！所以，我说你们不是学佛，而是拿佛的招牌来表现。例如现在很多人注解佛经，很多人上台弘法，所讲的佛法是不是释迦牟尼佛真正的原意？很成问题。禅宗有个故事，五代时有位忠国师，他的一位弟子学问非常好，想要注解佛经。忠国师就叫人拿一碗水，里面放七粒米，上面放一双筷子，问这是什么意思？弟子答不出来。忠国师说好了！我的意思你都不懂，你懂佛的意思？

所以，能够去掉"自他爱憎"，一切平等，爱人如己，才是学佛的行为。但是，谁能做到呢？爱人如己，大家都会讲，利害关头一到，当然是我第一，哪里还有你？修行在平常是看不出来的，到了利害关头，才是真正的考验。尤其是宗教徒，排挤别人的心理特别强烈。哎呀！你是基督教！那味道就出来了，就不能平等，就不能慈悲了。为什么信了宗教，容易排挤人家呢？因为认为我信的才是对的，他的错了，这是犯了见取见及戒禁取见的错误，这也是"自他憎爱"的心理，合于我的则喜欢，不合于我的则讨厌。

"若复有人，观彼怨家，如己父母，心无有二，即除诸病"。这一段话，有哪一个佛教徒做到了？我常说我不是佛教徒，因为我没有资格当一个佛教徒。佛说假定有一个人，看见怨家，如己父母，这多难啊！视怨家犹如自己的亲人，怨亲平等，这才是学佛之人。恩怨分得太明就不行，那么，恩怨分不清楚，好不好呢？那也不行，那是愚痴，要恩怨是非善恶分得清而又能包容。

现在有很多年轻人来学佛，我问他你的父母怎么样了？他说这不要管了。咦？父母都不要管了，好不孝顺的东西！还跑来学佛？孝顺都没有做到，人道都没有做好，还想成佛呀？哎呀！老师，我那个妈妈脾气好古怪，好难相处。对呀！父母难相处，夫妻难相处，这些做不到，还想度众生？父母不是众生啊？丈夫、妻子、儿女不是众生啊？欺人乎！欺天乎！自欺嘛！自己的亲人父母都没有尽到孝心、爱心，对别人，对怨家，那就更不用说了。一个学佛的人看一切众生如同自己的父母，视一切众生如同自己的子女，也视自己的子女如同一般众生。

从释迦牟尼佛所说的这一段，就可以知道学佛是从做人开始。人都没有做好，我要打坐，我要修法，我要灌顶，灌了顶就可以往生西方，念个咒就可以成佛了，你看这个贪心多重啊！

"于诸法中，自他憎爱，亦复如是"。你懂得了这个道理，晓得如何起步走，然后再修一切佛法。佛法的基本立足点是在慈悲、平等，在修持的方法上也是一样平等，没有好坏，没有憎爱，不是说信了佛教，就看不起不信佛教或信其他宗教的，不要说学了禅就看不起净土，学了密宗就认为密宗才能成佛，学了净土就认为禅宗不踏实。八万四千法门，没有哪个好哪个坏，要在和你相应，而你能老实修行，就如《楞严经》所说"归元性无二，方便有多门"。

"善男子，末世众生，欲求圆觉，应当发心，作如是言：尽一切虚空，一切众生，我皆令入究竟圆觉，于圆觉中，无取觉者，除彼我相一切诸相。如是发心，不堕邪见。"

佛说末世的众生要想成就圆觉境界，"应当发心"，发什么心呢？"尽一切虚空，一切众生，我皆令入究竟圆觉"。《圆觉经》的文字很美，文字后面的意义则很不简单，不仅要度一切众生，没有时间性，永远永远入世救人，最苦难的时代，在最苦难的地方，都要来。这是菩萨发心，这一段可参考普贤行愿品。每一个学佛的人都应该先读《普贤行愿品》，至少我当年学佛是这样。《普贤行愿品》里有一句："虚空有尽，我愿无穷。"虚空很大，没有边际，假如这么大的虚空有边际有穷尽的话，我救众生的愿力比虚空还要大。地藏王菩萨就是走《普贤行愿品》的路线，"地狱未空，誓不成佛。"注意！学佛的目的不只是自己要成佛，所有一切众生都要让他成佛。大乘佛法是先利他，再利己。其实，利人就是利己，天道好还。记住，佛法的精神只问施出去，绝不求收回。

"于圆觉中，无取觉者"，不能存有我在度众生之心，若有度众生之心，我今年度了几个人，我又救了几个人，就不是菩萨道。"除彼我相一切诸相"，没有你我之相，也没有一切诸相，不被外界的现象所困，也不被自己内心的思想境界所困。

"如是发心，不堕邪见"，这样发心才不至于落入邪见之中。我们经常听到发心，你学佛要发心啊！发心并不是你捐了几百元几千元，或是到庙里做了什么事，而是发菩提心。什么是菩提心呢？发菩提心就是我要大彻大悟成佛之心，不仅自己要觉悟成佛，而且也要所有一切众生都能成佛。发大慈大悲之心，救一切众生之心，这样才是真正的发心。

"尔时，世尊欲重宣此义，而说偈言……"

此时，释迦牟尼佛再用偈语来作总结：

"普觉汝当知：末世诸众生，欲求善知识，应当求正见，心远二乘者。法中除四病，谓作止任灭。亲近无憍慢，远离无瞋恨。见种种境界，心当生希有。还如佛出世，不犯非律仪，戒根永清净。度一切众生，究竟入圆觉，无彼我人相，当依正智慧，便得超邪见，证觉般涅槃。"

"普觉汝当知"，普觉菩萨你应当知道。

"末世诸众生"，未来末世的一切众生。

"欲求善知识"，学佛要依善知识。

"应当求正见"，应当求具有正知正见的人。

"心远二乘者"，远离声闻、缘觉不走大乘路线的人。

"法中除四病"，此善知识所教的法门，应远离四病。

"谓作止任灭"，哪四病呢？作病，止病，任病，灭病。

"亲近无憍慢"，善知识亲近你，或你亲近善知识，心中无憍慢。

"远离无瞋恨"，善知识远离，或远离善知识，心中无瞋恨。

"见种种境界"，见到善知识示现种种顺逆境界。

"心当生希有"，内心应当生难得之想，善知识所示现的种种顺逆境界，都是教育法。

"还如佛出世"，视善知识如现在的佛，不可对善知识起轻慢心。

"不犯非律仪"，律是戒律，仪是态度，不犯戒律，态度庄严恭敬。

"戒根永清净"，内心持戒清净。

"度一切众生"，然后，要有愿力，度一切众生。

"究竟入圆觉"，不仅自己要成佛，也令一切众生成佛。

"无彼我人相"，无我相，无人相，无众生相。

"当依正智慧"，千万记得，成佛是智慧的成就，不是迷信，也不是功夫。

"便得超邪见"，佛者觉也，真正觉悟了，明心见性，而得正知见，破除邪见。

"证觉般涅槃"，最后达到成佛的圆觉境界。

第十一章　圆觉菩萨

如何安居修此圆觉清净境界

三种净观以何为首

可以随便闭关吗

为何要忏悔罪业

"于是圆觉菩萨在大众中，即从座起，顶礼佛足，右绕三匝，长跪叉手而白佛言：……"

接着是圆觉菩萨出场提问题。圆觉菩萨的名号与本经的经题相同，本经的重点也在这里。

"大悲世尊，为我等辈广说净觉种种方便，令末世众生，有大增益。"

大慈大悲的佛啊！您已经为我们讲了十种问答，解答了十位菩萨所提的问题，讲述了如何使我们悟道，如何净化一切烦恼而觉悟成佛的种种方法，使将来的众生得到最大的利益。

"世尊，我等今者已得开悟，若佛灭后，末世众生未得悟者，云何安居，修此圆觉清净境界？此圆觉中，三种净观，以何为首？唯愿大悲，为诸大众及末世众生，施大饶益。"

我们听了佛的开示之后，已经明白开悟了。假如佛走了以后，末世的众生也要学佛，但是没有开悟，如何安居？如何找一个清净道场住下来修？为什么要盖庙子？给出家人安居修道之用。安居很难，例如大家都有房子住，请问哪一位对自己所住的地方感到百分之百满意？有没有？我看一千个之中只有一两个。一般人组成家庭之后，都会存钱买房子，为什么？为的是安居。所以，中国人讲"安居乐业"，只要你让我"安居乐业"，让我有个工作，好好的干，有口饭吃，有个地方住，少来干扰就好了。再加上八个字"风调雨顺，国泰民安"。这就是政治上最高的理想了。安居很难，不只是自己一个人能够安居，天下一切众生都能够安居。如此的话，就不用去杀猪、杀牛。人造业造得很大，你看！河里的鱼不晓得犯了什么罪？刮了鳞，还要加上葱花。牛也不晓得犯了什么罪？我们喝它的奶，吃它的肉，牛皮还拿来做鞋子穿。假如一切众生都能安居的话，那就是现成的极乐世界。如何安居是个大问题，所以，圆觉菩萨在这里问如何安居好好修道。

圆觉菩萨再问："此圆觉中，三种净观，以何为首？"记住！圆觉之路是没有先后的，"知幻即离，不作方便；离幻即觉，亦无渐次。"这是如来禅的顿悟法门，大家还记得吗？很重要喔！假如不懂的话，把它背下来，当咒子念，总有一天念通。再其次，假如不能做到顿悟，则有三种渐修法门，哪三种？修止、修观、修禅那。此三种配合起来，一共二十五种。这三种修法，以哪一种开始呢？"唯愿大悲，为诸大众及末世众生施大饶益"，为我们现场大众以及未来的众生，指示一条路，让大家得到大利益。

"作是语已，五体投地，如是三请，终而复始。"

讲完了，五体投地，跪下来拜，如是再三行礼。

"尔时，世尊告圆觉菩萨言：善哉！善哉！善男子，汝等乃能问于如来如是方便，以大饶益施诸众生，汝今谛听，当为汝说。"

此时，释迦牟尼佛告诉圆觉菩萨说：好的，好的，你们能够询问这些问题，来帮助众生得到大利益，你们现在好好注意听，我来为你们解说。

"时圆觉菩萨奉教欢喜，及诸大众默然而听。"

圆觉菩萨听到佛愿意解答，非常高兴，其他大众也都静默聆听。

"善男子，一切众生，若佛住世，若佛灭后，若法末时，有诸众生具大乘性，信佛秘密大圆觉心，欲修行者，若在伽蓝，安居徒众，有缘事故，随分思察，如我已说。"

佛说一切众生，不只是我们人类，包括禽兽游鱼在内，在佛活着的时候，所谓正法时代；或者，在佛涅槃以后，所谓像法时代，经教佛像还在；或者，在末法时代，一切经典佛像都没有了。到了最后末法时代，末法尽管末法，佛法的正法仍然存在，众生一样有佛性，也一样有了不起的人。"有诸众生具大乘性"，具备了大乘道的根性，"信佛秘密大圆觉心"，《圆觉经》是不是密宗？这里又没有传个咒子。什么是秘密？禅宗六祖讲得很清楚，"密在汝边"，秘密在你自己那里，怎么说呢？一切众生本来是佛，佛性在哪里？在你那里，但是，找不出来，这就是大秘密。天下最大的秘密就是没有秘密，明白告诉你，可是你不懂，这就是大秘密。佛在这里说，圆觉法门就是大密宗。

假如有心想修行的人，"若在伽蓝"，伽蓝就是清净道场，另外有个名称"阿兰若"也是清净道场，单独住茅棚的叫阿兰若，团体共修的叫伽蓝。"安居徒众"，大家住在伽蓝里好好共同修行，早晚课中称为"伽蓝圣众"，徒众包括四众弟子，即比丘、比丘尼、男居士、女居士；若再加上沙弥及近事男、近事女，则称为七众弟子。刚出家的叫作沙弥，即使一百岁，也是同样的称呼；在家人中受过五戒，介于沙弥与居士之间叫作近事男、近事女。"有缘事故"，心中有所缘，例如想发愿往生西方极乐世界，或者想即生成就。"随分思察"，很多人学佛都搞错了，以为学佛修行就是什么思想念头都不要有，那是学猪，不是学佛。什么都不想，最高的成就是外道无想定，差一点的成就就是畜生道，我说的是真的，不是开玩笑，很严重喔！真正学佛是用智慧，叫作正思惟修，禅那的意思是正思惟，《瑜伽师地论》里说周遍寻思，周遍伺察，禅宗就叫作"参"，参并不是不用心、不用思想。如何寻思呢？"如我已说"，佛前面已经讲过了。

"若复无有他事因缘，即建道场，当立期限，若立长期，百二十日，中期百日，下期八十日，安置净居。”

假如没有其他的事情，就马上建立修道的场所，而且应当立下一个期限，如果是长期的话，以一百二十天为标准，中期一百天，短期八十天，安静下来修行用功，以求证果。

“若佛现在，当正思惟。若佛灭后，施设形像，心存日想，生正忆念，还同如来常住之日，悬诸幡花，经三七日，稽首十方诸佛名字，求哀忏悔，遇善境界，得心轻安，过三七日，一向摄念。”

假如佛在世的时候，只要听佛说法，好好去研究，用“正思惟”修。若佛逝世以后，就要设置佛像，这并不是崇拜偶像，而是因他立我，利用佛像使自己起恭敬心、谦卑心、慈悲心。“心存日想”，心中作日轮观，在心窝与肚脐之间观想一个太阳，在日轮中加上一尊坐姿或立姿之佛也可以。“生正忆念”，就是时时刻刻心中有佛，心中想着一个佛，这就是真正念佛，不是嘴巴念。“还同如来常住之日”，这一切的修行就如同佛还在世间一般，如同中国儒家所谓的“敬神如神在”，拜佛的时候，就如同佛活生生地在前面一样，一念至诚，自他相应。以前有个外国朋友过世，我叫一个同学给他买一部纸糊的汽车，还有冰箱，洋房也要。另外一个朋友问我，你也相信这一套？我说你不信啊？我信得很，烧完就不信了，烧的时候，绝对相信，一念至诚，自他相应，过后即空。你说这是纸做的，真有用？就有用，诚则灵。假如你拜佛的时候，心不恭敬不诚恳，

307

当作是运动，即使拜一万次也没有用，千万注意！道理就在一个"诚"一个"敬"。

"悬诸幡花"，香、花、灯、水、果、茶、食、宝、珠、衣十种供养，样样俱全。衣服、卧具、饮食、汤药都可以拿来供养。注意！供佛也要像刚才所讲的诚恳恭敬，如同泡一杯茶给我最敬爱的爸爸妈妈，不可以随随便便。否则，不要供，没有用，不但没有用，还有罪过。"经三七日"，经过二十一天，"稽首十方诸佛名字"，顶礼膜拜十方三世一切诸佛，诚诚恳恳，恭恭敬敬。"求哀忏悔"，诚诚恳恳地忏悔以前的一切罪过，洗净自己以前所造的污垢，净化自己的心灵，如此日日夜夜诚敬礼拜忏悔，持续二十一天。注意！要专心，昼夜都在用心！可以说昼夜都在拜！"遇善境界，得心轻安"，如此诚敬礼拜忏悔，身心自然起反应，并与诸佛菩萨感应，头顶发生清凉，百病消除，而且觉得有光自顶上灌过来。佛在别的经典告诉我们，假如佛过世以后，找不到一个善知识的话，你就皈依佛，佛亲自给你灌顶，给你清凉灌顶，给你光明灌顶。"过三七日，一向摄念"，再过二十一天，收摄身心，修行止观法门。

"若经夏首，三月安居，当为清净菩萨住止，心离声闻，不假徒众。"

在佛教出家众有个名称叫作"结夏安居"，就是在夏天的时候，大家集中在一起共同修行，不能出门。尤其在印度，夏季就是雨季，出家人出去化缘不方便，而且在雨季也是万物生长的季节，出去化缘容易踩死许多小生命，所以，佛规定在这个时候结夏安居。

现在，在这里正是讲到结夏安居，为期三个月，应当与清净的大菩萨们一起专修，"心离声闻"，为什么呢？声闻是小乘道，菩萨道是大乘道，大乘道并不是不要小乘，而是包括了人乘、天乘、声闻乘、缘觉乘。学佛的第一步是先学做人，人做好了之后，行一切善，止一切恶，达到天人境界。虽然到达了天人境界，但是，仍然没有跳出三界外。因此，要修跳出三界外的法门，那就是声闻道，甚至要完全出世，出世的话，当然最好是出家，出家就是离情弃欲，杜绝拖累。这样专修，证得四禅八定，乃至于永远在清净无为中，这还是属于声闻缘觉小乘道。

大乘菩萨则不然，不离人间，甚至不离三恶道，菩萨愿意来做畜生，愿意来做恶鬼，愿意下地狱，以一切众生相来度一切众生。所以，像《观世音菩萨普门品》，观世音菩萨以三十二应化身度众生，应以何身得度者，即现何身而为说法。譬如说这个人喜欢打牌，菩萨度众生，先要学会打牌，应以打牌身得度者，即现打牌身而为说法。菩萨要有这种本事，又如应以王者身得度者，你就要现王者身而为说法，你是总统，我也是总统，而且我这个总统还比你高明一点。《普门品》有三十二应化身，密宗也有二十一度母，例如白度母、红度母、绿度母等等都是观世音菩萨的化身，原理相同。

这是最伟大的教育，依一切众生性向的不同，而显现不同的性向，与他共事，因此影响他、教化他，使他成道。所以，大乘菩萨道不是那么简单，这是非常痛苦，非常艰难的事。大乘菩萨不只以一个方式度众生，你喜欢什么，他会什么；你懂什么，他也懂什么，而且，总比你高明一点，让你跟他走。所以，菩萨要具备五明，哪五明呢？第一是因明，就是逻辑，一切理论的学问无所不懂。第二是声明，不管中文、英文、日文都要懂。第三是医方明，菩萨要懂得医理医药，随手可以救人。第四是工巧明，就是一切科学技术都要会。第五是内明，内明最重要，内明就是明心见性悟道；不悟道的话，以上四明学得再好，还是世间法。此处所说的清净菩萨，就是指得内明的菩萨。

若要进一步了解这些菩萨的境界，就要参考《维摩经》，维摩诘居士所说经，出家佛是释迦牟尼佛，在家佛就是维摩诘，他所讲的是入世在家菩萨的修行，虽有妻子，常修梵行。同时要参考《法华经》，以及《瑜伽师地论》的菩萨地。菩萨的一切作为不是为自己，绝对的利他，绝对的清净。例如禅宗的药山禅师告诉李翱："高高山顶立，深深海底行。"最伟大最崇高的成就，最普通最平凡的行为。《中庸》也讲"极高明而道中庸"，最高明的人，他的行为做法是最平凡的，是最合适的，而不是古怪奇特，奇特与古怪不是大乘道的行为。

再说，这一段讲结夏安居三个月，等于是闭关。闭关这两个字是出自于《易经》——先王以至闭关，什么是至呢？日子到了就去闭关，不是这么解释。中国历法有二至，夏至与冬至，夏至一阴生，冬至一阳生。冬至是在阴历的十一月之间，冬至一阳生，阳气初生，属于复卦，一阳来复，恢复生机的意思。二阳是在十二月，到了三阳则是正月岁首，所谓三阳开泰，地天泰卦，又称为三羊开泰，羊是吉祥的意思。我们现在阴历以正月为岁首，这是夏朝文化，夏朝下一朝的殷商，则以十二月丑月为岁首；再下一朝的周代则以十一月为岁首，取冬至一阳生之意。

中国的老祖宗先王闭关做什么呢？斋戒沐浴。持斋不是吃素，吃素不是持斋。其实，吃素也不能叫作吃素，什么是素？很难讲，素者白色干净，应该说不吃肉最准确。更不能讲成持斋，斋者清净谓之斋，真正持斋的意思是"洗心退藏于密"，把自己的心洗得干干净净，一念不生，什么思想都没有了，空了，找不到了，所以，叫作退藏于密。

后来，佛教思想进入中国，用了"闭关"这个名词。你们学佛可不要轻易谈闭关，禅宗有两句话："不破本参不入山，不到重关不闭关。"没有悟道以前，还没有资格到山里住，因为你身心的烦恼还没有清净，即使到了最清净的地方，你还是有烦恼，要悟了道，破了本参，破了初关，明心见性，才有资格入山。初关是见空不见有，到了重关是起有而修，此时，昼夜都在定中。真正的闭关不是在拜佛、看经，关房里什么都没有，一个蒲团，一个水壶，非常简单的几样东西。到了现在，把门一锁都闭关了，你闭什么关？观音关，拜经关，都是关。

我们讲了半天，是解释"清净菩萨住止"，千万注意，大乘菩萨不止于内明，不止于悟道，更重要的是行愿，你的行为是不是真正的利世利人？光想修道，青菜萝卜吃得很好，万事不管，那不是菩萨道。

《圆觉经》在这里说，结夏安居的时候，必须找这么一位清净菩萨大善知识共同进修。刚才提到闭关，有些同学要去闭关，你凭什么闭关？我想去专修一下，你凭什么修呀？你拿什么来修？你知道修行的路吗？有方法吗？到了这个境界，下一个境界如何，你知道吗？不知道，你怎么修啊？例如打坐摇起来了，摇起来又怎么样？摇到哪里去？你说气脉通了，通到什么程度？通到哪里去？这些都不懂，你如何专修？你如何闭关？古人闭关是依止明师而修的呀！照应你闭关的是老师，真正护关护法的是善知识，随时告诉你下一步怎么办。我有几位年纪大的老朋友说要去闭关，谁去照应你呀？我有学生，我有徒弟，好吧！你去关吧！

"心离声闻，不假徒众"。结夏安居，修的是大乘佛法，不是声闻乘。"不假徒众"，假就是藉，借用；决不依靠徒众。

"至安居日，即于佛前作如是言：我比丘、比丘尼、优婆塞、优婆夷，踞菩萨乘，修寂灭行，同入清净实相住持，以大圆觉为我伽蓝，身心安居平等性智，涅槃自性无系属故，今我敬请不依声闻，当与十方如来及大菩萨三月安居，为修菩萨无上妙觉大因缘故，不系徒众。"

至安居日，道场布置好了，日子确定了。布置道场并不一定要花很多钱，乃至于你没有钱买佛像，写了个"佛"字挂在那里也可以。即使不挂"佛"字也可以，佛在哪里？佛在心中，内心庄严就可以了。以前的印光法师，他的寮房里没有佛像，也没有供一个"佛"字，只有"死"字，念死，随时想到死，所以，赶紧修。我把一切安顿好，等到后天再来修行，死！明天有没有你还不知道呢！还有后天？常常有同学问：老师啊！年底打七不打七呀？我说我啊！明天在不在还不知道，还到年底？人世无常。但是，你要布置一个佛的坛场就要庄严了，香、花、灯、水、果一应俱全，敬佛如佛在。

道场布置好了，跪在佛前，告诉佛说：我比丘某某。假如是男居士就说我优婆塞某某某。然后就是发愿，发什么愿？这是上乘禅的修法，也是无上密的修法，假如是真心至诚发愿的话，愿力到了，功夫也到了，初发心即成正觉。"踞菩萨乘"，我要修的是大乘道。修大乘道，先要求证内明，就是寂灭行，一切念，一切行，了不可得。

"同入清净实相住持"。同入，与谁同入？与诸大菩萨同入，包括观世音、大势至、文殊、普贤。同入什么呢？清净实相。什么是清净实相？智慧的成就——般若实相，般若波罗蜜多。此实相般若不假修持，自然清净。"住持"，住持正法，以实相般若为主持。

"以大圆觉为我伽蓝"，以大圆觉境界为我的道场，尽虚空遍法界均是我的道场。"身心安居平等性智"，我相没有了，一切众生与我性相平等，同一本体，没有差别。为什么呢？"涅槃自性无系属故"，因为一切众生与诸佛的本性本来清净，本来解脱无所系，本来平等无所属。

"今我敬请不依声闻，当与十方如来及大菩萨三月安居"，我现在请十方一切佛与一切大乘菩萨，与我同在，与我共同修行。

"为修菩萨无上妙觉大因缘故，不系徒众"。因此，在这样一个庄严的道场，十方一切佛与菩萨都与你同在，自己的身心随时要清净，以求得无上妙觉，证得阿耨多罗三藐三菩提，大彻大悟。在此大因缘下，当然不系徒众。

"善男子，此名菩萨示现安居，过三期日，随往无碍。"

不管是出家的比丘或是在家的居士，如此专修三个月，如何专修呢？就是遵照刚才的发愿内容而修，修寂灭行，昼夜都在清净实相中，身心安居平等性智，如此经过三个月，"随往无碍"，得大自在大解脱。

"善男子，若彼末世修行众生，求菩萨道入三期者，非彼所闻一切境界，终不可取。"

佛又再吩咐，末世时代修行的众生。修行的众生不只指出家众，包括在家众，想求得菩萨道，以三个月为一期努力专修。"非彼所闻一切境界，终不可取"，意思就是说一切境界来的时候，都不要抓住，不要执著，一执著就入魔道了。有许多人打坐修行，慢慢地会听到一些声音，声音告诉他什么都对了，哦！这是菩萨指示我。全错了，早就著相了，非着魔不可，这决不是神通，而是神经。记住啊！此时要记住《金刚经》说的："凡所有相皆是虚妄，若见诸相非相，即见如来。"

佛在这里特别作原则性的叮咛吩咐："非彼所闻一切境界，终不可取。"修行上的障碍，大致分为两种，一种是眼睛看到什么了，以为是得眼通了；另一种是耳朵会听到声音，或者听到美妙的音乐。记住！这一切境界"终不可取"。

"善男子，若诸众生修奢摩他，先取至静，不起思念，静极便觉，如是初静，从于一身至一世界，亦复如是。"

佛又慈悲再三吩咐。假定在这三期修行期间，要修什么呢？"修奢摩他"，就是修止。我们的思想念头像流水一般，修奢摩他就是把它止在一点上，系心一缘，所有一切的修行，第一步都是先求得止，不管是哪一宗，甚至是道家、儒家，都是一样。思想、念头、情绪安定不下来，止都得不到，你说功夫有多好，不是自欺，或是欺人。

所以佛说"先取至静"，我们学习打坐，打坐是练习如何养静，静还不能说是止。你们打坐静静坐在那里，但是，内心的思想七上八下，并未得止。你说念佛，阿弥陀佛、阿弥陀佛地念，有没有止呢？没有。如何先取至静呢？"不起思念"。不起思念并不是把念头压下去，不准想，如此的话，非出毛病不可。那么，如何不起思念呢？有什么方法可以不起思念呢？对不起！没有方法。若还有方法，已经不是至静，还在闹中。如何先取至静？——不起思念。如何不起思念？——先取至静。就是这个样子，不可说，犹如雪窦禅师的诗：

太湖三万六千顷，月在波心说向谁？

"静极便觉"，静到了极点，智慧开了，悟道了。《楞严经》上说："净极光通达"，这句话不是比喻，是实际上的功夫，此光不是有相之光，而是自性之光，智慧之光。

"如是初静"，对不起，到达这个境界，还是初静，再进一步，"从于一身至一世界，亦复如是"。由自己身心清净，再扩大到整个宇宙世界都在清净圆觉中，都在你的心量中，你的心与整个宇宙融合在一起，那便由"净极光通达"达到"寂照含虚空"了。

"善男子，若觉遍满一世界者，一世界中有一众生起一念者，皆悉能知，百千世界亦复如是。非彼所闻一切境界，终不可取。"

到达了这个地步，清净觉性遍满一世界，所有众生只要动一个念头，都能清清楚楚地知道。我们举一个故事，对这件事稍做说明。清朝中兴名将胡林翼，虽是儒家，也一样静坐，只是没有盘腿罢了。中国的儒家也一样讲求静定的功夫。有一次夜里扎营，大家都休息了，他在营里静坐。到了半夜，突然下令部队紧急集合，有敌人偷袭，部队马上开往西北方十里外沟渠。到了目的地，果然发现一批敌人，结果打了胜仗。全军官兵欢欣鼓舞，不在话下。当然，有将领就问胡林翼："大帅！你怎么知道有敌人来偷袭？"他说："我夜里静坐，静到了极点，方圆十里外的声音都听得清清楚楚，敌人经过水沟，惊动了芦苇下的野鸭与雁子，这些声音我都听到了。"在这里，只是随便举个例子，佛菩萨的境界当然更大，不只声音听得见，心念只要一动就知道了。

"百千世界亦复如是"，大菩萨的境界就更大了，不只一世界皆悉能知，百千世界亦复能知。"非彼所闻一切境界，终不可取"。假如我们凡夫也能知悉众生的心念，那可有得忙了，这个想发财，那个想害人，怎么办？这一切犹如过眼云烟，一切皆不妨碍自性之清净。

"善男子，若诸众生修三摩钵提，先当忆想十方如来十方世界一切菩萨，依种种门，渐次修行勤苦三昧，广发大愿，自熏成种，非彼所闻一切境界，终不可取。"

上面讲的是修止，现在讲的是修观。若有众生其根性适合修三摩钵提，适合修观，"先当忆想"，注意这个"忆"字，忆就是回忆、记住的意思，随时挂念着。"忆想十方如来"，释迦牟尼佛在这里并没有指定要念哪个佛，随你挑选，西方有阿弥陀佛，东方有药师如来。每个佛各有不同的愿力，阿弥陀佛有四十八愿，药师如来有十二大愿，你看看哪尊佛的愿力与你有缘，就忆念哪尊佛。即使不忆念佛，忆想十方世界一切菩萨也可以，例如密宗黄教观想大威德金刚——文殊菩萨的化身，或者是红度母、绿度母——观世音菩萨的化身。重点在忆想两个字，讲到忆想，宋代诗人黄山谷有两句诗：

五更归梦三千里，一日思亲十二时。

夜里五更做梦，梦到回到相隔三千里外的家，一天十二个时辰都在思念着亲人。若能做到一日思佛十二时，那就成功了。忆想十方如来十方菩萨，必须做到如此地步，才会有所成就。

"依种种门"，忆想的方法有很多，例如修念佛法门，就必须熟悉《观无量寿经》里的各种观想方法，如日想、水想、华座想、像想等等。再说观佛的形象，三十二相，八十种好，在心中显现出来。假如观不起来，只观佛眉间的白毫光也可以，或是观佛胸口的卍字也可以。假如有人心量广大，智慧广大，功德广大。一观，佛的三十二相、八十种好，乃至整个极乐世界全体显现。我们心量小的人，就观小一点吧！小人修小法。

"渐次修行勤苦三昧"，一步一步地观，观想不是那么容易成就，所以要勤苦三昧渐次修行。观想成就的话，随时随地都在观想境界中，并不一定要专修、闭关、禅坐才能做到，在一切行、住、坐、卧日用之间，观想境界非常明显地现前，也不需要闭眼睛，开眼闭眼都现前，那你说是眼睛看到佛菩萨了，倒也不是，是心意识的境界。

"广发大愿"，还要发愿，发什么愿？譬如修念佛法门，你必须知道阿弥陀佛的四十八愿。愿是舍己为人，是利他，而不是自私的欲望。愿不只是心愿，还要变成行为，才是真正发愿。若不广发大愿，观想不会成就。

观想的道理在哪里呢？为什么要观想呢？"自熏成种"。观想是利用第六意识来观，例如观想四臂观音，先在意识上有个模模糊糊的影像就可以，慢慢地让他越来越清楚，如同真的菩萨在前面，再进一步，把自己观想成四臂观音，四臂观音就是我，无二无别。利用第六意识观想来慢慢熏习第八阿赖耶识，这就是观想自熏成种的道理，利用第六意识的现行，形成第八阿赖耶识的种性，死后生生世世，以前所观想的佛菩萨仍然现前。

"非彼所闻一切境界，终不可取"。如果以观想忆念法门修行的人，因为这种修法是有相的修法，如果不通教理，盲目迷信，很容易走上岔路，走上神经之路。不合教理的一切境界，终不可取。要明白什么道理呢？能观者是我，所观者是佛，即使真佛来到前面，与我讲话，都不予理会，"凡所有相皆是虚妄"。假如忘了能观者是我，看到佛菩萨现前，自己忘了我，那就着魔了。

这一段所讲的修观，与上一段所讲的修止，有什么不同呢？有很大的不同。修止是让第六意识止在一点上，不去想象；修观想忆念法门是让第六意识去想象造作，同时止在这个观想境界上。

"善男子，若诸众生修于禅那，先取数门，心中了知生住灭念分剂头数。如是周遍四威仪中，分别念数，无不了知。渐次增进，乃至得知百千世界一滴之雨，犹如目睹所受用物。非彼所闻一切境界，终不可取。"

接下来讲的是禅那，禅那是正思惟修，与所谓的禅定有所不同。禅定有四禅八定、九次第定，禅定也是共法，与外道共有的法门；修止、修观、修禅那其中都有禅定，功夫层次深浅不同。那么，这里所讲的禅那是不是中国的禅宗呢？也不是。禅宗又称为心宗，诸佛法门中心的中心，又叫作"心中心"法。密宗里也有心中心的修法，有其咒语及手印，做到了也可以悟道。这种心中心的修法都属于禅那，禅那的最高境界就是寂灭清净，清净圆明，这是"如来禅"的境界，与中国禅宗同中有异。所以，禅那与修止、修观有所不同。

修习禅那如何修呢？佛在这里告诉我们，"先取数门"，这里所讲的数不是天台宗的数息法，而是观心法门。观什么心呢？观后天妄想心，在静中反观自己的起心动念，每一个思想，每一个念头，一个一个都很清楚，心中了知"生住灭念"。我不晓得诸位的经验如何？真正的修行没有不观心的，对自己的思想念头来去要清清楚楚才是修行。有很多人记忆力不好，修观心法门，记忆力一定会好起来，越放松，影像越容易留；越空越容易装下东西。

修行人要做到心念随时空，禅宗祖师教我们修行要"无心于事，无事于心"。心中不求什么事。常常有人告诉我明天要怎么样怎么样，我烦起来，就告诉他：你好多余。明天有没有我还不知道呢，管他明天干吗？这就是无心于事。还要无事于心，所有的事不装到心里头，过了就算，发脾气，要发就发，我发起脾气比谁都大，一边发脾气一边心里还在笑。有同学问我某人这件事怎么处理，我说骂都骂了，还要怎么处理？骂他就是处理了嘛！你还要他怎么样？错了已经错了，你打死他也错了，错了还挽得回呀？

"分剂头数"，对于每一个念头还须懂得分辨善恶，剂就是排列归类，对于自己心中的每一个思想都念念清楚，在《瑜伽师地论》里称为周遍寻思、周遍伺察，这就是修心、修行。许多人学佛修行对于自己讲的话都搞不清楚，都没有好好的观心，都不晓得观照自己的内心。念念观照自己的起心动念，才是正修行之路。你们想求智慧，求福德，要如此修法。为什么呢？把心观察清楚，这就是智慧；假如对自己的心念不清楚，那是细昏沉，因为落在细昏沉中，所以智慧发不起来。怎么说这也是修福德呢？对于自己心念的是非善恶都清清楚楚，把恶念拿掉，善念增加，功德自然增长。所以，观心法门有如此重要，尤其号称学禅的朋友们，特别注意这个法门，连这个最基本的都做不到，还谈什么禅？不要自欺欺人。

"如是周遍四威仪中，分别念数，无不了知。"无论行、住、坐、卧，在任何时间任何地点，对于自己的心念都清清楚楚，甚至在睡觉中，对自己的梦也清清楚楚。更进一步，在梦中还可以做主，变个山来玩玩就变出一个山来，如此的话，修行才算稍有成就，死了嘛，才不会迷糊，不会被业力牵着走，想往生西方极乐世界，一动念就去了。

讲到做梦，有一个很有趣的故事。四五十年前，我有一位一起学禅的朋友，他的太太也想一起来学，他这位太太很娇，也很折磨丈夫，很爱丈夫，拿感情折磨丈夫。有一天她来看我们的袁老师，袁老师对她很不客气，胡子一抹，问她："你来干吗？""我跟剑秋来（她的丈夫名叫剑秋），想先生收我做徒弟。"袁老师眉毛一横，头一歪，说："我这里不收女人的！"我们在旁边看到，担心死了，不要回去吃安眠药唷！赶紧跟在后面送她出去，"大嫂！不要难过啊！先生脾气就是这样。""我不难过，我不难过。"她态度表现很好。

她回到家里，气了，这糟老头有什么了不起，摆臭架子，我就成佛给你看看！于是，自己弄个蒲团，打起坐来。拼命用功，饭也少吃，觉也少睡，想马上成佛，腿痛也强忍下来，搞了几天，病倒了，发高烧。刚好碰上家里没有钱，她先生急了，不晓得怎么办，只好守在太太旁边，求观世音菩萨帮忙。平时叫他念佛，打死也不干。现在太太病了，家里又没钱，只好念佛，他一口气念大慈大悲观世音菩萨圣号，念了五个钟头。

到了黎明，他太太突然坐起来，一把抓住先生的手说："剑秋！我信了。"这下可把我那位朋友吓了一跳，以为她发高烧，烧过了头，发疯了。问她："你信了什么？"她说："你是菩萨，你的老师是佛。"这么一答，更加令人莫名其妙。"怎么了？你怎么这样讲呢？"她说："我病好了。"这样一说，他才放心。"那到底怎么回事？"他太太说："我病得好难过！好痛苦啊！我叫你拿水给我喝，看到你全身都是金光，金光照到我身上，就清凉了，痛苦全消，然后就睡着了。醒来以后，烧也退了，病也好了。所以说你是菩萨。"第二天，我这位朋友跑到维摩精舍来说给大家听，大家都笑，袁先生也笑，大家等着看她下一步会怎么样。

她还是继续用功，天天打坐。有一天夜里做个梦，她自己也知道要做梦了，就让它做吧！她心里想：好，要做梦嘛！就做个大梦，到西方极乐世界去看看。她的念头这么一动，就看到一尊大佛，光芒四射，她就跪下来，向佛磕头。她说她一边磕头，一边心里还在想：袁老师！你这个糟老头！嗯！我现在看到佛了。她向佛说："佛啊！你要度我，我要回去跟那位老头子比一下。"阿弥陀佛对她笑一笑，也不讲她什么，对她说："你饿了吧？""对呀！我饿了。"地上就冒出一张桌子出来，什么好吃的东西都有。吃完之后，佛问她："你到这里来，还想

322

看什么？"她说："佛啊！你这里有没有跳舞的呀？"佛说："有啊！"佛将手一比，马上出来一群美女，那些女的真漂亮呀！她说我根本就无法跟她们比。看完了跳舞，佛又对她笑，她问佛："佛啊！你这里有没有电影？"佛说："有啊！"马上电影银幕就出来了，反正，要想看什么就有什么。过了一段时间，她想一想，我在做梦，不要梦太久了，假如丈夫以为我死了，把我抬去埋了可不好。于是，她跪下来向佛说："谢谢！我要回去。"佛说："好，你回去吧！"

故事还没有完，她拜别了阿弥陀佛，就走回家。在回家的路上，看到一堆坟墓，从坟墓里走出一位女鬼，这女鬼很凶恶，要抓她。她赶紧打坐，把心定下来，向女鬼说："你不要抓我，有怨也好，有仇也好，有爱有恨也好，我刚从阿弥陀佛那里回来，等我成佛以后，我带你到西方极乐世界去，而且，我喜欢漂亮，你那么丑，我不怕你。"她这么一说，那女鬼羞答答钻回坟墓里去了。

然后，她就继续往前走。走没有多久，出来一位男鬼，这位男鬼真漂亮，比以前所见过的男人都漂亮，向她百般挑逗，她心里知道这个男鬼就是那个女鬼变的，她告诉这个鬼："你少来这一套，我刚从西方极乐世界回来，什么好看的都看过了，你这一套迷不住我。"这个时候，这个漂亮的男鬼突然变成青面獠牙的厉鬼，这下子把她吓住了，她拼命跑，拼命往家里跑，跑到家门前，踩到一块踏板，一滚，滚到床上，出了一身冷汗。

她就这样醒了，醒来之后，愣了半天，坐起来，看看丈夫还在睡觉，于是将丈夫摇起来。她丈夫问她："你干什么？"——"我悟了！"她丈夫说："你不要发神经。"她说："我真的悟了。"她丈夫看她说得那么正经，说："怎么回事？你讲给我听听。"她说："梦的也是我，阿弥陀佛也是我，西方境界也是我，那个女鬼也是我，男鬼也是我，那可怕的厉鬼也是我。我爱你爱得要死，其实，爱的是我自己。从此以后，我不再爱你了，以后我们是道友。我不再被自己骗了。"

她的丈夫听了很高兴，告诉她："好了，你真悟了，现在我也解脱了，老实说你这样死爱我，我被你缠得也受不了。你现悟了，我很高兴，我来皈依你。"她的丈夫就在床上给她磕头。第二天清晨，两人一齐去见袁老师，袁老师也怪，一进门就叫她跪下磕三个头，这下我收你做徒弟了。她说："袁老师，今天你不收我也没有用，我已经打好主意，一进门就要向您磕头了。"袁老师说："好！好！我都知道了。"

我们讲了一个做梦的故事。梦中能够做主，生死才有把握。所以，平时在行、住、坐、卧之间，自己心中的分别念数，无不了知。若有一念不知，便是昏沉，便是无明。所以，你们天天在无明中，迷迷糊糊，不是密宗的呼图克图，而是糊涂可土，这怎么得了？一定要无不了知，清清楚楚。

然后，"渐次增进"，一步一步地进步，"乃至得知百千世界一滴之雨，犹如目睹所受用物"。由自己的心念清清楚楚，而至于一切众生的心念也清清楚楚。佛在这里以百千世界的一滴之雨来作比方，因为雨的数目太多，数不清，但是，你都很清楚，犹如目睹所受用物，犹如亲目看见，都在心中清清楚楚。一面又吩咐，到了这个境界不要得意，这只是修禅那的初步，没什么了不起，其间还有很多变化，甚至十方诸佛与你摩顶授记等等，这些都不要理会，"非彼所闻一切境界，终不可取"。

"是名三观初首方便。"

以上所讲的是修止、修观、修禅那初步开始的方法。

"若诸众生遍修三观，勤行精进，即名如来出现于世。"

假如有众生修止、修观、修禅那，能够非常认真勤快，不断求进步，等于佛再来住世。

"若复末世钝根众生，心欲求道不得成就，由昔业障，当勤忏悔，常起希望，先断憎爱嫉妒谄曲，求胜上心，三种净观，随学一事，此观不得，复修彼观，心不放舍，渐次求证。"

假如将来末世的钝根众生，所谓钝根就是很笨，不能快刀斩乱麻。钝根众生想要求道学佛，修什么都不得成就，例如在中国流行的净土法门，非常简单，只要念一句佛号，念到一心不乱，可是，很少人能够做到一心不乱。不要认为打个坐，念个咒子，然后，闭起眼睛看到了什么，或是心里有什么灵感，以为这就是成就，千万不要搞错，所谓成就就是要证得果位。

为什么不得成就呢？"由昔业障"，由于被过去生所造的业力所障碍了。业障的问题，讲起来很多，可另作专题讨论，在这里不详细讲。

那么，被自己的业力所障碍，不能证得道果，怎么办呢？"当勤忏悔"。忏悔这两个字，我们很熟，尤其是我们学佛的人，动不动就忏悔。到佛菩萨前面磕几个头，拜一拜，哭一场，唉呀！我在忏悔，事情过掉以后，又是我行我素。这样是不是忏悔呢？这不是忏悔，这是做假、自欺。所谓忏悔，就是停止以前所做的错误，永远不再犯，以后的行为只起善不起恶。

佛在这里告诉了我们忏悔的办法，"常起希望，先断憎爱嫉妒谄曲"。常常生起希望断除业障之心，先断除憎心与爱心，憎是讨厌，爱是喜欢，正反两面。憎是由瞋心而来，是一种仇恨的心理，讨厌这个人，讨厌那个人，埋怨这件事，埋怨那件事，怨天尤人。我们仔细观察人的心理，很好玩！一个人做错了事，刚开始，脸红一下，过几秒钟，红就退了。想了一想，我还是没有错，错的是他，或是别的什么原因才促使我这样。甚至归咎于社会问题，不是你的错，也不是我的错，是社会的错。不要忘了社会也是人组成的，归咎于社会问题，这是推托之词，不负责任的行为。把错误推给人家，把责任推开，或是排斥一切，这种心理是憎。

憎的反面是爱，爱不只是男女之间的爱欲，包括了广义的贪爱。爱就是执著、占有。假如把自私的贪爱反转过来，变成牺牲自我，爱护别人，就是慈悲。

嫉妒的心理属于瞋，嫉妒的心理也有很多种，发生在感情方面比较多、比较明显。因为求之不得，贪之不足，所以产生瞋恨，见不得别人比你好，也因为智慧不明了，自己的心结解不开，佛学称为结使，小乘佛法归纳为九十八个结使。修行就是去除这些结使，把这些结使一个一个解开来，就是修行的成果，例如一个内心充满仇恨的人，经过修行，变成非常慈悲，或是一个愚笨的人，经过修行，变得聪明开通。但是，很多人学佛的结果，变得越来越笨，脾气越来越大；信了教以后，越来越脱离现实生活，变得神经兮兮，古里古怪，几乎每个宗教都是如此，看了真使人害怕。再说，宗教徒彼此之间互相排斥，也是嫉妒；不管男女老幼都有嫉妒的心理，你的学问比他好，他会嫉妒；你的事业比他好，他会嫉妒；你长得比他好，他会嫉妒。你在街上多看女人一眼，夫妻回家保证吵架，女人在小地方很仔细，比较爱吃醋。有些人对比自己地位低的人很好，对比自己地位高的人不理，其实，这就是嫉妒心理的反面，你为什么要有所差别？能平等对待就好了，他不能平等。修行要从这个地方检查自己，不是说我去学了一个法，又会打坐，又会念咒，又会结手印，这就可以修成佛了。

还有谄曲，谄曲就是圆滑，转个弯。讲话拐弯抹角，内心打主意想计谋，都是谄曲。谄是谄媚，在外表上讨你喜欢；曲就是弯曲，掩饰作假，所以佛说："直心是道场。"你说："我要骂他就当面骂他"，这就是真心吗？不是，这是瞋心。

佛告诉我们，忏悔要去除切断憎爱嫉妒谄曲这些心理，把内心洗刷干净，这才是忏悔。并不是跑到佛堂哭一场，就是忏悔了。哭是情绪的发泄，哭过以后，心情很平静，那是哭累了，别的事情想不起来了。你不要以为在佛（或是上帝）前一跪，一哭，忏悔之后觉得好安详啊！得到上帝的灵感啊！得到菩萨的加庇啊！那是累啦！不是佛菩萨的感应。不信，再过几个钟头，吃饱了，体力足了，他的脾气又来啦！注意！什么是真忏悔要搞清楚。

忏悔之后，内心洗刷干净之后，再来修止、修观、修禅那，"求胜上心"。但是，我们一般人相反，不求忏悔，就想修止、修观、修禅那；结果，越修，心越乱，止也止不了，静也静不下。先求忏悔，内心纯善，到了善的境界，中国人讲"为善最乐"，心理产生喜悦，生理发起轻安，再来求定，那就容易了。

在修止、修观、修禅那三种法门中，"随学一事"，随你选择一种修习。但是，选定之后，就不要随便更换，须易观时再改。一门深入，心不放舍，专心一志，全力以赴，"渐次求证"，一步一步进步，一步一步求证。

"尔时，世尊欲重宣此义，而说偈言：……"

这个时候，佛归纳以上所讲的要点，作成偈语。

"圆觉汝当知：一切诸众生，欲求无上道，先当结三期，忏悔无始业，经于三七日，然后正思惟。非彼所闻境，毕竟不可取。奢摩他至静，三摩正忆持，禅那明数门，是名三净观。若能勤修习，是名佛出世。钝根未成者，常当勤心悔，无始一切罪，诸障若消灭，佛境便现前。"

"圆觉汝当知"，圆觉菩萨，你应当知道。
"一切诸众生"，所有一切的众生。

"欲求无上道"，想要求得成佛无上大道。

"先当结三期"，先要准备长期、中期、短期专修。

"忏悔无始业"，忏悔自己无始以来的业障。

"经于三七日"，经过了二十一天的专修。

"然后正思惟"，然后见地思想正确。

"非彼所闻境"，不是自己理上所懂得的境界。

"毕竟不可取"，都不可以去执著。

"奢摩他至静"，奢摩他就是修止，先取至静，不起思念。

"三摩正忆持"，三摩钵提就是修观，忆想十方如来。

"禅那名数门"，禅那是了知自己的心念。

"是名三净观"，修止、修观、修禅那是为三观。

"若能勤修习"，若能勤苦修习这三种法门。

"是名佛出世"，等于佛再来世间。

"钝根未成者"，钝根修法不得成就者。

"常当勤心悔"，应当努力求忏悔。

"无始一切罪"，忏悔过去无始以来一切业障。

"诸障若消灭"，所有业障结使都消除了。

"佛境便现前"，佛的境界便一一现前。

第十二章　贤善首菩萨

此经叫什么名字

如何奉持

修习此经有何功德

谁来护持此经

"于是贤善首菩萨在大众中，即从座起，顶礼佛足，右绕三匝，长跪叉手而白佛言：……"

这一段我们不再解释了。

"大悲世尊，广为我等及末世众生，开悟如来不思议事。"

贤善首菩萨一开始先赞叹佛，大慈大悲的佛为我们以及末世的众生说法，使我们悟到佛的境界。佛是什么境界？不可思议，我们要特别注意，不可思议，或不思议的意思是不可以用我们现在的观念去讨论去想象佛的境界，圆觉的境界是不可思议的境界，但是，并没有说不能思议。一般人看到不可思议，就不用脑筋，不去研究，变成傻傻地迷信，这是不对的。

"世尊，此大乘教，名字何等？云何奉持？众生修习得何功德？云何使我护持经人，流布此教？至于何地？"

贤善首菩萨问佛，佛以上所讲的问答记录要叫什么名字？

我们要如何奉持？未来的众生依照佛所说的去修习，会有什么功德？我们要如何护持正法？如何使此经典广布流传？传到什么地方？

"作是语已，五体投地，如是三请，终而复始。"

这一段我们不再讲了。

"尔时，世尊告贤善首菩萨言：善哉！善哉！善男子，汝等乃能为诸菩萨及末世众生，问于如是经教功德名字，汝当谛听，当为汝说。"

此时，佛告诉贤善首菩萨说：好的！好的！你们能够为其他诸大菩萨以及末世的众生，问我这部经叫何名称，依教修习，有何功德？你们好好仔细听，我来为你们说。

"时贤善首菩萨奉教欢喜，及诸大众默然而听。"

此时贤善首菩萨知道佛要答复，非常欢喜，与其他大众一齐静默聆听。

"善男子，是经百千万亿恒河沙诸佛所说，三世如来之所守护，十方菩萨之所归依，十二部经清净眼目。"

佛说这部经不只是我在说，已经经过百千万亿恒河沙许许多多无数的佛都说过。守护这部经的不是什么神或鬼，而是过去、现在、未来三世一切诸佛。而且这部经是十方一切菩萨之所归依，任何菩萨想要成佛，都要走这个法门。这部经也是佛法三藏十二部的清净眼目，最重要的部分，佛经中的佛经。

"是经名大方广圆觉陀罗尼，亦名修多罗了义，亦名秘密王三昧，亦名如来决定境界，亦名如来藏自性差别，汝当奉持。"

这部经典的名字叫"大方广圆觉陀罗尼"。大，广大，伟大。方，遍满十方，无所不在。广，广大无边。我们学佛，其实，佛的境界就是大方广，所以，我们学佛的人从做人、心理、思想上就要走这个路子，心胸要广大，人品要广大，思想要广大。圆觉，圆是圆满，不是局部，不是残缺，圆融无碍。觉，具有觉性，也是佛性，就是佛的意思。陀罗尼，就是总纲，一切佛法的总纲。

"亦名修多罗了义"，修多罗就是经藏，经藏分为了义经与不了义经，这部经是彻底了义的经藏。

"亦名秘密王三昧"，明白告诉你就是佛，可是，你不懂，这就是大秘密。道就在你那里，可是，你找不到，你无法成就，这是无上大秘密。这里所说的秘密，不是念个咒子嗡隆嗡隆，捏个手印，然后在头上洒点水，传你一个什么法。这里说的秘密不是普通的秘密，称为秘密王，密中之密，直接告诉你什么是佛，心就是佛，如何找到心？如何修持？这部经都告诉你了。

"亦名如来决定境界"，懂了这个圆觉法门，决定成佛，必然性的，绝对性的，不用怀疑。

"亦名如来藏自性差别"，人性就是佛性，悟到了人性是佛，人性就变成了佛性，把佛性换一个名称，就叫如来藏。如来藏就是一切众生的自性，不悟的话，不懂的话，认为有所差别；一旦悟了，就没有差别。

因为一个名称无法涵盖这部经，所以有几个名称。汝当奉持，你应当依照以上所讲的名称来命名。

"善男子，是经唯显如来境界，唯佛如来能尽宣说，若菩萨及末世众生，依此修行，渐次增进，至于佛地。"

佛又再吩咐，这部经所讲的是成佛境界，只有成佛之后，才能把这个法门讲得透彻清楚。假如有发心修行的菩萨及众生，依照这部经来修行，一步一步地渐修增进，可以成佛。在这里，透漏一个秘密给各位，你从第十一位菩萨开始，倒转来走，就是渐次增进的秘诀所在，否则，你从第一位菩萨开始，容易走上狂禅。

"善男子，是经名为顿教大乘，顿机众生，从此开悟，亦摄渐修一切群品，譬如大海，不让小流，乃至蚊蚋及阿修罗，饮其水者，皆得充满。"

顿机利根的众生，有聪明智慧的众生，听了这部经，从此开悟。假如不是利根，而是钝根的话，一步一步渐修，也可以成佛。这部经犹如大海，不舍弃小河流，乃至细小的蚊虫喝了这个水，或者魔王喝了这个水，都可以成佛。这就是这部经真正的功德，接下来，佛又作了一些比喻。

"善男子，假使有人纯以七宝，积满三千大千世界，以用布施，不如有人闻此经名，及一句义。"

假如有人把积满三千大千世界的财宝，例如黄金、白银、玛瑙之类，拿来布施出去做善事，这个功德了不起吧！但是，不如有人听到这个经的名字，或者听懂了其中一句经的意义。好了，各位都听到了《圆觉经》的名字了，也听了《圆觉经》的讲解了，这下功德可大了。

"善男子，假使有人教百千恒河沙众生得阿罗汉果，不如有人宣说此经，分别半偈。"

佛说假如有人教一个人修道，让他得阿罗汉果，教一个人有此成就已经很了不起了，何况教了百千恒河沙数的人都得阿罗汉果。但是，不如有人宣扬解释这部《圆觉经》，不要说讲解整部经，乃至于能够把经中的半句偈子解释通了，其功德大于使无数人得阿罗汉果。

"善男子，若复有人闻此经名，信心不惑，当知是人，非于一佛二佛，种诸福慧，如是乃至尽恒河沙一切佛所种诸善根，闻此经教。"

假如有人听到《圆觉经》的名字，相信这是成佛之路，而不怀疑。这样的人已经在前世，不只是在前一任佛，甚至在过去很多佛前种了善根，才能听到这部《圆觉经》。

"汝善男子，当护末世是修行者，无令恶魔及诸外道，恼其身心，令生退屈。"

佛吩咐贤善首菩萨，你应当保护以后末世依此《圆觉经》修行的人，不要被魔道及外道来扰乱正修行人的身心，使此修行人不生退道心。

"尔时会中有火首金刚、摧碎金刚、尼蓝婆金刚等八万金刚，并其眷属，即从座起，顶礼佛足，右绕三匝，而白佛言：世尊，若后末世一切众生，有能持此决定大乘，我当守护，如护眼目。乃至道场所修行处，我等金刚自领徒众，晨夕守护，令不退转。其家乃至永无灾障，疫病消灭，财宝丰足，常不乏少。"

此时会中有火首金刚、摧碎金刚、尼蓝婆金刚等八万金刚。金刚也是菩萨，只是不同于一般慈眉善目的菩萨，而显现另一种凶恶怒目的样子来度化众生。有八万金刚，并其眷属，包括大金刚、小金刚、男金刚、女金刚、老金刚、少金刚，即从座起，从座位上站起来，顶礼佛足，右绕三匝，而告诉佛说：世尊！假如以后末世的一切众生，有人能够修持此决定性的大乘要道，我们发愿永远做他们的护法，保护他们如同保护自己的眼睛一样。乃至于在他们修行的道场，我们这些金刚会带领着徒众，早晚守护着他们，使他们不致退转。并且让他们家中永远没有灾难，也不会生病，而且财宝丰富，不愁吃穿，生活安定。

"尔时，大梵天王、二十八天王，并须弥山王、护国天王等，即从座起，顶礼佛足，右绕三匝，而白佛言：世尊，我亦守护是持经者，常令安隐，心不退转。"

接着大梵天王、二十八天王、须弥山王、护国天王等这些天王、天神都来护法，他们告诉佛说：我们也要保护修持圆觉境界的人，让他们安隐，心不退转。

"尔时，有大力鬼王名吉槃茶，与十万鬼王，即从座起，顶礼佛足，右绕三匝，而白佛言：世尊，我等亦守护是持经人，朝夕侍卫，令不退屈，其人所居一由旬内，若有鬼神侵其境界，我当使其碎如微尘。"

接下来有名叫吉槃茶的大力鬼王以及十万鬼王也来护法，他们告诉佛说：世尊！我们也来守护修持圆觉境界的人，早晚侍卫，令不退屈，在他们所住的四十里内，假如有鬼神侵犯他的境界，我一棒就把他打死，打成粉碎。

这些鬼神都来护法，是真的？假的？我劝各位还是要信，信则得救。

"佛说此经已，一切菩萨、天龙鬼神八部眷属，及诸天王梵王等一切大众，闻佛所说，皆大欢喜，信受奉行。"

佛说完了这部经典，一切菩萨、天龙鬼神八部眷属，各天王梵王等一切大众，听佛所说，皆大欢喜。注意最后四个字——信受奉行。信，要信得过，信不过，再去研究，不可盲目迷信。受，接受，是要实际修证功夫。奉，依教奉持。行，实行求证。除了信受奉行之外，同时也要闻思修慧，例如我们现在把这本经典研究了，听过了，这是闻。听过了就算了吗？不行。大家听完经之后，回去把经一放，就不去管它，然后等着鬼神来守护，没有这回事。听过了之后要思，要去想，要去研究。思考之后还不够，要修行，按照这个法门去修，然后才有智慧。那么，闻思修慧要闻什么？思什么呢？教、理、行、果，闻佛所说的经典，思佛所讲的道理，理通了之后，行为也要做到，最后，智慧成就，证得果位。现代人喜欢到处去听经，听过就算了，没有去思，没有去行，这有什么用？

《圆觉经》是由十二位菩萨一一上来提问题，第一位是文殊菩萨，第二位是普贤菩萨，第三位是普眼菩萨，第四位是金刚藏菩萨，第五位是弥勒菩萨，第六位是清净慧菩萨，第七位是威德自在菩萨，第八位是辨音菩萨，第九位是净诸业障菩萨，第十位是普觉菩萨，第十一位是圆觉菩萨，第十二位是贤善首菩萨。这十二菩萨排列的顺序，隐藏很大的秘密，我已告诉各位了，这十二位菩萨中，四位菩萨为一组。第一组是直指人心，见性成佛，第二组是大乘渐修法门，第三组是渐修法门的入手，而后到大彻大悟的境界。好了，我把秘密都告诉你们了，你们听了以后，如果不好好修行，你说这些护法神会怎么办？例如你雇了许多保镖，然后不发薪水，他不打你才怪呢！天下的道理都有正反两面，自己去留意。

南怀瑾先生著述目录

43. 小言黄帝内经与生命科学　　（二〇〇八）

44. 禅与生命的认知初讲　　（二〇〇八）

45. 漫谈中国文化　　（二〇〇八）

46. 我说参同契（上册）　　（二〇〇九）

47. 我说参同契（中册）　　（二〇〇九）

48. 我说参同契（下册）　　（二〇〇九）

49. 老子他说续集　　（二〇〇九）

50. 列子臆说（上册）　　（二〇一〇）

51. 列子臆说（中册）　　（二〇一〇）

52. 列子臆说（下册）　　（二〇一〇）

53. 孟子与公孙丑　　（二〇一一）

54. 瑜伽师地论　声闻地讲录（上册）　　（二〇一二）

55. 瑜伽师地论　声闻地讲录（下册）　　（二〇一二）

56. 廿一世纪初的前言后语（上册）　　（二〇一二）

57. 廿一世纪初的前言后语（下册）　　（二〇一二）

58. 孟子与离娄　　（二〇一二）

59. 孟子与万章　　（二〇一二）

60. 宗镜录略讲（卷一至五）　　（二〇一三至二〇一五）

61. 禅学讲座（上）　　（二〇一七）

62. 禅学讲座（下）　　（二〇一七）

图书在版编目（CIP）数据

圆觉经略说/南怀瑾著述. —上海：复旦大学出版社,2001.10（2022.1 重印）
ISBN 978-7-309-02985-7

Ⅰ. 圆… Ⅱ. 南… Ⅲ. 圆觉经-研究 Ⅳ. B942.1

中国版本图书馆 CIP 数据核字（2001）第 063739 号

圆觉经略说

南怀瑾 著述
出 品 人/严 峰
责任编辑/陈士强

复旦大学出版社有限公司出版发行
上海市国权路 579 号 邮编：200433
网址：fupnet@ fudanpress.com http://www.fudanpress.com
门市零售：86-21-65102580 团体订购：86-21-65104505
出版部电话：86-21-65642845
上海新艺印刷有限公司

开本 850×1168 1/32 印张 11 字数 216 千
2022 年 1 月第 1 版第 17 次印刷

ISBN 978-7-309-02985-7/B · 162
定价：25.00 元